Daß gerade junge Menschen dem Ruf Gottes folgend in alle Welt hinausgehen, ist "Jugend mit einer Mission" ein ganz besonderes Anliegen. Um dieses weiterzugeben, erscheinen uns nur wenige Bücher so hervorragend geeignet wie "Ich schwörs bei diesem Kreuz - ich töte euch!"
Wir glauben, daß das vorliegende lebendige Beispiel für die praktische Umsetzung des Missionsbefehls eine Hilfe und Herausforderung für jeden Christen darstellen wird - gleichgültig, ob er Gott auf dem Missionsfeld oder in der Heimat dient.

„Ich schwörs bei diesem Kreuz – ich töte euch!"

Bruce E. Olson

Jugend mit einer Mission e.V.
Dynamis Verlag - CH-8280 Kreuzlingen

Die Namen von Personen wurden geändert, wenn es aus Gründen der Rücksichtnahme angebracht erschien.

ISBN 3-88076-015-2

Aus dem Englischen von Heinz Volz
Umschlaggestaltung: Albrecht Fietz
Herstellung: Jugend mit einer Mission e. V.
Printed in Germany

Bobarishora
gewidmet,
der von uns ging,
während dieses Buch
geschrieben
wurde.

Inhalt

Vorwort 7
Heim in den Dschungel 9
Wer ist mein Gott ? 18
Auseinandersetzung 25
Ein Missionar ? 34
Ein erstes Zusammentreffen mit Indianern 41
Hilfe in letzter Minute 51
Kommunisten 56
Beinahe umgebracht 63
Bestechung 73
Ein furchterregender Empfang 79
Innerhalb und außerhalb der Zivilisation 89
Ungeduldiges Warten 95
Entmutigung 101
Ein Bündnisbruder oder Bruderbund 108
Als Menschenfresser verkannt 115
Einfluß durch die Zauberin 125
Jesus, der Motilone 134
Die Nacht des Jaguars 143
Wunder im Alltag 151
Wie David und Jonathan 160
Gloria 169
Knapp am Tod vorbei 178
Der Strudel 184
Jenseits des Horizonts 191
Nachwort des Verfassers 206

Vorwort

Dieses Buch sollte eigentlich schon lange erscheinen. Es hat mehrere vergebliche Anläufe dazu gegeben, und manchmal haben wir uns gefragt, ob es jemals geschrieben würde. Irgendwie ist es schließlich doch fertig geworden. Dies ist der Wirkung zu verdanken, die Bruce Olson auf uns alle gehabt hat.

Bruce ist nicht unmittelbar beeindruckend: Er ist groß, schlank, blond und hat scharfgeschnittene norwegische Gesichtszüge. Irgendwie ist er schüchtern. Wenn er redet, geschieht es immer mit großem Nachdruck - manchmal tastend, manchmal abgehackt. Er sieht sehr jung aus.

Es ist schwer, diese Beschreibung mit den Ehrungen in Einklang zu bringen, die ihm zuteil geworden sind. Jeder, der Bruce kennenlernt, begegnet ihm mit Respekt, ja manchmal mit Ehrfurcht. Schließlich hat er im Alter von dreißig Jahren – obwohl er seine Universitätsausbildung nur durch schriftliche Fernkurse abgeschlossen hat – schon vor der UN und der Organisation Amerikanischer Staaten gesprochen. Er hat mit dem Vizepräsidenten der Vereinigten Staaten zu Mittag gegessen, und er war mit den letzten vier Präsidenten Kolumbiens eng befreundet.

Er spricht fünfzehn Sprachen, hat wissenschaftliche Aufsätze in linguistischen Zeitschriften veröffentlicht und daneben noch Pionierarbeit auf dem Gebiet der Computerübersetzung von Stammessprachen geleistet.

Vor allem aber hat Bruce Olson mehr als zehn Jahre lang allein bei den Motilonen gelebt, bei einem Indianerstamm Lateinamerikas, der dadurch zu zweifelhafter Berühmtheit gelangt war, daß fast jeder Fremde, der seinen Fuß auf Stammesgebiet setzte, getötet wurde. Bruce fand eine Heimat bei den Motilonen, und als Folge davon fanden die Motilonen ihre Heimat in Gott. Außerdem ist ihnen die schnellste wirtschaftliche Entwicklung zuteil geworden, die jemals ein Naturvolk durchlaufen hat – ein Ergebnis von Bruce's missionarischer Einstellung, die ihnen die Grundlage ihrer herkömmlichen Kultur nicht zu entziehen versuchte.

Dies sind lediglich einige der wichtigsten Angaben über Bruce Olson. Aber darüber hinaus gibt es noch mehr; denn niemand kann mit Bruce zusammen sein und dabei ganz derselbe bleiben. Die Anstöße zu Gedanken und Handlungen, die er uns in den wenigen Wochen seines Aufenthaltes bei uns in Creation House vermittelt hat, wirken weiter; sie berühren unsere Beziehungen zueinander – und die Art wie wir uns selbst sehen.

Bruce ist nicht von sich selbst eingenommen. Er kümmert sich auch nicht darum, was andere von ihm und seiner Arbeit halten mögen. Sein großer Elan macht es seiner Umwelt nicht immer leicht und geht manchen Leuten auf die Nerven. Infolgedessen ist er schon oft von Menschen abgelehnt worden. Aber Gott hat ihn nicht zurückgewiesen. Das ist die Quelle seiner Kraft.

Wir alle können von ihm lernen.

Die Herausgeber

Creation House

Heim in den Dschungel

Bobby und ich trafen Ayaboquina, einen Stammeshäuptling der Motilone-Indianer, allein in der Dschungellichtung oben auf dem Steilufer. Grüne Bananenschößlinge und Yuccasprossen brachen schon aus der Erde hervor, und auf den fünfundzwanzig Morgen gab es für das Vieh reichlich Platz zum Weiden. Während wir mit Ayaboquina über die Fortschritte der Indianer sprachen, hörten wir auf dem Fluß unten ein Motorboot. Es war zu nahe am Ufer, als daß wir es hätten sehen können, aber wir hörten, wie es landete. Gewöhnlich braucht man mehrere Minuten, um zu der Lichtung hinaufzukommen, aber viel eher als erwartet kam ein Mann mit einem dunkelbraunen Gesicht zum Vorschein.

„Guten Tag", sagte er grob auf Spanisch.

Er war außer Atem und wartete ungeduldig, während ich mein Gespräch mit Ayaboquina fortsetzte. Aus den Augenwinkeln sah ich, daß es Humberto Abril war, einer der illegalen Siedler, die sich in der Gegend niedergelassen hatten. Ich wußte, daß er hitzköpfig war und die Motilonen bedroht hatte. Nun war er ganz offensichtlich wütend. Als ich meine Unterhaltung mit Ayaboquina beendet hatte, sagte ich: „Guten Tag, Humberto."

Er schwitzte so stark, daß große Tropfen von seinem hohlwangigen Gesicht fielen. Es war so verzerrt, daß mir sehr unbehaglich zumute wurde.

„Ich bin gekommen, um Ihnen zu sagen, daß Sie von diesem Land verschwinden sollen", sagte er. „Dies ist mein Land. Ich bin ein kolumbianischer Kolonist. Ich habe das Recht, Land zur Kolonisation zu beanspruchen, und ich nehme dieses Land hier in Besitz. Sie können verschwinden . . ."

Er redete mich an, aber Bobby unterbrach ihn. „Und ich muß Ihnen auch etwas sagen." Er sprach langsam, ruhig, aber mit großer Nachdrücklichkeit. „Dies ist unser Land. Es ist schon immer unser Land gewesen. Es wird immer unser Land bleiben. Wir haben Ihnen genug Land abgetreten. Vor sechs Monaten haben wir Ihnen, auf Ihre Forderung hin, Landstücke überlassen, und was haben Sie damit gemacht? Sie haben sie verkauft, und nun verlangen Sie mehr. Aber wir werden nicht mehr Land hergeben. Wir werden das beschützen, was uns gehört."

Die Auseinandersetzung war kurz. Humberto begann zu zittern. Seine Nackenmuskeln traten hervor wie Drahtseile. Sein Gesicht lief hellrot an. Er packte Bobby an den Schultern und schrie: „Dies sind meine Landstücke. Sie gehören mir. Alle andern müssen runter davon!" Dann ließ er von Bobby ab und stand zitternd da.

Kalte Angst kroch mir den Rücken hoch. Aber Bobby war sich seiner Sache sicher: „Sie irren sich. Dieses Land gehört nicht Ihnen. Es wird Ihnen auch nicht gehören!" sagte er ruhig. „Halt's Maul!" kreischte Humberto. "Halt's Maul, du dreckiger Indianer, halt's Maul!"

Speichel floß aus seinen Mundwinkeln und bildete kleine Flecken auf seinem roten Gesicht. Dann legte er seinen Zeigefinger über den Daumen seiner rechten Hand, so daß das Ganze ein Kreuz bildete, und streckte es uns entgegen. Seine Augen quollen hervor, und seine Hand zitterte so sehr, daß er sie kaum gerade halten konnte. Er küßte seine Finger. „Bei Gott!" sagte er, küßte seine Finger erneut und spuckte auf den Boden. „Bei allen Heiligen!" Wieder spuckte er aus, wobei sein Kopf heftig und krampfartig zuckte. „Bei der Heiligen Jungfrau Maria!" Zum drittenmal spuckte er aus. „Und bei diesem Kreuz!" Er spuckte noch einmal, dann – den Blick fest auf uns gerichtet – hielt er Daumen und Zeigefinger an den Mund und küßte sie. Seine Stimme wurde rauh und kehlig: „Ich werde euch umbringen!" Dann kreischte er: „Ich schwör's bei diesem Kreuz: ich werde euch umbringen!"

Er drehte sich auf dem Absatz um und ging das Ufer hinunter. Wir schauten ihm nach, bis er verschwand. Sein Nacken war noch immer hellrot und die Muskeln und Venen bildeten dicke Stränge. Wir waren still, bis wir sein Boot abfahren hörten und das Geräusch in der Ferne immer schwächer wurde.

Ich zitterte. „Bobby, er wird es tun. Er will töten. Ich glaube bestimmt, daß er es ernst meint."

„Du hast recht, Brutchko."

„Und was können wir dagegen tun?"

Ayaboquina, Bobby und ich beschlossen ein paar Sicherheitsvorkehrungen. „Aber Brutchko", sagte Bobby, „diese Dinge bieten keine echte Sicherheit. Nur Gott kann helfen."

Daraufhin senkten wir unsere Köpfe und redeten zusammen mit Gott. Während des Gebets wich meine Furcht wieder der Freude, die mich ergriffen hatte, als ich Bobby an diesem Morgen erblickte. Doch war es nicht mehr dieselbe Freude. Sie hatte sich vertieft, als ob Schmerz, Gefahr und Furcht sie stärker, wärmer und empfindsamer gemacht hätten.

Was doch alles in diesen wenigen Stunden geschehen war, seit mein Flugzeug über der Stadt Rio de Oro zur Landung gekreist hatte. Unter dem Flugzeug konnte ich den Dschungel sehen, der sich als dichte, sattgrüne Matte bis zum Horizont erstreckte. Zur Rechten erhaschte ich einen ersten Blick auf einen schmutzigbraunen Streifen – wie eine Schnur auf einem grünen Teppich, die da nicht hingehörte. Es war dies der Fluß Catatumbo. Wir überflogen ihn an der Fährstelle, und ich sah einen Klecks Häuser, alle ziemlich neu, die die Stadt bildeten. Sie schien verloren in der Weite des Dschungels. *Aber immerhin, sie wächst*, dachte ich.

Es kam mir in den Sinn, daß vor zehn Jahren nichts dagewesen war als hohe Bäume, welche die Sonne abhielten, und darunter dichtes Laubwerk. Vielleicht hatte mich dort ein Papagei angekrächzt. Nun gab es am selben Ort eine Stadt.

Jähe Freude durchströmte mich, nicht wegen der Stadt, sondern weil ich aus Amerika zurückkam und bald mit Bobby, meinem Bündnisbruder, wiedervereint sein würde. Ich preßte mein Gesicht gegen das Fenster in dem Versuch, mit meinen Blicken dem Flugzeug vorauszueilen, während ein Schauer innerer Bewegtheit mich durchlief.

Als die alte, klapprige DC 3 an Höhe verlor, kamen die Bäume dem Bauch des Flugzeugs so nahe, daß es gewiß schien, das Fahrwerk werde sich in den Baumkronen verfangen und wir müßten wild trudelnd in den Dschungel stürzen. Aber plötzlich teilte sich das Laubwerk, und wir befanden uns über einer Lichtung – einem schmalen, langen Streifen, der aus dem Dschungel geschnitten war. Stoßend und hüpfend setzte die Maschine auf, und die Bremsen mühten sich, das große Flugzeug auf dem kleinen Rollfeld zu halten. Während wir zum Ende des Streifens hin ausrollten, jagten meine Augen, nach Bobby suchend, über die Gestalten, die dastanden, hinweg. Ich konnte ihn nicht finden. Aber als ich die Rolltreppe vom Flugzeug hinunterging, entdeckte ich ihn. Er stand etwas seitlich. Seine kurze, gedrungene Gestalt sah selbst in einem weiten, roten Hemd kraftvoll und geschmeidig aus. Sein Gesicht war brauner als das der andern Wartenden, und sogar von der Rolltreppe aus konnte ich seine weißen Zähne blitzen sehen. Es war ein Lächeln, das sagte: „Du bist wieder zurück, Brutchko, und es ist gut so." Er gebrauchte nie meinen amerikanischen Namen Bruce. Ich fing an zu laufen. Als ich bei ihm anlangte, packte ich ihn und ließ ihm eine echte Motilonen-Begrüßung zuteil werden. Wir müssen einen reichlich kuriosen Anblick geboten haben: Ein kleiner dunkler Indianer, der einen großen blonden Amerikaner umarmt. Aber darum scherten wir uns nicht.

„Mein Bruder", sagte ich. „Mein Bruder Bobarishora." Ich nannte ihn bei seinem eigentlichen Namen, wie ich es in feierlichen Momenten immer tat. Ich hielt ihn auf Armeslänge von mir weg. „Du siehst gut aus", sagte ich. „Wie geht's deiner Frau? Und deinem Jungen? Sind sie wohlauf?"

„Meiner Frau geht's gut", sagte Bobby. „Sie ist sehr gesund und glücklich. Und sie ist äußerst erfreut darüber, Mutter eines feinen, gesunden Sohnes zu sein."

„Dann ist er also in Ordnung?"

„O ja! Er ist dick. Du solltest ihn sehen. Und er krabbelt schon im Haus herum, wie ein kleiner Affe. Komm", drängte er, „wir sollten nicht den ganzen Tag hier stehenbleiben. Laß uns dein Gepäck holen."

Während wir zum Flugzeug zurückgingen, wo alles Gepäck in Empfang genommen werden mußte, fragte Bobby: „Und wie ging's mit deinen Geschäften in Amerika?"

Ich dachte an den Strom von Gesichtern und die endlosen Hotelzimmer, von denen eins dem anderen glich. Ich schüttelte den Kopf.

„Ich weiß nicht, Bobby. Ich nehme an, daß ich die Dinge erledigt habe, die zu erledigen waren. Aber ich bin schrecklich froh, wieder hier zu sein."

Bobby plauderte über seine Familie. Er war so glücklich, wie ich ihn in Erinnerung gehabt hatte. Seine dunklen Augen leuchteten. Ich hatte mir um ihn Sorgen gemacht, nachdem seine Tochter gestorben war. Damals war er ziemlich lange trübsinnig und verschlossen gewesen. Nun schien es, als könne er nicht aufhören zu lächeln.

Nachdem wir das Gepäck erhalten hatten, beschlossen wir, essen zu gehen. Wir gingen in die Stadt hinein, welche unmittelbar mit dem Streifen für den Luftverkehr zusammenhing. Ihre engen, kiesbestreuten Straßen waren dicht besäumt mit neuen Häusern, deren ungestrichene Wände noch nach frischem Holz rochen, und deren Blechdächer inmitten der älteren Palmwedeldächer noch hell erschienen. Es waren jedoch dünne, wacklige Dinger, die aussahen, als könnten sie nicht lange stehenbleiben.

Ich hatte im Flugzeug kein Essen gehabt, und Bobby lachte darüber, wie ich mich mit kolumbianischen Delikatessen vollstopfte. „Du wirst von jetzt an einen vollen Magen haben, Brutchko“, sagte er.

Ich wußte, was er meinte. Für einen Motilonen bedeutet „einen vollen Magen haben“ mehr, als nur nicht mehr nach Nahrung zu verlangen. Es bedeutet Zufriedenheit, erfülltes Leben, Glücklichsein. Er drückte es so gut aus wie ich mich fühlte.

„Wie kommt das Viehprojekt voran?“ fragte ich.

„Es läuft sehr gut. Letzte Woche machte ich mir etwas Sorgen, weil einige der Kühe im Hochland krank geworden waren. Eine von ihnen verendete sogar. Ich dachte, ich müßte sie womöglich ganz allein wieder gesund pflegen. Aber es klappte dann ganz gut. Die Häuptlinge nahmen sich selbst der Sache an, gaben die richtige Medizin und pflegten die Kühe wieder gesund. Die Kühe scheinen nun völlig in Ordnung zu sein; sie geben eine Menge Milch.“ Mit einem verschmitzten Blick beugte er sich vor: „Brutchko, tatsächlich hatten wir noch welche übrig in Iquiacarora, und sie fing an schlecht zu werden. Da machten wir einfach Käse daraus.“

„Was? Ihr habt Käse gemacht? Wie habt ihr das angestellt?“

Er täuschte Überraschung vor. „Na, wie wohl? So wie man eben immer Käse macht.“ Dann brach er in Gelächter aus. Ich mußte ziemlich perplex dreingeschaut haben. „Wir hatten die Pillen, die du uns dagelassen hattest. Wir lasen dann die Anleitung und knobelten, bis wir die Sache heraushatten. Der Käse ist sehr gut geworden. Du kannst welchen haben, wenn wir nach Iquiacarora kommen, wenn er nicht schon alle ist.“

Ich lehnte mich verblüfft zurück. Vor zehn Jahren war Bobby lediglich ein freundlicher Junge mit einem wunderbaren Lächeln gewesen. Nun war er ein Führer seines Volkes. Vielleicht war das Käsemachen als solches nicht so wichtig.

Aber es machte deutlich, daß die Motilonen ein selbständiges Volk waren. „Bobby", sagte ich, „du bist nun der Führer deines Volkes. Es ist eine große Verantwortung."

Er zuckte mit den Schultern. „Nun ja, aber es kommt nicht allein auf mich an. Viele andere Männer sind inzwischen in der Lage, meinen Posten zu übernehmen. Und außerdem, Brutchko, geht Jesus Christus mit auf unseren Pfaden. Er kennt unsere Art, und er weiß um die Dinge, die wir brauchen. Solange wir nicht versuchen, ihn wieder zu betrügen, wird er unser wirklicher Führer sein."

Ich nickte.

„Brutchko", sagte Bobby, „du solltest die Schulen sehen. Sie sind überfüllt. Die meisten Schüler haben schon die Schriften ausgelesen, die wir übersetzt haben, und sie wollen mehr. Besonders mehr vom Neuen Testament. Sie sprechen über die Dinge, die sie lernen, als würden sie einen Jagdzug diskutieren. Mit den alten Leuten ist es ebenso. Wir werden uns an die Arbeit machen und mehr übersetzen müssen, sonst werden sie uns keine Ruhe lassen."

Ich lachte. „Einverstanden. Wir werden uns damit beschäftigen, sobald wir können. Es geht jetzt sicherlich schneller, nachdem wir die meisten der schwierigen Wörter übersetzt haben."

Die Aussicht auf weitere Übersetzungsarbeit machte mich glücklich. Vor allem lernte ich selbst dabei eine Menge aus der Bibel. Ich dachte an das Wort für Glauben in der Sprache der Motilonen, das Wort, das „in Gott festgeknüpft sein" bedeutet, genau so, wie ein Motilone seine Hängematte in die hochgelegenen Dachverstrebungen seines Gemeinschaftshauses einknüpft. „In Jesus eingeknüpft" könnten wir an einem Platz hoch über der Erde ausruhen und schlafen und singen, ohne Furcht vor einem Fall.

„Ich bin so froh, wieder mit dir zusammen zu sein, Bobby", sagte ich. „Ich habe dich die ganze Zeit während meiner Abwesenheit vermißt. Es muß wohl so sein, daß ich ganz einfach in das Volk der Motilonen ‚hineingebunden' bin."

„Und wir sind in dich hineingebunden, Brutchko."

Der Kellner brachte uns starken und dampfend heißen Kaffee. Während Bobby den seinen umrührte, wich sein Lächeln, und seine Miene verfinsterte sich. „Wir haben wieder Ärger mit den Siedlern gehabt. Sie haben uns mehrere Drohbriefe geschickt."

Die Siedler hatten uns schon zuvor des öfteren Schwierigkeiten bereitet. Einige davon waren Ausbrecher aus dem Gefängnis, die in dem Grenzgebiet lebten, um einer Verhaftung zu entgehen. Sie waren daran interessiert, Motilonenland für ihre eigenen Farmen zu besetzen und das Territorium zum Schutzgebiet zu erklären.

„Was wollen sie diesmal?“ fragte ich.

„O, du kannst es dir denken. Mehr Land. Mehr von unserm Land. Sie behandeln uns wie Tiere, die man in jede Richtung treiben kann, die ihnen gerade paßt.“

„Also erwartest du wirklichen Ärger mit ihnen, oder bleibt es bei Drohungen?“ „Ich weiß nicht, Brutchko. Es mag wirklichen Ärger geben. Die meisten Siedler scheinen sich auf die Seite der ‚Gesetzlosen‘ geschlagen zu haben, und das bedeutet, daß sie fast vor nichts zurückschrecken werden. Sie denken, wenn uns die Gesetzlosen von unserem Land vertreiben, würden am Ende sie es bekommen, da die Gesetzlosen niemals selbst in der Lage sein werden, Landeigner zu sein.“

„Was wirst du tun, Bobby?“

Seine Miene wurde traurig, und er blickte zu Boden. „Ich kann dir zumindest soviel sagen: wir werden kein weiteres Land mehr an sie abtreten. Wir haben ein ums andere Mal Land aufgegeben, und das Ganze nimmt einfach kein Ende. Dieses Mal werden wir es selbst verteidigen. Aber Brutchko“, sagte er zu mir aufschauend, „ich hoffe, ich bete, daß es nicht soweit kommt.“

Ich hatte reichlich Zeit, um darüber nachzudenken, während wir mit dem Boot den Fluß hinauffuhren. Es war eine siebenstündige Reise, und der große Briggs-und-Stratton-Motor machte solchen Lärm, daß es unmöglich war, miteinander zu reden. Es war unglaublich, unfaßbar, daß die Siedler wieder einen Streit mit uns anzettelten. Es war so falsch und gemein. Mehr als dreitausend Siedler waren durch Motilonen in deren Krankenstationen behandelt worden. Sie waren froh, zu uns kommen zu können, wenn sie Hilfe brauchten. Die Motilonen hatten ihnen ihre Arzneimittel und medizinische Hilfe völlig kostenfrei gegeben. Jedoch, wenn sie Land der Motilonen haben wollten, würden die Siedler alles tun, um es zu bekommen.

Ich schaute nach hinten zu Bobby, der das Boot steuerte, und lächelte. Wie seltsam, daß ich an diesen Ort gelangt war, daß ich gegenüber diesen Menschen so empfand, wie ich es tat. Es war Gott, der mich hierher gebracht hatte. Ich wäre nie von mir selbst aus gekommen. Und selbst wenn ich es gewollt hätte, so hätte ich all die Schwierigkeiten, all die Einsamkeit, all die Gefahren nie überstanden. Tatsächlich hätte ich nie meine Heimat in Minneapolis verlassen, wenn mich nicht Gottes mächtige, entschiedene Gegenwart ganz erfüllt hätte.

Wie ich da im Boot saß, dankte ich Gott für Bobby, für die Motilonen, für den Dschungel, der sich rings um uns und über uns wie ein Zelt ausdehnte. Riesige, schlanke Bäume streckten sich hoch hinauf auf der Suche nach dem Sonnenlicht, das kaum einmal bis zum Dschungelboden durchbrach. Dickes grünes Moos hing an jedem Baumstamm, und unter den Bäumen wucherte bis in Kopfhöhe reichendes dichtes Gestrüpp von wilden Reben, Büschen und Farnen, alles in leuchtendem, sattem Grün. Als das Flußbett sich verengte und wir unter den Bäumen weiterfuhren, wurde es so dunkel wie bei Nacht. Die Luft war erstickend heiß und feucht. Insekten umschwirrten und stachen uns. Aber ich war unendlich glücklich. Dies war meine Heimat. Überall sonst fühlte ich mich fehl am Platz.

Wir fuhren fünfeinhalb Stunden. Keiner von uns versuchte zu sprechen. Dennoch gab es Verständigung zwischen uns. Gelegentlich deutete einer von uns auf einen Gegenstand oder Platz, und wir erinnerten uns dabei an Ereignisse, die damit verbunden waren. Wir sahen kein Leben auf dem Fluß. Einige buntgefiederte Vögel ließen sich für einen Augenblick in den Bäumen sehen und waren dann gleich wieder weg. Als wir den Motor abstellten, um neu aufzutanken, hörten wir Tiere rufen. Aber es gab hier keine Siedlungen, keine Spuren menschlichen Lebens.

Plötzlich erkannten wir an den Flußbiegungen, daß wir uns nahe bei Ayaboquinos Gemeinschaftshaus befanden.

Bobby schaute mich fragend an und deutete in die Richtung des Hauses oben auf dem Steilufer. *Willst du hier anhalten?* hieß das. Ich nickte bejahend. Er fuhr zum Flußufer hinüber. Wir banden das Boot an einen Baum und kletterten dann schnell das Steilufer hinauf. Ganz oben auf der höchsten Stelle, wenige Schritte vom Gemeinschaftshaus entfernt, stand ein großes neues Schild. Es gab in kühnen Lettern zu verstehen, daß jenseits davon das Territorium der Motilonen beginne, und daß eine Besiedlung gegen das Gesetz verstoße.

Ich zeigte auf das Schild. „Die Regierung hat es endlich aufgestellt, wie?“

„Ja, vor zwei Wochen.“

Wir fragten im Gemeinschaftshaus nach Ayaboquina, und eine der Frauen teilte uns mit, daß er auf der nahegelegenen Lichtung zu finden sei. Sie waren dabei, ein neues Haus zu bauen, und darin sollten eine Schule und eine Krankenstation eingerichtet werden.

An diesem Ort also hatten wir Ayaboquina gefunden und waren von Humberto Abril bedroht worden.

Später dachte ich an jene Worte: „Bei diesem Kreuz schwöre ich: ich werde euch umbringen!“ Ihre Eiseskälte ließ mich frösteln. Waren sie nur ein Fluch, nur eine Drohung? Oder bedeuteten sie mehr? Waren sie eine Vorhersage für etwas, das uns durch das Kreuz noch widerfahren würde? Es war ja um des Kreuzes willen, daß ich die Motilonen lieben konnte und sie mich. Aber würde ich auch für das Kreuz sterben müssen? Und sollte vielleicht Bobby ebenfalls für das Kreuz sterben müssen?

Wer ist mein Gott?

„Wer ist mein Gott?" fragte ich. Ich war vierzehn Jahre alt. „Wer ist es?"

Keiner war da, der mir hätte antworten können. Über den Hof der Highschool klangen die dumpfen Schläge und Pfiffe eines Rugbyspiels herüber. Zum tausendsten Mal wünschte ich mir, im Sport gut genug zu sein, um gefragt zu werden, ob ich mitspielen wolle.

Aber noch etwas außer Sport beschäftigte meine Gedanken . . . , etwas, das mich seit Tagen in Unruhe versetzt hatte.

„Wer ist mein Gott?" fragte ich mich wieder. „Da gibt es den Gott der Lutheraner, über den wir in der Kirche sprechen. Da gibt es den Gott aller christlichen Kirchen, über den wir in der Schule etwas lernen. Da gibt es den Gott, über den ich in der Bibel gelesen habe. Aber welcher von ihnen ist nun *mein* Gott?" Aus dem frostigen Himmel Minnesotas kamen keine Antworten. Ich machte mich auf den Heimweg.

Es schien, als wisse niemand je die Antwort. Am vorigen Sonntag hatte ich genug Mut aufgebracht, um meinen Sonntagsschullehrer zu fragen. Er hatte breit und hölzern gelächelt. „Hast du denn noch nicht dein Konfirmationsgelübde abgelegt?"

Ich wußte alles über die Konfirmation. Was ich darüber gelernt hatte, war im Grunde Theologie gewesen. Aber ich wollte Gott kennenlernen.

Meinem Vater wäre es lieber gewesen, ich hätte nicht darüber nachgedacht. Ich hatte ihn zwar nicht gefragt – aber ich wußte, was er sagen würde. Er würde mit seinen kristallblauen Augen auf mich herunterschauen und mir mitteilen, daß ich seine Zeit verschwendete und meine eigene dazu.

Vielleicht war es so. Es schien überhaupt nicht wahrscheinlich, daß es irgendeinen anderen Gott außer dem grimmigen Gott der Lutheraner gab. Schon allein der Gedanke an ihn jagte mir Furcht ein.

Dieser eisige Wind, der mir ins Gesicht schneidet, ist sein Wind, dachte ich. Ich stieß mit dem Fuß nach dem braunen, abgestorbenen Gras am Straßenrand. Heute morgen hatten Schneeflocken daran gehangen. Einige vereiste Flecken waren im Schatten des Rinnsteins noch übrig geblieben.

Wozu bin ich auf der Welt? Ich bin zu dürr . . . zu kurzsichtig . . . zu unbehofen. Ich kann nicht einmal Rugby spielen. Wenn sie mir einen Paß zuwerfen, trifft mich der Ball, und sie lachen mich aus.

Ich konnte Kent Langes sommersprossiges, von schwarzem, lockigem Haar umrahmtes Gesicht vor mir sehen, und sein Mund war zu einem schallenden Lachen verzogen. Er war mein bester Freund. Mir wurde ganz kalt und schwer im Magen, als hätte ich zu schnell Eiskrem gegessen.

Warum nahm ich alles so schwer? Es war doch nur ein Spiel. *Wenn ich heimkomme,* dachte ich, *werde ich meine Bücher herausnehmen. Dann werden all diese Probleme vergessen sein.*

Ich liebte es, meine Bücher ihren verschiedenen Sprachen nach auf dem Bett auszubreiten. An den letzten beiden Abenden hatte ich Griechisch geübt, indem ich die Bibel las. Ich besaß eine dicke Bibel, die wundervoll gedruckt und in Leder gebunden war, und ich liebte es, in ihr herumzublättern.

Jahrelang las ich schon die Bibel, vor allem das Alte Testament. Nun da ich Griechisch lernte, war es interessant, sich auch ins Neue Testament zu vertiefen.

Aber vorläufig bevorzugte ich noch immer das Alte Testament. Ich war von den Geschichten begeistert und von den Schlachten gefesselt. Am Sonntagnachmittag las ich manchmal viele Kapitel in einem Zug durch.

Mit den Propheten war es anders. Sie machten mir oft solche Angst, daß ich die Bibel fest zuschlug, bis ich mir selbst wieder eingeredet hatte, dies sei ein „Traumbuch", und keine wirkliche Prophetie. Es war allzu leicht, sich Gottes Gericht auszumalen: wie sich die Erde öffnen und die Menschen hinabstürzen würden in den Abgrund des ewigen Feuers. Und Jesus würde kommen mit Heerscharen heller, grimmiger Engel mit Schwertern, um die ganze Schöpfung wegen ihrer Sündhaftigkeit zu vernichten.

Ich fürchtete mich, an Gott zu denken. Manchmal, wenn ich die Geduld und Beherrschung verloren hatte, kam ich plötzlich zur Besinnung, und mein Magen krampfte sich zusammen. Doch ich konnte nicht aufhören, ich raufte oder stritt weiter, wobei ich mich die ganze Zeit über schrecklich elend fühlte. Später dachte ich dann immer: *O Gott, ich werde in die Verdammnis geraten!* Es tat mir alles so leid, aber im Innersten wußte ich, daß ich das gleiche wieder tun würde.

Das Neue Testament schien anders zu sein. Zwei Nächte lang hatte ich das Evangelium Johannes gelesen. Es hatte mich verwirrt. Jesus schien überhaupt nicht so zu sein, wie er mir geschildert worden war. Oder hatte ich Jesus mit dem Gott, den ich fürchtete, verwechselt? Überall, wo Jesus hinkam, wurden die Menschen durch ihn verändert, und immer zum Besseren.

Ich dachte an meine Sonntagsschulklasse. Ich kannte jedes Kind. Mein ganzes Leben lang war ich mit ihnen zur Kirche gegangen. Sie hatten sich nie geändert. Keiner von uns hatte sich je geändert.

O ja, es wurde eine Menge vom Sichändern geredet. Der Geistliche mahnte uns: „Ihr müßt euch ändern, weil Gott die Erde und ihre Sünder verdammen wird. Ihr müßt heilig sein, geradeso heilig wie Gott. Das verlangt er von euch. Seine Vollkommenheit zu versäumen, heißt seine Ewigkeit versäumen!"

Und diese Verdammung flößte mir Furcht ein. Manchmal kam Kent am Samstag in unser Haus, und wir redeten über Gruselgeschichten und -filme, die wir gesehen hatten. Wir versuchten einander Angst zu machen, und wir kicherten und versteckten unsere Köpfe in den Kissen. Es machte uns Spaß Angst zu haben.

Aber früher oder später sprachen wir dann unweigerlich über das Jüngste Gericht, über das siedende Pech, und wie der Himmel aufgerollt werden würde wie eine Schriftrolle. Dann wurden wir immer sehr still. Wir wußten, daß dies keine Erfindung eines Filmautors oder Geschichtenschreibers war. Es war Wirklichkeit. So würde es kommen.

Mutter bereitete gerade in der Küche das Abendessen zu, als ich heimkam. Ich war durchgefroren von dem trockenen, bitterkalten Wind. Ich zog meinen Mantel aus und hängte ihn an den Haken, dann ging ich, mir die Hände reibend, in die Küche. Sie strich eine ihrer blonden Locken zurück und schaute mich an. „Wie war's heute in der Schule, Bruce?"

„Ganz gut ", sagte ich. „Wo ist Dave?"

Sie senkte den Kopf. „Dein Bruder und dein Vater haben sich gestritten. Er ist oben in seinem Zimmer."

Plötzlich fühlte ich mich todmüde. Irgendjemand stritt sich immer in unserem Haus. Es schien am besten zu klappen, wenn wir gar nicht miteinander redeten.

Ich stieg die Treppe hinauf zu meinem Zimmer. Dabei fiel mir auf, wie jede Stufe bis zum Dunkelrot reifer Kirschen gewachst und gebohnert war. Ich mochte das. Alles sollte seine Ordnung haben. Alles sollte gepflegt und sauber sein. Warum konnte unsere Familie nicht auch so sein? Flüchtig betrachtet schien alles in bester Ordnung. Meine Mutter war eine sehr schöne schwedische Frau, vollendet wie eine Statue. Keiner unter meinen Freunden hatte eine Mutter, die so prachtvoll aussah. Und mein Vater sah ebenfalls gut aus: Er hatte ein stark ausgeprägtes Kinn und tiefbraunes, immer sorgfältig frisiertes Haar. Aber wir kamen selten miteinander aus.

Ich ging in mein Zimmer und räumte meine Schulbücher weg. Dann holte ich meine anderen Bücher hervor und legte sie auf meinem Bett aus. Ich hatte eine Bibel in englischer Sprache, ein griechisches Testament und einige griechische Lehrbücher.

Ich streckte meinen schlaksigen Körper auf dem Bett aus. Meine Füße ragten über die untere Kante hinaus. Meine Bücher lagen im Kreis um mich herum. Dies alles kam der Geborgenheit eines Heims noch am nächsten. Ich fühlte mich wohl hier.

Ich las bis in den Abend hinein. Meine Mutter rief mich zum Essen, und ich ging hinunter in den schweigenden Kreis der Familie. Innerlich war ich immer noch mit dem beschäftigt, was ich gelesen hatte.

Mein Vater merkte, daß ich nichts sagte.

„Warum trägst du überhaupt nichts zum Gespräch bei?“ fragte er. Er sprach jedes Wort sehr deutlich aus.

„Ich dachte gerade über etwas anderes nach, Vater“, sagte ich.

„Und was war das?“

Ich schaute hilflos zu meiner Mutter hin. Ich wollte nicht reden müssen.

„Bruce“, sagte mein Vater, „schau nicht deine Mutter an. Ich bin's, der mit dir spricht.“ So war ich gezwungen, eine Erklärung abzugeben. Ich sagte ihm, ich hätte im Neuen Testament gelesen, und ich verstünde es nicht sehr gut.

„Natürlich verstehst du es nicht“, sagte er. „Es wurde vor zweitausend Jahren geschrieben. Man kann nicht erwarten, daß es heute noch einen Sinn hat.“

Ein Bissen blieb mir in der Kehle stecken. Ich hatte es

satt zu hören, wie mein Vater Dinge mit einem Satz abtat. Was wußte er schon darüber! Ich schaute auf meinen Teller. Es war leichter, wenn wir nicht miteinander sprachen.

Sobald ich aufstehen durfte, ging ich zurück auf mein Zimmer. Alles war falsch. Ich griff wieder zu meiner Bibel, aber die Buchstaben verschwammen mir vor den Augen. Mein Gesicht war ganz heiß.

Ich nahm meine Brille ab und legte mich auf das Bett. „Dumme Dinger", sagte ich und starrte die dicken Gläser an, die ich getragen hatte soweit ich zurückdenken konnte. Ich haßte sie. Diese Brille war mir im Sport im Weg gewesen. Sie war schuld daran, daß ich als Glotzauge und als Brillenschlange tituliert wurde.

Ich legte meinen Kopf zurück aufs Kissen. Was nützte es, über die Brille wütend zu werden?

Sicherlich gab es *irgendwo* einen, der mir helfen konnte. Der Apostel Johannes hatte Jesus getroffen und war von da an ein ganz anderer Mensch gewesen. Alle Evangelien erzählten von Menschen, die durch Jesus umgewandelt wurden. Ich sehnte mich auch nach einer Umwandlung. Aber mein Gott machte sich nicht genug aus mir, um etwas dazu zu tun, dachte ich.

„Wer ist überhaupt mein Gott?" fragte ich mich.

Vielleicht finde ich die Antwort, wenn ich weiterlese, dachte ich. Aber ich erwartete nicht, wirklich etwas Hilfreiches zu finden. Schließlich war die Bibel geschrieben worden, ehe es Lutheraner gab. Dann stieß ich auf einen Vers, der mich schockierte, der mich wie ein elektrischer Schlag durchzuckte.

Ich richtete mich auf und las ihn nochmals. „Denn der Menschensohn ist gekommen, das Verlorene zu suchen und zu retten" (Luk. 19, 10, Menge-Übersetz.). Ich kannte Gottes Gerechtigkeit, ich wußte, daß er aufgrund meiner Unlauterkeit über mich richten würde; aber hier stand ein Vers, der sagte, daß Jesus gekommen war, um die Verlorenen zu retten. Ich wußte sofort wer gemeint war: ich war es. Aber wie wollte Jesus mich retten? Und wovon? Würde er ein Wunder geschehen lassen?

Ein Vers, den ich im Römerbrief gelesen hatte, fing an, einen Sinn zu bekommen: „Wenn du in deinem Herzen glaubst, daß Gott ihn (Christus) auferweckt hat von den Toten, so wirst du gerettet." Und gerettet war das Gegenteil von verloren.

Ist das alles? dachte ich. *Einfach glauben? Müßte ich nicht irgend etwas Großes tun? Müßte ich nicht ein vollkommenes Leben führen?* Das war mir jedenfalls in der Kirche beigebracht worden.

Ich dachte an alles in mir, was ich nicht mochte. Meine Erregbarkeit. Dic schlechten Gedanken, die mich manchmal erfüllten. Konnte Jesus diese Dinge ändern?

Vielleicht hatte er ja vor zweitausend Jahren Wasser in Wein verwandeln können. Aber was hieß das schon für Bruce Olson? Ich dachte an all die Leute in den Evangelien, die durch Jesus verwandelt worden waren. Aber was hatten sie mit mir zu tun? Stunden vergingen. Es schien keine Lösung meiner Fragen zu geben. Ich war müde. Die Uhr auf meinem Nachttisch zeigte auf zwei Uhr morgens.

Dann empfand ich sehr plötzlich und sehr deutlich, daß es nicht an mir war, diese Fragen zu beantworten. Ich fühlte mich dazu gedrängt zu versuchen, mit Jesus zu sprechen. Natürlich hatte ich früher schon gebetet, rein formell nur, in der Kirche, aus dem Gebetbuch.

Diesmal war es anders. Ich lag auf meinem Bett, mit dem Gesicht nach unten, und sprach mit Jesus. Es war ein einfaches Gespräch, aber es war das erste, das ich jemals wirklich mit ihm gehabt hatte.

„O Jesus", sagte ich, „ich habe darüber gelesen, wie jeder in deiner Nähe verändert wurde. Nun möchte ich verändert werden. Ich möchte Frieden und Erfülltheit, wie Paulus und Johannes und Jakobus und die anderen Jünger. Ich möchte von all meinen Ängsten befreit werden und . . . "

In diesem Augenblick empfand ich seine Gegenwart im Zimmer wie eine große Stille. Sie war gleichzeitig klein und still, riesenhaft und hochragend, alles überströmend.

„Herr, ich fürchte mich vor dir", fuhr ich fort. „Du weißt, daß ich nicht einmal mich selbst leiden mag. Alles um mich herum ist ein großes Durcheinander. Und in mir sieht es genauso aus. Aber bitte, Gott, ich möchte mich ändern. Ich kann es nicht selbst tun. Und ich weiß nicht wie. Du kannst alles mit mir tun. Denn, Jesus, wenn du all die Menschen in der Bibel ändern konntest, kannst du sicher auch mich ändern. Bitte, Jesus, laß mich dich kennenlernen. Mach mich ganz neu."

Und dann wußte ich, daß die Rettung geschah. Ich fühlte mich elend und zerbrochen und meiner selbst überdrüssig.

Aber gleichzeitig merkte ich, wie Friede in mein Herz einzog. Er war nichts Totes und Passives, dieser Friede. Er war nicht lediglich eine Stille, die den Krieg in mir beendet hätte. Er war lebendig und er machte mich lebendig. Ich konnte spüren, daß ich bald fähig sein würde, mit mir selbst ins reine zu kommen. Und ich erkannte es als meinen sehnlichsten Wunsch, diesen Frieden und diese Ruhe nie mehr zu verlieren.

Ich lag auf meinem Bett und war von Erstaunen so überwältigt, daß ich weder mich bewegen, noch nachdenken konnte. Ich sprach weiter mit Jesus und wußte, daß er da war. Ich mußte mir nicht mehr den Kopf zerbrechen über den Gott der Lutheraner oder den Gott der Christen oder sonst irgend jemandes Gott. Sie gingen mich nichts an. Jesus war mein Gott, mein *persönlicher* Gott. Und ich hatte soeben mit ihm gesprochen.

Auseinandersetzung

Am nächsten Morgen war der Friede noch immer da. *Ich muß dies weitererzählen,* dachte ich. *Es wird meine Familie völlig verändern. Und die Kinder in der Kirche. Die müssen Jesus auch kennenlernen.*

Sonntagnachmittags traf sich die Jugendgruppe der Lutheraner in den Kellerräumen der Kirche. Ich kam schon früh dort an. Nur ein paar der Jungen waren da, standen irgendwo im Raum zusammen und redeten. Ich ging zu einer Gruppe von drei Jungen, die ich kannte, und begann zu erzählen, was mit mir geschehen war. Ich strahlte sie an und erwartete, daß sie ebenso reagieren würden. Stattdessen nahmen ihre Gesichter einen vorsichtigen und reservierten Ausdruck an. Irgend etwas stimmte nicht, aber ich wußte nicht was es war. Ein paar andere Jungen kamen hinzu, und sie hörten alle ernsthaft zu. Als ich aufhörte zu reden, sagte keiner ein Wort.

Dann schaute einer nach oben zu der alten Decke aus Holz und sagte: „Dann hast du also eine ganz besondere Tür zum Himmel gefunden, Bruce?"

„Ja, du bist wohl plötzlich in höhere Regionen aufgestiegen, Olson."

Sie verstanden nichts! Ich mußte es nicht richtig erklärt haben. „Nein, nein, darum geht es überhaupt nicht. Jeder kann das erleben, nicht bloß ich allein. Ich will euch gar nicht weismachen, daß ich etwas Besonderes sei!" Ich schaute hin und her in den Kreis kalter, verschlossener Gesichter.

Dies waren meine Kameraden und Altersgenossen! Ich wollte, daß sie es verstanden. Aber sie schauten mich an, als sei ich ein Tier aus dem Zoo.

Pastor Peterson kam heran, und ich wandte mich ihm zu. Hier war einer, der es verstehen würde. Er konnte es besser erklären als ich. „Um was dreht es sich, Jungs?" fragte er. „Was ist los?" Er wandte sich an mich: „Was ist los, Bruce?" Er war ein großer Mann mit einem schmalen, roten Gesicht. Beim Sprechen hüpfte sein großer Adamsapfel beunruhigend auf und ab. Ich wiederholte, was ich erzählt hatte. Er hörte freundlich zu und nickte, während ich sprach. Ich fühlte mich erleichtert.

„Ja, das ist wunderbar, das ist schön, Bruce. Ich freue

mich, daß du ein Erlebnis gehabt hast, das dich so erfüllt. Aber vergiß nicht, daß du in der lutherischen Kirche konfirmiert worden bist, gerade hier in diesem Gebäude, und daß du dich im Augenblick der Konfirmation Christus übergeben hast. Das Leben als Christ begann für dich sogar noch früher, nämlich schon als man dich taufte und dir einen Namen gab."

„Aber als ich zum Abendmahl ging und konfirmiert wurde, hatte nichts davon wirkliche Bedeutung für mich", sagte ich. „Ich war noch immer derselbe." Ich dachte daran, wie ich in meinem weißen Konfirmationsgewand nach Hause gegangen war und versucht hatte, mich irgendwie anders zu fühlen. Aber ich konnte nur denken: *Ist dies alles? Ich hoffte, es würde etwas mehr dahinterstecken.*

Pastor Petersons Gesicht, das freundlich und warm gewesen war, wurde kalt – wie die Gesichter der Jungen.

„Olson", sagte er, „ich habe über jedem einzelnen von euch Jungen gebetet, als ihr konfirmiert wurdet. Willst du mir beibringen, daß meine Gebete umsonst waren? Es wird von dir erwartet, daß du daran glaubst, dein Konfirmationsgelübde habe eine echte und wirkliche Bedeutung gehabt." Sein Gesicht rötete sich. Ich wünschte, ich hätte die ganze Sache nie zur Sprache gebracht. Aber nun mußte ich weitermachen.

„Ich glaube jetzt was ich gelobt habe", sagte ich. „Jesus ist jetzt für mich eine Realität. Ich bin anders geworden. Ich fange an, Mitgefühl für Menschen zu empfinden wie bisher nie." Die Worte sprudelten nur so heraus. Ich konnte nicht mehr aufhören. „Jesus ist jetzt da in meinem Leben. Falls er es vorher schon war, habe ich es nie gewußt."

Später sprach Pastor Peterson mit mir unter vier Augen. Er war sehr ernst. „Hör mal, Olson, du hast von irgendwoher eine Art Schwärmertum in den Kopf gesetzt bekommen. Aber überlaß dein Leben nicht dem Fanatismus! Nimm die Maske ab. Du bist nicht anders als irgend sonst jemand."

Ich saß still da. Ich war es müde, mich verständlich machen zu müssen. Wie konnte etwas so Gutes, so grundlegend Einfaches die Leute derart aus der Fassung bringen?

Er lehnte sich auf seinem Stuhl vor: „Bruce, genaugenommen ist das Christentum ein moralisches Gesetz, das uns verpflichtet recht zu handeln und unseren Nächsten zu lieben. Das ist der Kern der ganzen Sache."

Nach diesem Gespräch hörte ich seinen Predigten genau zu. Er predigte von Umkehr und christlicher Ethik, aber nie sprach er darüber, woher die Kraft dafür kommen sollte. Er sprach vom Sichändern und präsentierte ein wundervolles Modell davon, wie wir sein sollten, aber er teilte nicht mit, wie wir es anfangen sollten, diesem Modell zu entsprechen.

Ich war dieser Aufgabe genausowenig gewachsen. Dies war mir klar. Jedenfalls jetzt noch nicht. Aber mein Leben hatte sich verändert, und es wandelte sich weiter. Ich hatte Frieden mit Gott. Es gab ihn wirklich, und ich kannte ihn. Meine Unbeherrschtheit war immer ein schreckliches Problem gewesen. Aber nachdem ich Jesus kennengelernt hatte, schien sie einfach zu verschwinden. Selbst meine Freunde in der Jugendgruppe mit all ihren Hänseleien konnten mich nicht mehr auf die Palme bringen. Ich war manchmal enttäuscht und verletzt, aber ich wünschte mir dann lediglich, daß sie auch eine persönliche Begegnung mit Jesus erleben dürften.

Meine Einstellung gegenüber der Schule änderte sich ebenfalls. Ich begann Interesse an den Lehrfächern zu gewinnen, weil ich den Zusammenhang mit Jesus begriff. Meine Mutter bekam Spaß daran, zu Elternbesprechungen zu gehen, um meine verbesserten Noten zu sehen.

Ich hatte schon immer gern Sprachen gelernt, Latein, Griechisch und Hebräisch. Nun hatte ich einen Grund zu intensivem Studium. Mit Griechisch und Hebräisch konnte ich die Bibel in ihren Originalsprachen und mit Latein die Schriften der frühen Christen lesen.

Aber so wie die Schule immer mehr an Bedeutung gewann, wurde die Sache mit der Kirche immer quälender. Während der Gottesdienste saß ich schwitzend und angespannt in meiner Bank und hätte am liebsten Pastor Peterson laut zugerufen, daß er Jesus nicht verstehe. Ich hörte auf zum Abendmahl zu gehen. Es war mir beigebracht worden, daß man während der Teilnahme daran sich in Gemeinschaft mit anderen Gläubigen und mit Gott befinden müsse –, und ich empfand weder mit Pastor Peterson noch mit der Gemeinde viel Übereinstimmung.

Ich hatte Kent Lange nichts von meinem Erlebnis erzählt. Ich hatte ihn auch nicht sehr oft gesehen, seit er die Schule gewechselt hatte. Ungefähr zwei Wochen nach meiner Begegnung mit Jesus jedoch kam er an einem Samstagnachmittag bei mir vorbei. Er war so gerannt, daß er fast außer Atem war. „Bruce, mir ist was ganz Unglaubliches passiert“, stieß er schließlich hervor. „Gestern abend in der Kirche habe ich

Jesus gebeten in mein Herz zu kommen, so wie es einem immer gesagt wird, daß man es tun solle –, und Bruce, er hat's wirklich getan! Ich vergaß völlig, was um mich herum in dem Gottesdienst geschah! Bruce, er war da, und ich *wußte* es genau!"

Ich schloß die Augen, während mich eine Welle der Erleichterung und der Freude durchströmten. „O Kent, das ist großartig!" sagte ich. Dann erzählte ich ihm von meinem eigenen Erlebnis. Wir standen da und redeten beide gleichzeitig. Dann sprang Kent mich an und wir wälzten uns ausgelassen im Zimmer herum, balgten und pufften uns, während wir verglichen, was uns widerfahren war.

„Kent, ich kann es einfach nicht glauben. Wir alle beide . . ." Ich stand da und schaute ihn an. „Aber Kent, was hast du damit gemeint – daß sie dir in der Kirche immer sagen, du solltest Jesus bitten in dein Herz zu kommen? In meiner Kirche geschieht das nicht. Keiner hat je davon gehört."

Kent erzählte mir von seiner Kirche. Es hörte sich ganz entschieden anders an, als die trockene lutherische Kirche, in die ich mein Leben lang gegangen war. Fast alle Leute dort erkannten Jesus als ihren Herrn und Heiland an, sagte Kent.

Der nächste Tag war ein Sonntag, und Kent lud mich ein, mit ihm in seine Kirche zu gehen.

Von außen sah sie wie jede andere Kirche aus. Aber ich war aufgeregt und gespannt. Ich war noch nie in einer nichtlutherischen Kirche gewesen. Das Innere sah für mich nicht wie in einer Kirche aus. Es gab keine richtigen Kirchenbänke, keinen kunstvollen Altarschmuck. Es sah eher wie im Festsaal einer Schule aus. Viele Leute waren schon da, aber sie saßen nicht auf ihren Plätzen. Sie redeten miteinander. Es erinnerte mich an einen Bienenstock mit riesigen, emsig umhersummenden Bienen. In der lutherischen Kirche kam jeder leise herein und nahm sogleich Platz zum stillen Gebet.

Wir setzten uns auf die Klappstühle im hinteren Teil der Kirche.

Als der Gottesdienst begann, ging Kents Vater, der hier der Geistliche war, nach vorne. „Wir haben uns heute versammelt, um Gott dafür zu preisen, was er in unserem Leben durch seinen Sohn Jesus Christus getan hat", sagte er. „Laßt uns alle gemeinsam das Lied Nummer 38 singen."

Alle griffen nach unten und öffneten ihre Gesangbücher. Es war ein Lied, das ich nie zuvor gehört hatte. Kent fand die Stelle; dann spielte das Klavier, die Orgel dröhnte, und die Gemeinde begann zu singen. Jemand hinter uns fing an, im Takt in die Hände zu klatschen. Alle andern fielen ein. Ich war schockiert. Was ging da vor sich? Wo blieb die Ehrfurcht, der Respekt?

Nach dem Lied ging Mr. Lange wieder aufs Podium zurück. „Ja, wir klatschen zum Lobpreis Gottes", sagte er. „Es ist ein herrliches Lied und sagt soviel Wahres aus über Gottes Wirken und Tun. Wir sind heute hier im Hause des Herrn, und wenn ihr glaubt, daß Gott Wirklichkeit ist, so sagt ‚Amen'." Und jeder antwortete – so daß der Raum von einem gewaltig dröhnenden Klang erfüllt war – „Amen!" Aber Mr. Lange hielt die Hand an sein Ohr und sagte: „Hat niemand dort hinten ‚Amen' gesagt? Ich habe nichts gehört!" Also sagten sie es nochmal, lauter als zuvor. Ich krümmte mich innerlich. Ich dachte, jeder müßte mich ansehen, den einzigen, der nicht Amen sagte. Mir fiel ein, wie mir einmal in der lutherischen Kirche mein Gesangbuch mitten im Gottesdienst hinuntergefallen war. Meine Mutter hatte mich am Arm gepackt und gesagt: „Schhh! Heb es nicht jetzt auf. Bleib ruhig stehen!" Und hier riefen Leute laut „Amen"!

Eine Musikgruppe war an jenem Abend anwesend und begann zu spielen. Um mich herum klopfte jeder schon bald mit dem Fuß den Takt dazu.

Mr. Lange bat um ein „Zeugnis".

„Gott ist heute abend bei uns", sagte er. „Wir wissen das, weil wir zusammen sein Wort lesen und ihm zu Ehren singen. Aber wir brauchen ein Zeugnis. Wer steht auf und erzählt uns, was Gott für ihn getan hat?"

Ich erwartete nicht, daß irgend jemand dazu bereit wäre. Aber ehe ich mich's versah, stand ein Mann auf und begann von einigen Problemen in seiner Familie zu berichten. „Aber ich danke Gott für diese Sorgen", sagte er, „denn er hat uns geholfen. Wir konnten als Familie gemeinsam beten, und er hilft uns wirklich Tag für Tag unsere Konflikte in Liebe zu lösen. Als Familie sind wir dadurch enger zusammengerückt." Er ließ seine ganze Familie aufstehen. Er hatte vier Söhne und sie waren nicht viel älter als ich. Der Mann breitete die Arme aus und umarmte jeden von ihnen. Dann umarmten sie ihn und einander gegenseitig. Sie umarmten sogar einige Leute, die in ihrer Nähe saßen. Und alle klatschten.

Es war alles fremd und ungewohnt. Aber, o wie sehr ich

mich danach sehnte! Ich wollte mit meiner eigenen Familie beten können. Ich wollte von meinem Vater umarmt und anerkannt werden!

Dann folgte die Predigt. Es dauerte nicht lange, da lehnte sich der Mann neben mir zurück und sagte: „Amen!“ Fast wäre ich vor Überraschung vom Stuhl gefallen, so dicht neben mir und so unerwartet kam das.

Aber obwohl alles so seltsam war, fühlte ich mich dazu hingezogen. Hier war offenbar eine Kirche, wo die Leute um die Wirklichkeit Christi wußten.

Zum Mittwochabendgottesdienst ging ich wieder hin. Dann ging ich zum Gebetsgottesdienst am Donnerstagabend und erneut zu einem Abendgottesdienst am Freitag. Danach am Sonntag den ganzen Tag. Ich konnte nicht genug kriegen. Und ich lernte eine Menge aus der Heiligen Schrift. Ich hatte bisher natürlich auch schon die Bibel gelesen, aber Mr. Langes Verkündigung öffnete mir die Augen für Dinge, die mir nie in den Sinn gekommen wären.

Ich ahnte allerdings, daß es Schwierigkeiten mit meinen Eltern geben würde, und sie ließen auch nicht lange auf sich warten. Meine Eltern waren schon bestürzt gewesen, als ich ihnen zum ersten Mal von der Wirklichkeit Christi in meinem Leben erzählt hatte. Mein Vater war in diesem Punkt besonders empfindlich. Es konnte nicht in den Begriffen und Ausdrücken der Lutheraner erklärt werden, deshalb war es nicht verständlich – oder nicht annehmbar. Er war als Lutheraner konfirmiert worden, und für ihn bedeutete ein Lutheraner zu sein Anstand und Ehrbarkeit. Er glaubte, ich versuchte, etwas Besseres als er zu sein, als ich berichtete, ich hätte Christus gefunden.

Er versuchte es mir auszureden, zur interkonfessionellen Kirche zu gehen. Wenn ich heimkam, schaute er von der Zeitung auf und sagte: „Hallo, hier ist unser erleuchteter Sohn wieder aus dem Königreich Gottes zurückgekehrt. Wie lautet heute abend die Botschaft Gottes an uns arme Sünder?“ Er sagte dies jeden Abend – an jedem einzelnen Abend, an dem ich von der Kirche heimkam. Bald konnte ich es nicht mehr ertragen. Ich rannte dann an ihm vorbei, hinauf in mein Zimmer, wo ich meinen Kopf im Kissen vergrub und versuchte, seine Stimme, die mir noch im Ohr nachklang, zu vergessen.

Er klatschte auch immer in die Hände, womit er den Gottesdienst nachahmte (weil ich am Anfang versucht hatte, ihnen zu beschreiben, was dort geschah), und sang: „O Jesus, wir werden erlöst werden. O ja, Jesus, komm heute abend herab zu uns.“

Die interkonfessionelle Kirche war fünf Meilen entfernt, und ich konnte nicht anders hingelangen als zu Fuß. Jeden Sonntagmorgen ging ich zur lutherischen Kirche, um meine Mutter zu besänftigen, und danach machte ich mich auf den Weg zu der anderen Kirche. Es war Winter, und der Wind blies mir die Hosenbeine und die Ärmel meines Mantels auf. Die Kälte drang von den eisbedeckten Gehwegen durch die Sohlen meiner Schuhe in meine Füße ein und kroch in meinen Beinen hoch. Es gab Tage, an denen jede Sekunde des Kirchweges zur Qual wurde.

Dann kam ich an, und in der Kirche war es warm. Freundliche Gesichter schauten auf und grüßten mich. Wir schlugen die Bibel auf und mein Körper entspannte sich wie der einer Katze, die sich zum Schlafen zurechtlegt. Aber mein Geist war hellwach. Beim Lesen des Wortes Gottes war ich zutiefst glücklich.

Wenn die Kirche zu Ende war, drückte ich mich noch herum solange es ging. Ich lehnte immer ab, wenn mir jemand eine Mitfahrgelegenheit anbot. Ich war zu stolz – oder zu schüchtern.

Mein Vater hatte alles versucht, außer mir direkt zu verbieten, nicht mehr in die Kirche zu gehen. Eines Nachts machte ich mich sehr spät auf den Heimweg. Unterwegs mußte ich die Lake Street-Brücke passieren. Der Wind fegte mir hier ungehindert Wolken von Pulverschnee ins Gesicht. Ich hörte, wie er unter mir über das gefrorene Wasser hinpfiff und um die Brücke heulte. Ich hätte mich gerne ausgeruht, aber ich wagte nicht Halt zu machen. Geschichten von Pelztierjägern fielen mir ein, die erfroren waren, weil sie ausruhen wollten und dann nicht wieder aufstehen konnten. Jenseits der Brücke konnte ich die Häuser sehen, solche schöne Heimstätten, wie weiße Muscheln im Schnee.

„O Jesus“, flüsterte ich, „hilf mir!“

Aber ich ging weiter und schaffte es irgendwie, den Hang hinauf, an den Häusern vorbei, zu meinem eigenen Haus zu gelangen. Es war dunkel. Ich war erleichtert, zu Hause zu sein, streckte meine Hand nach dem Türknauf aus und hatte Schwierigkeiten, ihn zu fassen zu bekommen. Mein vereister Fausthandschuh rutschte an der kalten Messingkugel ab.

Mühsam versuchte ich ihn auszuziehen. Schließlich mußte ich den Handschuh mit den Zähnen herunterzerren, da meine Finger einfach zu steif dazu waren. Ich legte meine Hand erneut auf den Türknopf und drehte ihn.

Die Tür war verschlossen.

Ich versuchte es noch einmal, um sicher zu sein. Es gab keinen Zweifel. Meine Eltern hatten vergessen, daß ich noch draußen war.

Ich wollte sie nicht gerne aufwecken, aber ich mußte irgendwie hineinkommen. Deshalb klingelte ich. Ich schaute auf das Fenster ihres Schlafzimmers und wartete darauf, daß das Licht anging. Es blieb dunkel. Ich klingelte erneut. Keine Reaktion.

Meine Mutter konnte im Schlaf diesen Lärm überhören, aber mein Vater hatte einen sehr leichten Schlaf. Ich wußte, daß er wach war. Ich rief nach ihm.

„Vater, ich bin es, Bruce! Bitte, komm herunter und öffne mir die Tür. Ich friere."

Es kam keine Antwort. Obwohl ich es nicht wollte, begann ich zu weinen, und die Tränen gefroren auf meinem Gesicht.

„Vater, bitte. Es ist Bruce. Bitte, laß mich ein."

Ich holte tief Atem und hielt die Luft an. Danach fühlte ich mich etwas ruhiger. Ich schaute hinauf zu dem dunklen Fenster. Es schien auf mich herunter zu schauen, wie ein dunkel verschleiertes Auge. Schließlich dachte ich an die Langes. Ich wußte, daß sie mich in ihr Haus aufnehmen würden. Aber ihr Haus lag zwei Meilen weiter zurück, auf dem Weg, den ich gerade gekommen war.

„Bitte, Vater!" rief ich und wartete. Es rührte sich nichts. Ich drehte mich auf dem Absatz um und begann zu rennen. Ich lief so schnell ich konnte, bis ich nicht mehr weiter kam. Als ich anhielt, war ich schon jenseits der Brücke. Ich keuchte und die kalte Luft brannte mir bei jedem Atemzug in den Lungen.

Erschöpft und zitternd brachte ich vollends den Weg zu den Langes hinter mich. Sie standen auf und gaben mir einen warmen Platz zum Schlafen.

Das war das schlimmste, aber durchaus nicht das letzte Mal. Ich wußte nie, ob ich das Haus offen oder verschlossen vorfinden würde, wenn ich nach Hause kam.

Meine Mutter stand zwischen den Fronten. Sie fürchtete meinen Vater, konnte aber wenig tun, ihn zurückzuhalten.

Ich erinnere mich daran, wie ich eines Nachmittags heimkam und sie in der Küche antraf. Sie lehnte am Herd und über ihr schönes, makelloses Gesicht strömten die Tränen, tropften herab und verzischten in den Flammen des Gaskochers. Ich erschrak.

„Mama, was ist denn los?“ fragte ich.

Ihre Stimme zitterte. Sie setzte zweimal an zu reden, konnte aber nicht. Schließlich sagte sie: „Bruce, was kann unsere Familie noch zusammenhalten?“ Ich dachte, ich wüßte die Antwort. Ich hatte ja schon die ganze Zeit versucht, sie zu formulieren. Aber nun, als ich danach gefragt wurde, war es schwierig, sie in Worte zu fassen.

„Mama, wir müssen echte Christen werden. Mit Jesus in unserem Leben gibt es eine Hoffnung für uns“, sagte ich.

Ich hatte nicht erwartet sie zu erzürnen. Aber als sie mich ansah, erkannte ich, daß sie sowohl zornig als auch verletzt war – nicht allein auf mich, sondern auf das ganze Leben.

„O Bruce!“ sagte sie. „Wie kannst du das sagen, wenn es doch dein Jesus ist, der schuld ist an der Hälfte unserer Probleme! Bevor wir von ihm wußten, konnten wir einander wenigstens noch ertragen. Aber er hat alles durcheinander gebracht.“ Es stimmte. Aber ich wußte damals noch nicht, daß Christus gesagt hat, er werde den Menschen sowohl die Einheit als auch die Entzweiung bringen. Ich war dabei zu entdecken, daß das Kreuz Christi mehr als Freude und Frieden bedeutet. Es bedeutet auch Leiden – Leiden, das um der daraus folgenden Hoffnung willen notwendig ist. Aber es sollte noch mehr als genug Gelegenheit für mich geben, diese Lektion zu lernen.

Ein Missionar?

Als ich sechzehn war, veranstaltete die interkonfessionelle Kirche, die ich nun regelmäßig besuchte, eine Missionskonferenz. Es war mir etwas Neues, das mich fesselte. Missionare aus der ganzen Welt kamen zusammen, um über die Gebiete zu reden, in denen sie arbeiteten. Zum ersten Mal hörte ich den Ausdruck „Der große Auftrag". Er hatte einen geheimnisvollen Beiklang.

Einer der Missionare, Mr. Rayburn, „diente" in Neu-Guinea. Er war ein kleiner, untersetzter Mann, und sein Gesicht zeigte einen Ausdruck ständiger Erstauntheit. An dem Abend, an dem er sprach, trug er ein hellgrün gewürfeltes Hemd, schwarze Hosen und schmutzige Tennisschuhe. Ich war überrascht, daß irgend jemand so nachlässig gekleidet war, wenn er in der Kirche sprach, aber ich entdeckte schnell, daß er eine kraftvolle Botschaft hatte.

Die Kirche war voll. Ich hatte Bücher über Neu-Guinea gelesen und freute mich auf den Bericht aus erster Hand.

Mr. Rayburn zeigte einen Film, den er gedreht hatte. In einer Szene war ein Mann zu sehen, der eine Ratte aß. Man konnte gerade noch sehen, wie der Schwanz der Ratte aus dem Mund des Mannes heraushing – dann, ffft, war er weg.

„Dieser Bursche, der hier gerade eine Ratte verspeist, ist kein Christ", sagte Mr. Rayburn.

Armer Kerl, dachte ich, weil mir einfiel, wie elend ich mich gefühlt hatte, bevor ich Christ geworden war.

Es gab noch andere Bilder zu sehen: Einige zeigten äußerste Armut inmitten moderner Städte, andere zeigten „Eingeborene" und deren sonderbare Bekleidung, Häuser und Eßgewohnheiten. Dann richtete Mr. Rayburn seinen Appell an uns.

„Diese Leute hungern. Sie sterben an Krankheiten und Seuchen, sie leben in Unwissenheit und essen Ratten. Aber vor allem hungern sie danach, Christus kennenzulernen. Sie sterben als Verlorene, ohne zu wissen, daß Jesus sie von ihren Sünden erlösen kann. Kannst du bequem hier sitzen bleiben und all dies hinnehmen? Kümmerst du dich überhaupt um diese Männer und Frauen, die in Schmutz und Dreck leben? Sie sterben und sind verurteilt zu ewiger Verdammnis.

Und was tust du? Mag sein, daß du, wenn du wirklich tugendhaft bist, am Sonntagmorgen etwas Geld in den Opferteller legst. Vielleicht gibst du einen Dollar her für diese Leute, die nach dem Evangelium hungern.

Aber Jesus will mehr von dir. Er will mehr als dein Lippenbekenntnis zur großen Sache der Mission. Es ist deine Verantwortung, das Evangelium zu diesen Leuten zu bringen. Sonst wird ihr Blut von dir gefordert werden."

In dieser Nacht hatte ich Alpträume. Ich träumte, daß der Mann, der die Ratte aß, den Schwanz der Ratte wieder aus seinem Mund herauszog. Er wurde zu einer Peitsche, und der Mann fing an, damit auf mich einzuschlagen, während er brüllte: „Mein Blut wird von dir gefordert werden! Mein Blut wird von dir gefordert werden!"

Schweißgebadet wachte ich auf.

Das kann nicht stimmen, dachte ich. *Gott ist nicht so. Er ist ein Gott der Liebe. Er liebt mich.*

„Aber liebst du ihn?" kam als Frage darauf.

„Ja, ich liebe ihn. Natürlich liebe ich ihn. Wie könnte ich auch anders?"

„Willst du ihm dann nicht dienen?"

„Ihm dienen? Ich diene ihm. Ich lese sein Wort. Ich habe all meinen Freunden gesagt, was er mir bedeutet. Damit habe ich ihm doch gedient?"

Am nächsten Abend sprach ich mit Mr. Rayburn. „Du verschwendest hier deine Zeit!" sagte er. „Die ganze Welt geht verloren, und du bist mit verantwortlich, ihnen die Wahrheit zu bringen."

Nach der Konferenz lag ich wochenlang mit Gott im Streit. „Aber warum bestehst du darauf, mich zum Missionar zu machen?" fragte ich. „Warum kann ich nicht hier in Minneapolis dein Diener sein?" Mein Ziel war es, Sprachen zu studieren und Doktor der Philologie zu werden. Aber etwas in meinem Innern sagte mir: „Das ist es nicht, was Gott mit dir anfangen will."

„Hör zu, Gott, diese Missionare sind lächerlich!" setzte ich dem entgegen. „Sie tragen auf der Kanzel Tennisschuhe. Ihre Gebetsbriefe sind nicht einmal in anständigem Englisch geschrieben. Und ihre Theologie! Wo bleibt ihre Liebe für die Menschen, unter denen sie leben? Sie sind Versager, Herr. Sie werden mit dem normalen Leben nicht fertig, deshalb ziehen sie los und werden Missionare.

Aber ich kann hier Erfolg haben, Vater im Himmel. Jeder bestätigt mir das. Weshalb sollte ich unter nackten, hungernden Leuten arbeiten?"

Gott sagte mir nie weshalb. Aber er wandelte mein Herz um. Allmählich verblaßte mein schöner, vernünftiger Wunsch, Professor für Linguistik zu werden und wich jener lächerlichen Vorstellung, in fremde Länder zu gehen und den Wilden von Gott zu erzählen. Ich wußte, daß meine Eltern es keinesfalls verstehen würden; nicht einmal ich selbst verstand es richtig. Aber im Lauf der Monate, während ich zur Schule ging, im Unterricht dasaß und in den Tag hinein träumte, oder während ich die Bibel las, gab mir Gott etwas, wonach ich nie gestrebt hatte: ein tiefes Mitgefühl für andere Menschen.

Ich konnte nicht dagegen ankämpfen. Gott verlangte nichts von mir. Er zwang mich nicht. Aber ich entwickelte ein unwiderstehliches Interesse an anderen Ländern und anderen Kulturen.

Während ich mehr und mehr darüber las, nahm Südamerika meine Aufmerksamkeit gefangen, und ich begann, mich mit den Menschen dort eins zu fühlen. Bald schon träumte ich fortwährend von diesem bezaubernden Land mit seinen Menschen.

Ich gab Gott nach.

Ich erzählte Kent Lange, daß ich „berufen" worden sei, Missionar in Südamerika zu werden.

„Du? *Du?* Ein Missionar?" Auf Kents Gesicht zeigte sich ein breites Grinsen. „Bruce, das ist unmöglich. Erinnerst du dich nicht daran, was für ein Abenteurer du gewesen bist, als wir bei den Pfadfindern waren?"

Ich mußte nun auch grinsen. Meine Eltern hatten mich immer an der Eingangstür der Methodisten-Kirche, wo sich die Pfadfindergruppe traf, abgesetzt. Ich war dann jedesmal durch die Kirche hindurch und zur Hintertür wieder hinausgegangen. Dann lief ich hinüber zum Buchladen, wo ich mir ein Buch kaufte, in dem ich las, bis es Zeit war heimzugehen. Die großen Unternehmungen im Gelände draußen hatten mich nie interessiert.

Zahlreiche andere Freunde rieten mir ebenfalls ab. Sie erinnerten mich an meine körperlichen Schwächen: Ich hatte Bronchitis gehabt, als ich jünger gewesen war, und ich war noch immer nicht gerade kräftig.

„Und Bruce", sagten sie zu mir, „du hast als Linguist eine

große Zukunft vor dir. Wirf doch deine Fähigkeiten nicht einfach weg.“ Es war ein überzeugendes Argument. Jedoch änderte ich meine Ansichten, was die geistige Qualifikation von Missionaren betraf. Als ich mir die Anforderungen der Missionsgesellschaften angesehen hatte, war ich überrascht gewesen, daß man eine Ausbildung an einem Bibelinstitut (oder eine entsprechende Collegeausbildung) haben mußte, um angenommen zu werden. So verschob ich meine Entscheidung auf später und ging im Herbst des Jahres 1959 nach Penn State. Für jede Laufbahn – entweder als Professor für Linguistik oder als Missionar – würde ich eine Collegeausbildung brauchen.

Aber ich konnte mich meinem großen Interesse an den Menschen Südamerikas nicht mehr entziehen. Wie unter einem Zwang las ich Bücher über ihre Geschichte und Kultur und gewann dabei ganz besonderes Interesse an zwei Ländern: Kolumbien und Venezuela. Das Studium in Penn State gefiel mir, und ich schnitt gut ab. Aber ich war einsam und hatte wenig Freunde. Der Gedanke nagte an mir, daß ich eigentlich in naher Zukunft entweder nach Kolumbien oder nach Venezuela gehen sollte.

Im darauffolgenden Jahr wechselte ich an die Universität von Minnesota über. Ich hatte gehofft, die Situation in meiner Familie würde sich bessern, wenn ich wieder zu Hause wäre. Aber es wurde nichts besser dadurch. Ich hatte darum gebetet, daß Gott sowohl die Haltung meiner Eltern mir gegenüber als auch meine Haltung meinen Eltern gegenüber ändern möge. Ich wußte, daß ich ihnen keine große Hilfe war. Aber besonders mein Vater blieb unnachgiebig, und dies vereitelte meine guten Vorsätze immer wieder. Abwechselnd ignorierten wir einander kühl oder wir stritten offen miteinander. Irgendwie galt ich in ihren Augen nie ganz als erwachsen.

Trotz allem wuchs mein Mitgefühl für die Menschen in Südamerika immer weiter. Was eine laue Hingabe an die Sache gewesen war, wurde zum vorwärtspeitschenden Drang. Endlich beschloß ich eines Abends, nicht mehr zu warten bis zur Beendigung des Studiums. Ich wollte jetzt gleich Südamerika besuchen. Vielleicht fand ich Frieden im Herzen, wenn ich dort hinkam.

Ich bewarb mich bei einer namhaften Missionsgesellschaft in Venezuela. Es war ein ermüdend langsamer Vorgang, und ich fühlte, wie mir das Studium auf die Nerven fiel. Nachdem ich einmal den Beschluß gefaßt hatte, die USA zu verlassen, konnte ich im Besuch der Studienseminare keinen Sinn mehr sehen. Und der Gedanke, nach Venezuela zu gehen, begeisterte mich mehr und mehr.

Andererseits hatte ich in der Angelegenheit auch inneren Frieden. Ich wußte, daß ich, so unvernünftig es auch erscheinen mochte, das Richtige tat. Ich war dabei, Gott zu gehorchen.

Dann erhielt ich eines Tages die langersehnte Antwort von der Missionsgesellschaft. In großer Aufregung öffnete ich den Briefumschlag.

In ihm steckte ein einziges Blatt:

„Lieber Mr. Olson! Es tut uns leid, Ihnen mitteilen zu müssen, daß wir Sie zur Zeit nicht in den Missionsdienst aufnehmen können. Wir sind sicher, Sie verstehen, daß . . ."

Ich las den Brief nicht zu Ende. Ich konnte es nicht. Die Worte schienen ihren Sinn völlig verloren zu haben, als seien sie in Hieroglyphen geschrieben. Ich starrte auf den Brief. Meine Mutter kam ins Zimmer und merkte, daß etwas nicht in Ordnung war.

„Was ist los, Bruce?" fragte sie und legte eine Hand auf meine Stirn, um festzustellen, ob ich Fieber hätte. Ich schloß die Augen und stieß einen tiefen Seufzer aus. „Es ist nichts, Mama", sagte ich. „Nur ein paar schlechte Nachrichten."

Sie schaute mich fragend an, aber ich konnte es nicht näher erklären. Selbst wenn ich es gewollt hätte, wäre es mir in jenem Augenblick nicht möglich gewesen. Ich drehte mich um und verließ das Zimmer.

Später, als ich den ersten Schreck überwunden hatte, fühlte ich mich besser. *Nun gut,* dachte ich, *das ist vergessen und vorbei. Ich werde mir für längere Zeit wenigstens keine Sorgen mehr darüber machen müssen, ob Gott mich in Südamerika haben will.*

Und einige Tage lang fühlte ich mich erleichtert. Ich schrieb mich in neue Kurse an der Universität von Minnesota ein und freute mich wirklich auf das Studium. Mein Traum, Sprachlehrer zu werden, lebte wieder auf. Ich konnte den Faden wieder aufnehmen, wo ich ihn fallengelassen hatte, und Südamerika vergessen, so wie ein Alptraum nach dem Aufwachen vergessen ist.

Aber oft, wenn ich in der Bibliothek über den Büchern saß,

hatte ich ein Gefühl, als ob Gott mich anstieß: „Bruce, ich will dich in Südamerika haben!"

„Aber, Herr, ich habe es versucht. Erinnerst du dich nicht? Ich erhielt eine Absage!"

„Eine Absage von wem?"

„Von der Missionsgesellschaft natürlich."

Es war, als ob Gott mich amüsiert und geduldig anlächelte. „Bruce, ich habe dir keine Absage erteilt. Ich will dich in Südamerika haben. Folge mir!"

„Gott, das ist lächerlich. Wie kann ich ohne eine Missionsgesellschaft dahin gehen? Willst du mich hinschicken ohne jemanden, der sich meiner annimmt? Ich meine – ohne geregelten Auftrag und alles?"

„Bruce, ich bin auch in Südamerika!"

Und dann begann ich langsam, zunächst noch widerstrebend, zu sehen, was Gott versucht hatte mir zu sagen. Er hatte mich nicht gerufen, um ein Missionar wie Mr. Rayburn zu sein. Er hatte mich zu sich selbst gerufen, um so zu sein, wie sein Sohn Jesus Christus. Und er wollte, daß ich ihm nach Südamerika folgte, jetzt, sofort.

Ich wußte, meine Eltern würden es niemals akzeptieren. Schon der Gedanke, mit Hilfe einer wohlorganisierten Missionsgesellschaft hinauszugehen, hatte sie aus der Fassung gebracht. Ganz allein zu gehen . . . Sie würden es für unmöglich halten.

Deshalb fuhr ich mit dem Zug nach Chikago, um mir Paß und Visum zu besorgen, ohne es meinen Eltern sagen zu müssen. Ich hatte lediglich Geld für eine Rückfahrkarte; nichts für Nahrung oder einen Platz zum Schlafen. Die ganze Fahrt über betete ich, Gott möge für das sorgen, was ich brauchte.

Ich war hungrig, als ich in Chikago ankam. In der Tasche hatte ich ungefähr 30 Cents. Ich suchte meinen Weg aus dem riesigen, lärmenden und von geschäftigem Treiben erfüllten Bahnhof, hinaus auf den Gehsteig. Einen Augenblick hielt ich an, um mich zu orientieren. Es war heiß und windig. Ich schaute zu Boden und mein Blick fiel auf etwas Grünes. Es sah wie Geld aus.

Ich hob es auf und faltete es auseinander. Es war ein Zehndollarschein!

„Toll! Danke, Gott!" flüsterte ich. Ich schaute um mich und erwartete, daß jemand sagen würde, er hätte es gerade verloren. Niemand war in der Nähe. Es gab keine Möglichkeit herauszufinden, wem das Geld entfallen war. Ich konnte es behalten.

Später dann gab mir ein Freund die Adresse eines Missionars in Venezuela. Ich schrieb diesem Mann und fragte ihn, ob er so freundlich sein würde, mich am Flughafen abzuholen. Ich teilte ihm mit, daß ich Student sei und großes Interesse an der Mission hätte. Er antwortete begeistert, er werde ganz sicher am Flughafen sein, er werde mir Caracas zeigen und mir helfen, eine Unterkunft zu finden. Dies trug dazu bei, die Befürchtungen meiner Mutter etwas zu verringern.

Ich zeigte meinem Vater und meiner Mutter Bilder von Caracas und beschrieb ihnen den hohen Lebensstandard der Stadt und ihre hochzivilisierte westliche Kultur. Aber nichts konnte sie überzeugen. Sie waren sich sicher, daß jeder Ort der Welt, sofern er nicht in Europa oder den USA lag, barbarisch sei und daß ich dabei war, mein Leben wegzuwerfen.

Aber sie ließen mich gehen. Sie gaben mir genug Geld, um die Flugreise zu bezahlen und dazuhin noch siebzig Dollar für dringliche Ausgaben. Ich hoffte, daß es reichen würde.

Fast hätte ich meinen Flug verpaßt. Bei einer großen Aussendungsfeier der Kirche hatte ich mein Flugticket fallen lassen, aber jemand hatte es gefunden und es gerade noch rechtzeitig gemeldet. Als ich es erhielt, blieben nur noch wenige Minuten Zeit für eine rasche Verabschiedung von meinen Eltern und den Langes. Dann ging ich die Gangway hinauf und betrat das Flugzeug. Die Stewardeß wies mir einen Platz an, ich setzte mich und versuchte mich zu entspannen.

Für einen Augenblick erfaßte mich Panik. Was um alles in der Welt tat ich da? Ich war neunzehn Jahre alt. Ich besaß lediglich siebzig Dollar, ich konnte kein Spanisch und hatte keine bestimmten Pläne. Nur daß Gott mich drängte und antrieb – das aber hielten fast alle für Torheit.

Wenigstens würde Mr. Saunders, der Missionar, dem ich geschrieben hatte, mich am Flugplatz abholen.

Ich lehnte mich in meinen Sitz zurück und schaute zu, wie das Flugzeug sich vom Erdboden abhob. Die verschiedenfarbigen Felder und die Bäume verschwammen nach und nach zu einem gleichförmigen Grün – , dann entschwanden sie meiner Sicht, als das Flugzeug in die Wolken eintauchte.

Ein erstes Zusammentreffen mit Indianern

Im Flugzeug saß ein kleiner Junge neben mir. Er schaute mich neugierig an.

„Hallo", sagte ich.

Er öffnete seinen Mund und ein langer Strom spanischer Worte kam heraus.

Ich lachte und hob die Hände. „*No comprendo.*"

Er hörte auf zu reden und schaute mich verwundert an.

„*Americano*", sagte ich, indem ich auf mich deutete. Ich griff nach der Zeitung, die mir die Stewardeß gebracht hatte, und versuchte einen Satz laut zu lesen. Der Junge gab nicht zu erkennen, ob er etwas verstanden hatte, aber ich ließ mich dadurch nicht stören. Plötzlich sagte er: „*Bien, bien*", und ich wußte, daß ich etwas korrekt ausgesprochen hatte. Aber ich hatte keine Ahnung, was es wohl bedeuten mochte.

Ich mußte über mich selbst lachen. Hier saß ich nun und hatte Griechisch, Hebräisch und Sanskrit gelernt, aber kein Spanisch. *Manchmal,* dachte ich, *ist Gott nicht sehr praktisch.*

Während die Stunden vergingen, wurde ich immer nervöser. Schließlich kam Venezuela unter uns in Sicht. Ich preßte mein Gesicht gegen das Fenster, um die Landung zu beobachten. Als wir tiefer hinuntergingen, konnte ich, weit hinter der Küste, im Landesinnern die Berge sehen. Nachdem das Flugzeug über dem Ozean gekreist hatte, setzte es auf dem Rollfeld eines modernen Küstenflughafens auf.

Als ich aus dem Flugzeug stieg, wurde ich jäh von der Hitze Venezuelas überfallen. Es war unglaublich heiß. Bis ich zum Flughafengebäude gelangte, war ich schon durch und durch naßgeschwitzt.

Während ich am Zoll in der Schlange stand, hielt ich besorgt nach Mr. Saunders Ausschau. Die gläsernen Trennwände ermöglichten einen klaren Blick auf die wartenden Familienangehörigen, und ich stieß einen Seufzer der Erleichterung aus, als ich eine bekannte Gestalt ausmachte. Aber nachdem ich zwei Stunden in der Zollabteilung zugebracht hatte, mußte ich entdecken, daß ich mich geirrt hatte. Niemand wartete auf einen Neunzehnjährigen aus den Vereinigten Staaten.

Ich bekam mein Gepäck ausgehändigt und setzte mich

darauf, in der Hoffnung, Mr. Saunders jede Minute um die Ecke kommen zu sehen. Jedesmal, wenn ich Schritte hörte, blickte ich auf, um ihn zu begrüßen, sank dann aber wieder zurück, wenn ich sah, daß es ein Flughafenangestellter oder ein venezolanischer Geschäftsmann war.

Ich konnte nicht glauben, daß Mr. Saunders mich vergessen hatte. Irgend etwas mußte ihn aufgehalten haben.

Aber keiner kam. Schließlich war ich völlig allein, abgesehen von einem Angestellten, der den Boden reinigte. Ich wußte nicht, was tun. Ich hatte Angst, wenn ich wegginge, werde Mr. Saunders kommen und ich ihn verfehlen. Ich kam mir blöd vor, so dazusitzen und in der leeren Halle auf ihn zu warten. Ich wünschte mir, daheim zu sein.

Endlich trug ich mein Gepäck zum Schalter hinüber und fragte, ob jemand nach Mr. Olson gesucht hätte. Der Schalterbeamte hörte genau zu und gab dann zwei kurze Sätze – vermutlich sein ganzer englischer Sprachschatz – von sich:

„Es tut mir leid. Ich spreche kein Englisch." Er wandte sich wieder seiner Arbeit zu.

Ich schaute mich in der Halle um. „Spricht hier jemand Englisch?" fragte ich laut. Niemand drehte sich um.

Dann kam ein Priester herein, ein älterer Mann in schwarzem Habit. Ich rannte hinüber zu ihm und zupfte ihn am Ärmel, bis er mit mir zum Schalter mitkam. Dort sprach ich ihn auf Lateinisch an, und – er verstand es! Welch ein herrliches Gefühl, verstanden zu werden!

Der Priester hatte es jedoch eilig. Er übersetzte meine Fragen für den Mann am Schalter – der überhaupt nichts über Bruce Olson oder einen Mr. Saunders wußte. Bevor ich weitere Fragen stellen konnte, war der Priester wieder weg.

Was sollte ich tun? Was konnte ich tun außer zu warten? Er mußte einfach kommen.

Aber er kam nicht. Um ein Uhr nachts, als ich die einzige Person war, die sich noch in der Wartehalle aufhielt, kam ein Angestellter der Fluggesellschaft zu mir herüber und sagte mir auf Englisch, daß ich gehen müsse. Bis zum Morgen gäbe es keine weiteren Flüge mehr und es sei nicht gestattet, die Nacht über im Flughafengebäude zu bleiben.

Am Ende landete ich dann in einem luxuriösen Hotel in Flughafennähe, aber alles, woran ich denken konnte, war, was das kostete! Meine siebzig Dollar würden innerhalb einer Woche dahin sein!

Am nächsten Tag stand ich früh auf und machte einen Rundgang auf dem Hotelgelände, wobei ich nachdachte, was am besten zu tun sei. Die Sonne schien hell und es war schon heiß. Um Geld zu sparen, verzichtete ich auf Frühstück und Mittagessen. Aber gegen Abend war ich dann zu hungrig, um länger widerstehen zu können.

Es gab keine Möglichkeit, mit Mr. Saunders Kontakt aufzunehmen, außer durch einen Brief, und bis der bei ihm anlangte, würde ich total abgebrannt sein. Ich konnte niemanden um Rat fragen, weil ich kein Spanisch sprach.

Dann passierte etwas Eigenartiges. Am nächsten Morgen hielt mich ein junger Mann an und fragte, ob ich Amerikaner sei. Er war ein lebenslustig aussehender Bursche mit munteren, dunklen Augen.

In gebrochenem Englisch stellte er sich als Julio vor und erzählte mir, er sei Collegestudent an der Universität von Caracas. „Was machst du hier in Venezuela?" fragte Julio. „Ich möchte unter Indianern arbeiten", sagte ich. „Eigentlich sollte ich von einem der Missionare, die im Orinocogebiet arbeiten, abgeholt werden, aber irgend etwas ist schief gegangen. Er ist nicht gekommen."

Julio runzelte die Stirn. „Du wohnst doch nicht etwa dort, oder?" Er zeigte auf das Hotel.

Ich zuckte die Schultern. „Wo sonst? Ich kenne mich in Caracas nicht aus."

„Du wirst es nicht kennenlernen, wenn du dort wohnen bleibst. Das hier ist doch nur für . . . für . . ."

Ich lachte. „Es ist für Amerikaner, wolltest du sagen, was? Nun ja, ich bin Amerikaner."

„Okay", sagte er, „du bist Amerikaner." Er lächelte. „Pech für dich. Aber du solltest nicht hier wohnen bleiben. Warum kommst du nicht mit zu mir nach Hause? Wir können dich bei uns unterbringen. Meine Familie wird sich freuen, dich zu Gast zu haben."

Mein Herz machte vor Freude einen Sprung. In kürzester Zeit hatten wir meine Koffer in einem Bus verstaut, der mit uns die herrlichen Berge hinauffuhr nach Caracas. Julio erzählte mir, daß Caracas die modernste Großstadt Südamerikas sei. Aber ich war schockiert beim Anblick der Tausende von Siedlerhütten am Gebirgshang, die nur aus Pappkartons und Sperrholzkistchen bestanden.

Als wir bei Julios Heim ankamen, stellte er mich seiner

Mutter vor. Sie war eine freundliche Frau von beträchtlichem Umfang, die kein Englisch sprach, mir aber durch ihre Gesten deutlich machte, daß ich willkommen sei. Hinter ihr tauchte der ganze Haufe von Julios Geschwistern auf.

Mir wurde ein kleines Zimmer unter dem Dach zugewiesen, dessen einziges Fenster zugenagelt war, und das von einer nackten Glühbirne beleuchtet wurde. Aber ich war glücklich einen Platz zu haben, wo ich wohnen konnte, und die Familie machte mich bald zum Mittelpunkt ihrer Aufmerksamkeit. Ich fragte Julio und seine Geschwister nach den spanischen Ausdrücken für allerlei Dinge und begann so die Sprache zu lernen. Außerdem lernte ich kolumbianische Speisen kennen, und sie schmeckten mir ausgezeichnet.

Aber nach ein paar Tagen überkam mich ein Gefühl von Ratlosigkeit. Es war kaum möglich, sich mit irgend jemand zu verständigen, wenn Julio weg war, und ich hatte keine Beschäftigung. Ich hätte dieser Familie gerne auf irgendwelche Art geholfen, aber es fiel mir nichts ein, das ich hätte tun können. Oft lief ich durch die Straßen von Caracas und wünschte mir, mit jemandem reden zu können. Es bedrückte mich, daß ich mit Julios Familie den Raum zum Wohnen und das Essen teilte: sie waren offensichtlich durch ein weiteres Familienmitglied finanziell überfordert. Außerdem begann ich mich im Wege zu fühlen.

Eines Tages, als Julio nach Hause kam, fragte er: „Ist es dein Ernst, daß du bei den Indianern leben möchtest?“ Wir hatten schon öfters darüber gesprochen. Für ihn stellten die Indianer lediglich eine Kuriosität dar, von denen man Pfeile, Speere und ähnliche Dinge als rustikalen Wandschmuck bekommen konnte.

„Ja, ich habe es wirklich vor“, sagte ich.

„Also gut, in diesem Fall kenne ich einen Mann, mit dem du mal reden solltest. Es ist ein Arzt, der nahe beim Orinoco-Strom lebt. Er ist von der Indianerkommission der Regierung beauftragt. Außerdem ist er Amerikaner. Seine Frau ist befreundet mit einer guten Bekannten unserer Familie.“

Ich folgte ihm die Straße hinunter, bis wir zu einem kleinen Cafe kamen. Dort machte mich Julio mit Dr. Christian bekannt. Er war ein großer, schlanker Mann von ungefähr vierzig Jahren und saß mit langausgestreckten Beinen in einem kleinen Rohrstuhl, wobei er einen Drink in der Hand hielt und eine Zigarette rauchte.

„Sie haben also Interesse an den Indianern", sagte er. „Weshalb?"

Ich zögerte einen Moment, um die richtigen Worte zu finden.

„Ich möchte einfach Gelegenheit finden, mit ihnen zusammenzutreffen und ihre Lebensweise kennenzulernen. Vielleicht kann ich ihnen dann später eine Hilfe sein."

Er lächelte und beugte sich etwas vor. „Was bringt Sie auf den Gedanken, daß Sie ihnen helfen könnten? Haben Sie irgendwelche Fähigkeiten, die den Indianern von Nutzen wären?"

Als ich nicht gleich antwortete, hielt er sein Glas hoch und starrte es an.

„Sie würden die Indianer nicht einmal gerne haben", sagte er. „Sie sind schmutzig und ungebildet. Es gibt nichts Edles an ihnen, außer daß sie sich um ihre Angehörigen kümmern, selbst dann, wenn sie andere darum bitten."

„Warum arbeiten Sie dann bei ihnen?" konterte ich. Er lachte. „Eine gute Frage." Er zuckte die Schultern. „Es ist ein Job. Ich muß etwas mit meiner medizinischen Ausbildung anfangen. Dies ist ebenso interessant wie andere Dinge – und man kann dabei viel reisen."

Ein kurzes Schweigen entstand. Julio ging.

„Bei welchen Indianern arbeiten Sie?" fragte ich. „O bei mehreren Stämmen am Orinoco-Strom." Er begann mir von ihnen zu erzählen, und während er dies tat, veränderte sich seine Haltung. Kleine Lachfältchen bildeten sich um seine Augen. Er liebte die Indianer wirklich, und es war faszinierend ihm zuzuhören.

Dann hörte er auf zu reden und schaute mich prüfend an. „In Ordnung", sagte er, „wenn Sie es wirklich wollen, können Sie mit mir kommen. Ich reise nächste Woche, und ich werde mich eineinhalb Monate lang bei den Indianern aufhalten."

Äußerlich blieb ich ruhig, aber mein Herz raste. Wir schüttelten uns die Hand und besprachen einiges. Dann ging ich. Sobald ich einen Häuserblock zwischen mich und das Cafe gebracht hatte, schrie ich laut Hurra und rannte die Straße entlang, wobei ich die Leute auf dem Gehsteig fast umwarf!

Eine Woche später befanden wir uns in Puerto Ayachucho und luden Ballen, Vorräte und Arzneimittel auf einen Lastwagen, der sie – und uns – zu Transportkähnen auf dem Orinoco bringen sollte –, eine 60-km-Fahrt auf der einzigen

Straße, die aus der Stadt führte. Leute drängten sich auf dem Lastwagen und Rufe flogen hin und her. Eine große, schwerfällige DC-3 hatte uns am selben Morgen in die kleine Stadt gebracht.

Als wir mit dem Verstauen der Fracht fertig waren, hingen überall an den Seiten des Lastwagens Menschen. Wir kletterten mit ihnen zusammen oben hinauf. Ein großer Krug Wein wurde uns heraufgereicht. Ich gab ihn weiter an den Mann neben mir. Alle redeten. Der Motor sprang an, und der Lastwagen rumpelte auf dem schmalen Streifen der unbefestigten Straße durch Schmutz und Dreck vorwärts. Wir fuhren in den Laubwald hinein, und sofort war die Stadt außer Sicht. Vor uns lag die Steppe, unterbrochen von kleinen Dschungelflecken.

Als wir Samariapo erreichten, waren wir wundgerieben und müde. Das ständige Holpern des Lastwagens hatte uns erschöpft. Hier war die Straße zu Ende. Von Samariapo aus mußten wir mit dem Boot auf dem Orinoco weiterreisen.

Wir entluden unsere Fracht und brachten sie hinunter an den gelbschlammigen Orinoco, wo Dr. Christian zwei riesige Transportkanus hatte aneinander binden lassen. Diese beluden wir mit unseren Vorräten für den kommenden Monat, und dann ging die Reise mit zwei Bootsführern flußaufwärts los.

Wir brauchten mehr als eine Woche, um die ersten Indianersiedlungen zu erreichen. Meile um Meile des Flusses blieb hinter uns zurück. Bald schon konnte ich die vielen Flußwindungen und die gefährlichen Baumstümpfe im Wasser nicht mehr unterscheiden. Zu beiden Seiten des Flusses zog sich gleichbleibend dichte Vegetation hin.

Nur gelegentlich kamen wir an einer kleinen Lichtung vorbei, auf der eine Siedlerhütte stand. Jedesmal schaute er selbst oder eines der Familienmitglieder von der Arbeit auf oder kam ans Ufer gerannt, um uns näher zu betrachten. Aber meistens gab es keine Anzeichen, daß vor uns schon Menschen den Fluß hinaufgefahren waren. „Die meisten Siedler leben weiter oben an den Nebenläufen des Orinoco, wo es weniger wahrscheinlich ist, daß das Land überflutet wird", erklärte Dr. Christian. Ich stellte ihm unaufhörlich Fragen über die Indianer und die Missionsarbeit in diesem Gebiet. Ich hoffte, einige der Missionare zu treffen, einschließlich Mr. Saunders, da dies das Gebiet war, in dem er arbeitete. Ich war überzeugt, er werde freundlich sein und sich entschuldigen, daß er vergessen hatte, mich am Flughafen abzuholen.

Einmal schaute Dr. Christian zu mir herüber und sagte: „Sie werden niemals zu diesen Missionaren passen! Diese Leute sind eine Katastrophe!"

„Wie meinen Sie das?"

Er winkte ab. „Sie werden es sehen."

Schließlich erreichten wir das erste Indianerdorf am Oberlauf des Orinoco. Vom Flußufer aus konnte ich eine kleine Ansammlung runder Hütten sehen. Keine Indianer waren in Sicht. Ich war etwas alarmiert, aber Dr. Christian band die Kanus mit routinemäßigem Gleichmut an einem Baum fest, und wir gingen an Land.

Rings um uns war der ekelhafte Gestank von Menschenkot, und als wir zum Dorf gingen sah ich, wie Fliegen ganze Haufen von Schmutz und Kot umschwirrten, nur wenige Schritte von den Hütten der Leute entfernt.

Dr. Christian schien sich dadurch überhaupt nicht stören zu lassen. Einige der Eingeborenen begrüßten uns, und er sprach mit ihnen, was ihm möglich war, da er bei einem vorhergehenden Besuch etwas von ihrer Sprache gelernt hatte. Die meisten der Indianer jedoch hatten sich gefürchtet, als sie unsere Boote auf dem Fluß gehört hatten, und sich im Dschungel versteckt.

Einer nach dem andern kam aus seinem Versteck heraus, und Dr. Christian untersuchte alle, die irgendein Leiden hatten, und verabreichte ihnen Spritzen und Tabletten. Außerdem gab er ihnen Vorschläge und Anweisungen zur Gesundheitspflege. Ihre Augen leuchteten, als er ihre Sprache gebrauchte, und Dr. Christian fühlte sich bei ihnen offensichtlich wohl. Er behandelte jeden sehr geduldig und versuchte, alles so genau wie möglich zu erklären.

Wir blieben bis zum Abend in dem Dorf, dann ging es weiter flußaufwärts bis zu der Stelle, wo der Mavaca in den Orinoco mündet.

„Man muß mit den Indianern zusammengelebt haben, um langsam verstehen zu lernen, wie ihr Leben beschaffen ist", sagte Dr. Christian. Während ich darüber nachdachte, überkam mich ein leichtes Frösteln; aber ich beschloß, daß man mich drei Wochen am Mavaca zurücklassen könnte, während Dr. Christian weiter flußaufwärts ging, um andere Stammesgebiete zu besuchen. Ich war besonders daran interessiert, gerade an diesem Ort zu bleiben, weil Mr. Saunders in der Nähe arbeitete. Mein Zusammentreffen mit ihm war jedoch eine große Enttäuschung. „Wie kommen Sie auf den Gedanken, hier herunter nach Südamerika ohne eine Missionsgesellschaft kommen zu können?" fragte er sofort nachdem wir miteinander bekannt gemacht worden waren. „Sie wollen einfach hier runter kommen und sich uns anhängen. Sie denken wohl, wir werden Sie versorgen müssen. Aber Sie irren sich. Sie sind auf sich allein gestellt, Freundchen!" Er drehte sich um und ging davon.

Ich war nur für kurze Zeit auf der Missionsstation. Die verschiedenen Missionare waren im Umgang mit mir ausgesprochen reserviert. Sie erzählten mir, daß sie „gewisse Erfolge erzielt hatten, was das Erreichen der Indianer mit dem Evangelium von Jesus Christus betraf", daß es nun aber „eine beträchtliche Verfolgung der Christen durch die anderen Indianer" gäbe. Sie waren von ihrem Stamm abgeschnitten worden.

Da die Missionare mir keine Unterkunft anboten, nahm mich Dr. Christian wieder mit und setzte mich im nördlichen Teil des Mavaca bei einer Indianergruppe ab, von denen die Missionare gesagt hatten, daß sie keine Christen seien. Sie sprachen ein gebrochenes Spanisch. Ich hatte bis dahin schon etwas von dieser Sprache gelernt, so daß eine verstümmelte Verständigung möglich war –, viel besser, als meine ersten Gesprächsversuche auf dem internationalen Flughafen von Venezuela.

Ich konnte nicht glauben, daß dies die Indianer waren, die die Missionare mir beschrieben hatten. Diese Indianer sollten irgend jemand verfolgen? Unmöglich. Sie waren zu offenherzig und unschuldig. Sie erlaubten mir, sie bei ihren Jagdzügen zu begleiten, und wenn ich bei ihrem Tempo zurückfiel, blieb einer von ihnen bei mir. Wenn ich über wilde Reben oder Wurzeln stolperte und hinschlug, halfen sie mir sofort wieder auf die Beine. Sie teilten alles, was sie besaßen, mit mir. Ich aß von ihrer Nahrung und schlief in ihren Hängematten. Wie konnten diese Indianer „Christenverfolger" sein?

Als der Sonntag kam, schlug ich einem von ihnen vor, wir könnten doch alle zusammen in die Kirche gehen, die nicht weit vom Lager entfernt war, und dort Geschichten über Gott hören. Er schaute mich an und seine Miene verfinsterte sich.

„Nein, wir tun das nicht!“

„Warum nicht?“

„Diese Christen, sie sind sehr sonderbar.“

Er wollte sich nicht weiter darüber äußern, aber er nahm mich mit zum Häuptling des Dorfes. Dieser war ein großer, starker Mann, der lachte, als er erfuhr, worüber ich Bescheid wissen wollte.

„Hör zu“, sagte er, „diese Christen kümmern sich nicht mehr um uns. Warum sollten wir uns noch um sie kümmern?“

„Woher weißt du, daß sie sich nicht um euch kümmern? Sie sind schließlich vom selben Stamm wie ihr.“

„Ach was, sie haben alles von sich gewiesen, was zu uns gehört“, sagte er. „Sie wollen nicht mehr unsere Lieder singen. Sie singen diese sonderbar jammervollen Lieder, die alle schrecklich falsch klingen und keinen Sinn haben. Und erst das Gebäude, das sie Kirche nennen! Hast du ihre Kirche gesehen? Sie ist viereckig! Wie kann Gott in einer viereckigen Kirche sein? Rund ist das Vollkommene.“ Er zeigte auf die Wand der Hütte, in der wir saßen. „Sie hat keinen Anfang und kein Ende, so wie Gott. Aber bei den Christen? Ihr Gott hat überall Ecken und Kanten, die sich wie Stacheln gegen uns richten. Und wie diese Christen sich kleiden! Solch närrische Kleider . . .“

Ich dachte an die Christen unter den Eingeborenen, die ich in der Missionsstation gesehen hatte. Es war ihnen beigebracht worden, wie man Kleider mit Knöpfen anziehen, wie man Schuhe tragen konnte und wie die amerikanischen Lieder zu singen waren.

Ist's dies, was Jesus gelehrt hat? fragte ich mich. *Macht dies das Christentum aus? Was hat die frohe Botschaft Gottes mit der nordamerikanischen Kultur zu tun?* In den Zeiten der Bibel hatte es keine nordamerikanische Kultur gegeben. Machten die Missionare in ihrer Verkündigung Fehler? Natürlich waren sie wahrscheinlich glücklich, die Indianer in amerikanischen Kleidern dasitzen zu sehen und sie „Fels des Heils“ singen zu hören. Aber war das der einzige Weg zur Nachfolge Jesu? Und verlieh es etwa eine gewisse Befriedigung, wenn die Christen unter den Indianern von den anderen Stammesangehörigen verfolgt wurden? Ich begann mich zu wundern.

Dann beschloß ich zu versuchen, den Indianern zu erzählen, was in Wirklichkeit hinter dem Evangelium steckte, aber das war sehr schwierig. Nicht nur, weil mein Spanisch äußerst dürftig war, sondern ich mußte auch ihren Argwohn und ihr Mißtrauen gegenüber „ausländischen Missionaren" überwinden. Die Indianer hörten meinen Ausführungen höflich zu, dann deuteten sie in die Richtung, wo die indianischen Christen leben mußten, und schüttelten ihre Köpfe.

„Wir wollen nicht so werden wie sie!" sagten sie in überzeugtem Ton. „Unsere Art zu leben ist richtig."

Hilfe in letzter Minute

Nach drei Wochen kam Dr. Christian zurück, und wir fuhren wieder nach Puerto Ayachucho, wo er in einem Hotel ein mehrzimmriges Appartement gemietet hatte. Er lud mich ein, dort zu wohnen, während er selbst nach Caracas weiterfuhr.

Wieder einmal war ich allein. Mein Geld war ausgegeben. Das Appartement, das mit Vasen und Porzellanfigürchen, die Mrs. Christian sammelte, vollgepfropft war, kam mir klein und eng vor. Auch fühlte ich mich nicht wohl dabei, in anderer Leute privatem Heim zu wohnen, und ich wünschte mir, wieder im Dschungel am Orinoco zu sein.

Andererseits war Puerto Ayachucho jedoch ein nettes Grenzstädtchen, und so machte ich jeden Morgen schon früh einen Spaziergang. Die Straßen, denen im Gehsteig eingepflanzte Mandelbäume Schatten spendeten, waren immer nur wenig belebt, so daß ich Muße zum Beten und Nachdenken hatte.

Die Missionsgesellschaft, der Mr. Saunders angehörte, besaß in der Stadt ein großes Haus. Eines Tages traf ich Bob, den Sohn eines Missionars. Er war achtzehn Jahre alt, hatte strohblondes Haar und ein breites, jungenhaftes Lächeln. Da er nur ein Jahr jünger als ich war, verstanden wir uns schon bald glänzend. Es war eine Wonne, wieder Englisch sprechen zu können, nachdem ich mich mehrere Monate lang mit Spanisch abgeplagt hatte. Wir tauschten Geschichten aus und erzählten einander Witze. Später an jenem Tag schloß sich uns noch Tom an, der ebenfalls Sohn eines Missionars war. Er war etwas älter, aber er war ein Spaßvogel, und wir kamen nicht mehr aus dem Lachen heraus.

Als es anfing spät zu werden, sagte Tom: „Bob und ich müssen rechtzeitig zum Abendessen zurück sein." Er sah mir an, daß ich sie sehr gern dabehalten hätte. „Weißt du", fügte er hinzu, „ich hätte dich gern zum Essen mitgenommen, aber mein Papa, na ja . . . er wäre dagegen."

„Oh", sagte ich. Es war das gleiche wie mit den anderen Missionaren. Sie glaubten, wenn sie mir ihre Gastfreundschaft anböten, wären sie auch verpflichtet, mich weiter zu versorgen.

Ich ging zurück in das dunkle und unbewohnte Appartement, setzte mich auf das Sofa und faltete die Hände hinter dem Kopf. Dabei stieß ich versehentlich eine Keramikvase vom Regal herunter. Sie zersprang mit einem lauten Klirren. Zitternd fegte ich die Scherben zusammen und warf sie weg.

Wie schmerzlich mich danach verlangte, aus dieser Wohnung herauszukommen und mit Freunden zusammen zu sein! Aber wohin konnte ich gehen?

Ich legte mich auf mein Bett. „O Herr", betete ich, „ich habe gar nichts. Kein Geld . . . keine Freunde. Die Christen hier wollen mich nicht annehmen. Ich bin kein Missionar mit einer Missionsgesellschaft in der Heimat, und so habe ich weder von dort noch von hier Unterstützung. Bitte hilf mir. Bitte laß mich nicht wahnsinnig werden."

Am nächsten Tag war von Tom oder Bob auf der Straße nichts zu sehen. Ich beschloß, auf der Missionsstation nach ihnen zu fragen. Als ich an die Tür klopfte, wurde sie nur einen Spalt weit geöffnet.

„Was wollen Sie?" fragte eine Stimme.

„Ich würde gerne Tom sprechen, wenn es möglich ist", gab ich zur Antwort. Tom kam zur Tür und war offensichtlich verlegen.

„Es tut mir leid, aber ich darf nicht mehr mit dir zusammen sein", sagte er.

„Warum nicht?"

„Mein Vater sagt, daß du aus der Gemeinschaft ausgeschlossen worden bist. Das bedeutet, daß keiner der Missionare dich mehr grüßen darf."

„Aus der Gemeinschaft ausgeschlossen? Warum denn?" Ich merkte, daß meine Stimme lauter wurde, aber ich konnte nichts dagegen tun. Tom zuckte die Schultern. „Du gehorchst ihnen nicht. Sie haben dir gesagt, daß du in die Staaten zurückgehen und dort einer Missionsgesellschaft beitreten sollst. Dann kannst du hierherkommen und arbeiten."

„Wie könnte ich denn zurückgehen? Werden sie mir etwa das Flugticket bezahlen? Und seit wann habe ich ihren Befehlen zu gehorchen?" Ich atmete erregt.

Tom wand sich; er zögerte. „Ich glaube nicht, daß ich mit dir noch länger darüber reden sollte", sagte er. „Auf Wiedersehen." Er machte die Tür zu.

Ich ging hinunter zum Marktplatz, einsamer als je zuvor. Am liebsten wäre ich weggerannt. Aber wohin? Ich setzte mich auf eine Bank am Marktplatz und wünschte mir, für immer hier in der wärmenden Sonne bleiben zu können.

Nach einer Stunde oder länger kam ein Priester, der sich neben mich setzte und eine Unterhaltung begann. Er sagte, er sei Italiener und unterrichte die Oberschüler in Englisch, aber er träume davon, bei Indianern zu arbeiten. Er hatte nie Gelegenheit gehabt, flußaufwärts zu gelangen, um die Niederlassungen der Indianer zu sehen. Als ich ihm von meiner Reise mit Dr. Christian erzählte, war er fasziniert. Trotz meiner Vorurteile gegenüber Katholiken – speziell gegenüber deren Geistlichen – war ich schon bald eifrig im Gespräch mit ihm und vergaß darüber meine Sorgen. Und als er aufstand und wegging, um Unterricht zu halten, blieb ich weiter in der Sonne sitzen. Irgendwie fühlte ich mich aufgemuntert.

Etwas später kam eine Gruppe von Jungen auf dem Gehweg daher; sie grinsten mich verlegen an.

Sie umringten mich, und einer nach dem andern schüttelte mir die Hand, wobei sie alle mit übertriebener Betonung „Hallo“ sagten, so daß es wie „Hey-loe“ klang. Nach dieser Zeremonie trat einer vor, schaute hinauf zum Himmel und rezitierte: „Wir wünschen darum, Sie einzuladen zu unserem Unterricht, uns von Englisch zu erzählen.“

Ich versuchte mir das Lachen zu verbeißen, dankte ihnen feierlich und folgte ihnen zu ihrer Schule, wo, was mich nicht allzusehr überraschte, der Priester ihr Lehrer war. Ich blieb dort mindestens eine Stunde und sprach über Amerika.

Nach der Schule drängten sich die Jungen um mich. Einer von ihnen lief fort, um seinen älteren Bruder zu holen, einen Universitätsstudenten, der während der Weihnachtsferien daheim war. Wir wurden einander vorgestellt. Er war klein und muskulös, hatte buschige schwarze Augenbrauen und eine bronzefarbene Haut. Er sah hitzig aus, aber sein Verhalten war sanft und umgänglich. Er hieß Rafael. Er lud mich ein, bei seiner Familie zu wohnen, und ich nahm an. Später fand ich heraus, daß es für eine Familie Lateinamerikas, die Verantwortungsgefühl besaß, undenkbar war, einen solch jungen Menschen wie mich allein zu lassen. Weiter entdeckte ich, daß sie dachten, wenn man andern Gutes tat, würden die eigenen Kinder, wenn sie einmal von zu Hause weg waren, auch von irgend jemand versorgt und behütet werden. Aber für den Augenblick machte ich mir keine Sorgen über die Gründe der Einladung. Ich war so froh, endlich von jemand freundlich angenommen zu werden.

Rafaels Haus, im ärmsten Viertel der Stadt gelegen, bestand aus einem einzigen Raum. Die nackte Erde diente als Fußboden, es hatte dunkle Wände und ein Strohdach. Überall gab es Küchenschaben. Ich schlief genau wie die ganze Familie in einer Hängematte. Aber es gab nichts, was mich hätte abstoßen können.

Am nächsten Morgen weckte mich Rafael, während es draußen noch dunkel war. „Beeil dich", sagte er, „heute ist der erste Tag der Weihnachtsfeierlichkeiten." Wir schlossen uns der Menschenmenge auf der Straße an. Es machte riesigen Spaß. Wir rannten hin und her, ließen Feuerwerkskörper und Knallfrösche in der Kühle des frühen Morgens krachen, stießen dabei gegen andere fröhliche Menschen, und alle redeten und schrieen einander zu. Es war wie am Vierten Juli* in Minnesota.

Um fünf Uhr wandten sich alle Menschen in Richtung Kirche.

„Komm! Wir gehen zur Messe", sagte Rafael.

Ich schüttelte den Kopf. „Ich kann nicht mitkommen. Ich bin evangelisch."

Er zog mich am Arm. „Das hat nichts zu sagen. Los, komm mit!"

Ich schaute ihn an. Er war nun mein Freund. Wie konnte ich es ablehnen, mit meinem Freund zur Messe zu gehen? Dies war für ihn und seine Familie ein großes Ereignis. So ging ich mit.

Es waren wilde Tage. Jeden Morgen standen wir früh auf, ließen Knallkörper los, gingen dann zur Kirche, und ich hatte an der ganzen Sache großen Spaß.

Aber als die Missionare hörten, daß ich die Messe besuchte, schnitten sie mich gänzlich. Da sie jedoch schon vorher gesagt hatten, ich sei aus der Gemeinschaft ausgeschlossen, konnte ich darin keinen großen Unterschied mehr finden, wenn auch ihre Worte der Verdammung mich verletzten.

Es würde ihnen sowieso nichts gefallen, ging es mir durch den Kopf, *außer meiner Abreise – und dazu bin ich nicht bereit – jedenfalls jetzt noch nicht.*

Endlich fing ich gerade an, ein bißchen von dem zu begreifen, was Gott mich zu lehren versuchte. Was bedeutete es da schon, daß die Missionare mich zurückgestoßen hatten?

*Amerik. Unabhängigkeitstag

Was bedeutete es schon, daß die Leute, auf die ich am meisten gebaut hatte, sich nicht so verhielten, wie ich es von ihnen erwartete? Jesus hatte mich nicht zurückgestoßen. Er hatte mich zu den Bewohnern Venezuelas gebracht. Es war sein Plan, dem ich folgte, und jede neue Erfahrung diente zu meinem Besten.

Nach Weihnachten mußte Rafael zunächst irgendwohin reisen und dann wieder an die Universität von Caracas zurück. Ich wollte nicht in seinem Haus bleiben, während er weg war, daher plante ich abzureisen, wenn er fortging.

„Aber wohin wirst du gehen?“ fragte er. Ich erzählte ihm, daß ich ebenfalls nach Caracas gehen wolle; daß Dr. Christian mir ein dort laufendes kulturelles Austauschprogramm zwischen Amerika und Venezuela beschrieben hatte, in das ich vielleicht eingespannt werden könnte.

„Aber wo wirst du wohnen?“ fragte Rafael. „Du kannst nicht einfach nach Caracas gehen und dort umherlaufen. Es gibt viele Unruhen, und bei der Bevölkerung herrscht eine stark anti-amerikanische Stimmung.“

Er gab mir die Adresse des privaten Wohnheims, in dem er selbst wohnte, und dazu noch ein Empfehlungsschreiben an den Besitzer. „Es ist das beste, was man in ganz Caracas bekommen kann“, sagte er. „Es ist billig und sauber und es liegt im alten Caracas. Wir alle wohnen dort.“

Was ich Rafael nicht erzählte, war, daß es für mich eigentlich keine Möglichkeit gab, nach Caracas zu gelangen. Doch irgendwie wußte ich, daß es eine Lösung geben würde. Ich buchte einen Platz im Flugzeug.

Am Tag meiner Abreise stand ich in Rafaels Haus neben meinen Koffern und fragte mich, was ich tun sollte. Ich hatte mich schon von all meinen neuen Freunden verabschiedet. Aber Caracas war für einen jungen Amerikaner ohne einen Pfennig Geld sehr weit weg. Dann kam Rafaels kleiner Bruder mit einem Brief für mich. Es war der erste Brief, den ich erhielt, seit ich mit Dr. Christian aus Caracas abgereist war.

Er war von den Langes und enthielt nur einen kurzen Gruß. Aber es lag ihm ein Scheck über hundert Dollar bei – die von ihrer Kirche versprochene Unterstützung. Sie war gerade gekommen, als ich sie brauchte und nicht einen Tag früher oder später. Drunten am Flughafen bezahlte ich dann mein Flugticket und flog nach Caracas, nicht ahnend, daß ich am Tag nach meiner Ankunft dort fast ums Leben kommen würde.

Kommunisten

Am Tag bevor ich in Caracas ankam, war der Notstand ausgerufen worden. Der Grund waren Demonstrationen gegen die Regierung. Es war schwierig, ein Taxi zu bekommen, und ich bemerkte, daß eine Menge Militär durch die Straßen patrouillierte.

Das Wohnheim, zu dem meine Freunde mich geschickt hatten, war ein altes Ziegelsteingebäude nahe dem Plaza de Simon Bolivar. Die Wände waren zur Isolierung mehrere Fuß dick, obwohl die Temperatur nur ein Maximum von 27 Grad erreichte. Ich erhielt ein kleines Zimmer mit einem Fenster zur Straße.

Das Haus war in der Hauptsache von Studenten bewohnt, und ich fühlte mich schnell heimisch darin. Die engen Gänge, in die das Licht durch ein Glasdach einfiel, waren in hellen Farben gestrichen. Den „Speisesaal" bildete eine breite Stelle in einem dieser Korridore, wo man lange Reihen von Tischen aufgestellt hatte. Beim Abendessen erinnerten mich die Tische voller Speisen und die alten gradlehnigen Holzstühle, mit diskutierenden Studenten besetzt, an den Karneval.

Am nächsten Tag gab es Aufruhr auf den Straßen. Vieles spielte sich fast unmittelbar vor der Tür des Wohnheimes ab. Während ich mich anzog, hörte ich es in der Ferne ein paarmal knallen. Es kam mir keineswegs in den Sinn, daß es sich um Gewehrschüsse handeln könnte. Sobald ich jedoch aus der Tür des Wohnheimes trat, hörte ich die Geräusche, die von den dicken Wänden geschluckt worden waren: die rhythmischen Kampfgesänge der Menge und den Einschlag von Gewehrkugeln. Erstarrt blieb ich im Eingang stehen. Dann kamen einige Soldaten um die Ecke gerannt, die Leute vor sich hertrieben. Sie blieben abrupt stehen. Ich hörte das Rat-a-tat-tat ihrer Maschinengewehre und sah kleine Staubwolken hochwirbeln, als die Kugeln im Pflasterdreck einschlugen.

Während die Aktion vor meinen Augen abrollte, sagte etwas in mir: „Lauf weg, um Himmels willen!" Aber ich stand da und rührte mich nicht; meine Beine waren wie angewurzelt. Einer der jungen Männer, die um ihr Leben rannten, brach plötzlich zusammen – wie ein Ballon, in den man eine Nadel sticht – und fiel mit dem Gesicht nach unten auf die Straße.

Die Maschinengewehre feuerten erneut, ich sah noch zwei Menschen umfallen, und aus ihren Körpern sickerte Blut.

Die meisten der Aufständischen waren nun von der Straße verschwunden, aber einige wenige schienen an der Ecke noch zu zögern. Einer von ihnen, ein junger Bursche mit dunkler Gesichtsfarbe und einem roten Halstuch, drehte sich um, hob einen Stein auf und rannte zurück auf die Truppen zu. Er holte aus zum Wurf, aber im gleichen Augenblick ratterten die Maschinengewehre wieder los. Er schien zu explodieren; ein Arm flog weg, es spritzte rot, und der Arm rollte in den Straßenschmutz. Jetzt endlich bewegte ich mich, ohne zu denken, als hätte mein Gehirn erst eine Minute nachdem mein Körper sich schon bewegte, zu diesem gesagt: „Rühr dich!" Ich schlug die Tür des Hauses zu, verschloß und verriegelte sie und rannte hinauf zu meinem Zimmer. Ich schloß das Fenster, um jedes Geräusch auszuschalten, und warf mich auf das Bett. Es war mir kalt. So lag ich den ganzen Tag über da und hörte auf das Rattern der Gewehre.

Am nächsten Tag hatte ich Fieber und blieb im Bett. Als meine Freunde aus der Schule zurückkamen, war ich ernsthaft krank und hatte 39,5 Grad Fieber. Sie holten einen Arzt. Er verordnete mir Arznei. Ich fragte nicht, woher sie kam, da ich sie ohnehin nicht bezahlen konnte. Später erfuhr ich, daß ein Student namens Lucio Mondragon sie bezahlt hatte. Er kam jeden Tag herein, um nach mir zu sehen, erzählte mir ein paar Witze und ging wieder.

Die Arznei half. Ich konnte wieder aufstehen, obwohl es noch einige Zeit dauerte, bis ich mich wieder wohl fühlte. Während meiner Genesung schloß ich Freundschaft mit einem Stadtstreicher. Ich traf ihn jeden Tag, um mich eine Stunde lang in Spanisch zu unterhalten. Abends studierte ich ein altes Buch mit spanischen Texten.

Ich teilte mein Zimmer mit einem anderen Studenten, aber nachdem ich zwei Monate da gewohnt hatte, zog er aus. Das bedeutete, daß ich allein das Zimmer bezahlen mußte, was doppelt so teuer war.

Lucio, der wohl vermutete, daß ich nicht viel Geld – wenn überhaupt welches – besaß, bot mir an, mit ihm im oberen Stock zusammenzuziehen. Er half mir sogar beim Umziehen. Er war ein gutaussehender, hagerer, nervöser Bursche, dem das schwarze Haar in die Stirn fiel. Er öffnete die Tür zu seinem Zimmer, und mein erster Eindruck war, alles sei rot.

Dann erkannte ich, daß es lauter rote Hämmer und Sicheln waren – eine ganze Wand voll!

Lucio ging hinein und stellte eine Kiste mit meinen Sachen ab. „Dies ist dein Bett", sagte er und zeigte darauf. „Alles übrige steht dir jederzeit zur Verfügung. Du kannst auch gerne Gebrauch von dem Radio machen." Er ging hin und schaltete es ein. Es war auf Radio Havanna in Kuba eingestellt. Lucio hob den Kopf und schaute mich an ohne die Spur eines Lächelns. „Es ist am besten, wenn man nicht versucht, es anders einzustellen, weil es sehr launisch ist. Es könnte schwierig werden, wieder den richtigen Sender zu finden."

Ich fand schnell heraus, daß Lucio einer der studentischen Führer der Sozialistischen Partei an der Universität war. Die Amerikafeindlichkeit war dort sehr stark, und Lucio versuchte ständig mich damit zu ärgern – halb im Spaß und halb in unterdrücktem Zorn.

Der Stadtstreicher, mit dem ich mich regelmäßig unterhielt, war schon ein ganz besonderer Vogel, und er brachte mir nicht das allerbeste Spanisch bei. Meine Freunde unter den Studenten mußten oftmals über die Ausdrücke, die ich verwendete, lachen. „Dein Stil ist nicht gerade gut, Olson. Warum kommst du nicht zur Universität, wo du es richtig lernen kannst?" fragte einer von ihnen. Obwohl ich nicht gewagt hatte davon zu träumen, die Universität besuchen zu können, beschloß ich, es zu versuchen. Es gab dort nicht viele ausländische Studenten, und so fiel ein großer, blonder Amerikaner, wie ich es war, auf wie ein bunter Hund. Bald schon kannten mich die meisten Studenten.

Jedoch waren es Lucio und seine extremistischen Freunde, die am freundlichsten zu mir waren. Ich erkannte, daß ihnen ihre Ideale wichtig waren, daß sie wirklich den Armen in ihrem Land helfen wollten. Ich teilte ihr Mitgefühl – aber wir hatten einige wütende Auseinandersetzungen.

Zum Beispiel machte mich Lucio immer für das verantwortlich, was die amerikanische Regierung tat.

„Ihr kapitalistischen Schweine!" sagte er eines Tages, als wir mit einer Gruppe von anderen Studenten in einem Café zusammensaßen. „Wir hoffen unser Land entwickeln zu können, es für die Armen genauso wie für die Reichen zu einem guten Land zu machen, und was macht ihr Amerikaner?! Ihr beutet unser Land aus, holt all die Rohstoffe und hinterlaßt nichts! Ihr beherrscht unsere Regierung durch Bestechung."

„Moment mal! Ich tue das alles doch nicht!“

„Oho, dann unterstützt du also nicht eure Regierung? Bist du ein Revolutionär?“

„Nein, das habe ich nicht gesagt.“

„Wozu bist du dann hier, wenn nicht zu kapitalistischen Zwecken? Du bist ein Spion, der herauszufinden versucht, wie wir arbeiten, so daß du dein Wissen gegen uns verwenden kannst, genauso wie deine Regierung es gegen Vietnam und Kuba gemacht hat. Stimmt das etwa nicht?“

„Nein“, sagte ich. „Ich bin hier, weil ich den Indianern helfen will, wenn es mir möglich ist.“

Die Studenten, die sich um uns versammelt hatten um zuzuhören, lachten. Ihrer Ansicht nach waren es die Indianer nicht wert, für ihre politische Rebellion gewonnen zu werden.

Ich schaute sie spöttisch an. „Und wer seid ihr, ihr eleganten Kommunisten, daß ihr Gleichheit erreichen wollt, indem ihr die bisherigen Strukturen niederreißt um eure eigenen zu errichten, die für die Indianer – die echten Venezolaner mit echten Bedürfnissen – nichts übrig haben? Gehören sie nicht zu eurem Volk? Oder seid ihr so wählerisch wie die Reichen, die jetzt herrschen – um eure eigenen Worte zu gebrauchen?“

Lucio bezog immer unmögliche Positionen und versuchte, mich mit ihnen aus der Reserve zu locken. Es machte unser Zusammenleben anstrengend. Ich wußte nie, ob er Spaß machte oder es ernst meinte. Wir waren Freunde, dennoch gab es in seinem Leben Haß, und dieser richtete sich oft auch gegen mich.

Eines Tages ging ich mit ihm zusammen Schwimmen nach Caria del Mar, einem der wundervollen Strände an der Küste Venezuelas. Wir hatten uns gestritten, und er hatte mich mit Schimpfwörtern bedacht. Als wir ins tiefere Wasser kamen, bespritzten und stießen wir einander im Spaß. Aber in unserem Spiel war eine Verbissenheit, die wir beide spürten.

Plötzlich sagte Lucio: „Ich bring dich um, du Kapitalistenhund!“ Er packte mich und drückte mich unter Wasser. Zuerst wehrte ich mich nicht. Ich war sicher, er würde mich gleich wieder loslassen. Aber er tat es nicht. Sein Griff blieb fest. Bald schon schlug mein Herz heftig und ich bekam fast keine Luft mehr. Immer noch drückte er mich unter Wasser. Ich war in Todesgefahr und wußte es. Ich kämpfte gegen ihn mit einer Kraft an, von der ich nicht gewußt hatte, daß ich sie besaß, und schließlich spürte ich, wie seine Umklammerung sich etwas lockerte. Unter Aufbietung aller Kräfte konnte ich vollends entkommen. Lucio war untergetaucht und nicht mehr zu sehen. Ich fühlte mich schwach und war schrecklich traurig. Ich schwamm zum Ufer und legte mich in den Sand.

Lucio blieb noch zwanzig Minuten lang im Wasser und kam dann zu mir herüber. Ich schaute nicht auf.

„Los, komm!" sagte er. „Laß uns von hier weggehen." Wir gingen schweigend nach Hause.

Mein Vermieter hatte nie die Miete erwähnt, die ich ihm schuldig war, noch hatten meine Freunde je von mir verlangt, daß ich meinen Teil der Rechnung bezahlte, wenn wir ins Café gingen. Aber es ist ein unangenehmes Gefühl, in allem von anderen abhängig zu sein.

Ich sprach mit Gott darüber, erhielt aber keine Antwort. Aus Amerika war kein weiteres Geld gekommen, und es gab keinen Grund zu glauben, daß nach so langer Zeit wieder welches kommen würde. Als Besucher Venezuelas war es mir theoretisch unmöglich, Arbeit zum Geldverdienen anzunehmen.

Eines Abends jedoch, bei einer Party, traf ich Miguel Nieto, der für das Gesundheitsministerium in Caracas tätig war. „Was tun Sie in Venezuela?" fragte er und erklärte dann, daß er nach jemandem suche, der bereit wäre, einige Studenten, die sich auf den Besuch des Harvard-Instituts für Tropenmedizin vorbereiteten, in der englischen Sprache zu unterrichten. „Würden Sie es gerne tun?" fragte er. Und ob ich es tun wollte! „Aber Senor Nieto, es wurde mir gesagt, daß es für mich illegal wäre, in Venezuela zu arbeiten", sagte ich. Er lächelte. „Das ist schon in Ordnung. Sie werden im voraus bezahlt. Wenn irgend etwas vorfällt, ist kein Vertrag vorhanden. Wir würden den Auftrag dann einfach für erledigt halten." Er drückte mir einen Geldschein in die Hand. „Hier ist Ihr erstes Monatsgehalt. Kommen Sie morgen bei mir im Gesundheitsministerium vorbei."

Als ich heimging, war ich so glücklich, daß ich am liebsten auf der Straße getanzt hätte. Ich hatte einen Job. Bald würde ich genug Geld haben, um meine Rechnungen bezahlen zu können.

1961 traf sich Präsident Kennedy mit den Staatsoberhäuptern Südamerikas in Punta del Este in Uruguay, um die Richtlinien einer gemeinsamen Politik festzulegen. An der Universität gab dies Anlaß zu politischen Auseinandersetzungen. Riesige Plakate in grellen Farben hingen an den meisten Gebäuden und wandten sich gegen eine Zusammenarbeit mit den Vereinigten Staaten. Ein Plakat stellte „Uncle Sam" als Rattenfänger dar, der den ihm blindlings folgenden lateinamerikanischen Präsidenten Dollars zuwarf.

An der Universität standen Wahlen bevor, und Lucio führte eine radikal-sozialistische Gruppierung in den Wahlkampf. Er arbeitete viele Stunden, um eine Koalition verschiedener sozialistischer Gruppen zu schaffen. Oft kam er nach Mitternacht heim und war schon wieder weg, bevor die Sonne aufging.

Mittlerweile hatte ich Verständnis für die Ziele der kommunistischen Studenten entwickelt. Ich hatte die rücksichtslosen, protzigen Touristen in Bussen durch die Stadt fahren und auf den Straßen herumstolzieren sehen. Ich hatte das ungehörige Verhalten des Personals der amerikanischen Botschaft gesehen, und ich war keineswegs stolz auf diese Leute. Die kommunistischen Studenten besaßen zumindest eine tiefe Anteilnahme am Schicksal ihres Landes. Das fehlte den eingewanderten Nordamerikanern für ihr eigenes Heimatland völlig.

Lucios Koalition gewann die Wahlen an der Universität. „Nun wirst du was erleben, Olson, nun wirst du wirklich was erleben!" sagte er.

Er mußte schnell erkennen, daß ein Wahlsieg der schlimmste Feind eines politischen Reformers ist. Innerhalb weniger Monate brach die Koalition auseinander. Wenige Studenten fühlten sich ihr so sehr verpflichtet wie Lucio; es gab Intrigen und Machtkämpfe und ständig drohte irgendeine Gruppe, aus der Koalition auszusteigen. Lucio war schließlich gezwungen, einzugestehen, daß sie gescheitert waren. Eines Abends warf er sich fluchend auf sein Bett. „Olson, was hat das Ganze für einen Sinn? Ganz gleich, wie gut meine Ideen sein mögen, irgend jemand ruiniert sie immer."

Dies war das erste Mal, daß er mich nach meiner Meinung zu einer Sache gefragt hatte. Ich wußte kaum, wie ich ihm antworten sollte.

„Ich weiß, wie das ist, Lucio", sagte ich langsam. „Jeder will dich nur für seine eigenen Interessen einspannen."

Er schaute von seinem Bett auf. „Wie kannst du wissen, wie das ist?" fragte er. „Bist du schon einmal ein politischer Führer gewesen?"

„Nein", antwortete ich. „Aber als ich damals anfing, Jesus nachzufolgen, geschah das gleiche. Ganz besonders mein Vater – er ist ein reicher Bankier, mußt du wissen – wollte mich dazu bringen, daß ich mein Leben auf Erfolg, einen guten Beruf und all die Dinge ausrichtete, die er für wichtig hielt. Und meine Kirche verlangte von mir, daß ich mich in der Glaubenslehre an die traditionellen Regeln hielt.

Aber Lucio", sagte ich, „Jesus gab mir die Fähigkeit, über all das hinauszusehen. Das ist der Grund, weshalb ich hier bin, um den Indianern zu helfen. Glaubst du, mein Vater und meine Freunde dachten, das sei vernünftig? Sie glaubten, ich sei verrückt geworden! Sie versuchten es mir auszureden. Aber Jesus hat mir eine völlig andere Einstellung geschenkt. Er kann es auch bei dir tun. Er kann dir das richtige Verhältnis zum Leben geben."

„Nein, nein, nein", sagte er. „Wir haben es hier mit dem Christentum versucht. Es kommt nichts dabei heraus. Die Kirche ist mit dem Status quo hochzufrieden. Sie besitzt mehr Land und macht bessere Geschäfte, als irgend jemand sonst in Venezuela – oder in ganz Südamerika."

Wir sprachen bis tief in die Nacht hinein. Er kannte alle Gegenargumente. Aber er wußte auch, daß man im Leben etwas anderes erlangen konnte, etwas, das unantastbar war, etwas, das Frieden zu geben vermochte. Er spürte es meinem Leben ab – jenen Frieden, der nicht bloß Gleichgültigkeit war, sondern der mir einen göttlichen Auftrag verlieh; der mir sogar eine unerklärliche Kraft zufließen ließ.

Drei Tage später kam er ins Zimmer gestürmt. „Olson", sagte er, „funktioniert das wirklich? Erzählst du mir die Wahrheit?"

„Worüber?"

„Über Jesus. Du lügst mich nicht an?"

„Nein, Lucio. Ich lüge dich nicht an."

Er setzte sich still und faltete die Hände. „Gut", sagte er und schaute auf den Fußboden. „In Ordnung. Ich tue es."

„Was wirst du tun, Lucio?"

Er sah zu mir auf, und sein Gesicht drückte feste Entschlossenheit aus. „Ich nehme Jesus an. Ich will, daß er mein Leben in seine Hand nimmt."

Beinahe umgebracht

Einsamkeit quälte mich. Oft ging ich stundenlang durch die Straßen, schaute mir die Gesichter der Leute an und versuchte ihre Unterhaltungen mitzuhören.

Du bist ein Dummkopf, sagte ich mir. *Du bist nur ein blöder Kerl, den das Heimweh nach Minnesota plagt.* Aber ich wollte nicht zurück in die Staaten. Südamerika hatte mich in seinen Bann geschlagen.

Was mir fehlte, war ein echter Freund – einer, der mich genau kannte; ein Bruder. Ich hätte es nicht in Worte kleiden können, aber der Wunsch war da. Und irgendwie wußte ich, daß Lucio dies nie für mich sein könnte.

Daneben machte mir meine Einschreibung an der Universität Sorgen. Ich befand mich in Südamerika, um Indianern zu helfen. Das hatte ich jedermann erzählt. Aber die Universität war ein seltsamer Ort, um nach Indianern zu suchen.

Miguel Nieto, mein Vorgesetzter im Gesundheitsministerium, wußte von meinem Interesse für Indianer, und eines Tages ließ er mich in sein Büro kommen, um mit mir darüber zu sprechen.

„Haben Sie je etwas vom Stamm der Motilonen gehört?" fragte er. Unsere Unterhaltung sollte sich als äußerst denkwürdig herausstellen. Durch sie entdeckte ich, warum mich Gott nach Südamerika geführt hatte.

Der hauptsächliche Kontakt, so erzählte mir Nieto, zwischen den Motilonen und der Zivilisation hatte die Form von Pfeilen. Niemand hatte bisher auch nur das geringste von ihrer Sprache gelernt, noch war ihnen jemand nahe genug gekommen, um ihre Lebensweise beschreiben zu können. Weiter sagte er, daß die Motilonen in einem wilden Dschungelgebiet an der Grenze zwischen Venezuela und Kolumbien lebten.

Lediglich die großen amerikanischen Ölgesellschaften schienen Interesse an diesem Gebiet zu haben. Jedesmal jedoch, wenn ihre Angestellten in das Territorium der Motilonen vordrangen, wurden sie beschossen. Eine große Anzahl Leute war durch die Pfeile der Motilonen verwundet, viele auch getötet worden.

Es wäre vernünftig gewesen, die Motilonen schnell wieder

zu vergessen. Aber ich konnte es nicht. Eine quälende Wißbegier nagte seitdem an mir. Und ich konnte sie nicht loswerden, so gut auch die Argumente waren, die ich dagegen aufbrachte.

Was in aller Welt kann ich für eine Horde wilder, primitiver Indianer tun? fragte ich mich.

Aber es spielte keine Rolle, was ich glaubte tun zu können. Im tiefsten Inneren wußte ich irgendwie, daß es Gottes Wille war, wenn ich zu ihnen ging. Aber ich hatte Angst davor und suchte nach Ausreden, um mich der Sache entziehen zu können. Ich hatte übersehen, wie sehr Gott jemandem zusetzen kann, der nicht tun will, was ihm gesagt wird. Ich verlor meine Konzentrationsfähigkeit auf andere Dinge. Ich konnte nur noch an die Motilonen denken.

Trotzdem – ich würde nicht gehen!

Eines Tages saß ich im Gesundheitsministerium und wartete darauf, einen der Beamten sprechen zu können, als ein Vorbeigehender eine Zeitung auf den Stuhl neben mir warf. Ich überflog die Titelseite.

Das Wort „Motilonen" sprang mir ins Auge. Ich schaute genauer hin. Ein Artikel berichtete, eine Masernepidemie habe eine große Anzahl von Motilonen erfaßt. Ein Angestellter einer Ölgesellschaft hatte mehr als zwanzig Tote in einem hastig verlassenen Gemeinschaftshaus dieses Indianerstammes vorgefunden. Seine Beschreibung der verwesenden Leichen war ausführlich und ging unter die Haut.

Irgendwo in mir löste sich etwas. Wogegen kämpfte ich an? Wozu der Widerstand? Da waren Menschen in Not. Ich hatte Tropenmedizin studiert; ich konnte ihnen vielleicht helfen.

Eine Woche später schon befand ich mich in einem Bus nach Machiques, einer kleineren Stadt in den Hügeln am Fuß der Anden. Es war nicht leicht gewesen wegzukommen. Probleme mit dem Visum hatten mich bis vor den Präsidenten des Landes gebracht. Und es war schwer gewesen, meine Freunde unter den Studenten zu verlassen. Sie waren überzeugt, ich sei verrückt.

Dennoch war mir heiter zumute. Der Bus war überfüllt, nicht allein mit Menschen, sondern auch mit Vorräten und Haustieren. Es kam so, daß ich während des größten Teils der dreitägigen Reise ein wohlgenährtes Schwein auf dem Schoß halten mußte. Dennoch fühlte ich mich wesentlich wohler als damals, als ich von Caracas in das Gebiet um den Orinoco gefahren war. Ich sprach nun ganz gut Spanisch, und es machte mir Spaß, mich mit meinen Mitreisenden zu unterhalten. Eine dicke, rotbackige Frau eines Ranchers, die auch mitfuhr, hatte schon von den Motilonen gehört, und ich quetschte sie über dieses Thema aus. Sie erzählte mir viele bunte Geschichten über Leute, die durch deren lange, schwere Pfeile verwundet worden waren.

„Kommen Sie bloß nicht in ihre Nähe!“ sagte sie mit warnend erhobenem Finger. „Die werden Sie umbringen.“

Denselben Rat gaben mir eine ganze Anzahl anderer Leute in Machiques. Aber ich war zuversichtlich – und von dem Gedanken erregt, ein neues Abenteuer zu beginnen. Auch erinnerte ich mich noch lebhaft an meine Reise den Orinoco hinauf. Jene Indianer waren so freundlich gewesen, man hatte so großartig mit ihnen zusammenleben können. In meiner Vorstellung war Indianer gleich Indianer. Mit dem Dschungel zurechtzukommen konnte auch nicht allzu schwierig sein. Schließlich hatte ich doch schon vom Orinoco her Erfahrung damit.

Ich hatte genug Geld gespart, um Verpflegung und Ausrüstung kaufen zu können, und ich beschloß, die Sache mit einem kurzen Besuch von vielleicht einer Woche Dauer anzugehen. Die einzige Möglichkeit, von Machiques aus in die Anden hineinzugelangen, ist zu gehen oder zu reiten. Deshalb kaufte ich mir ein Maultier, eines mit „wirklich sicherem Tritt“, wie der Mann, der es verkaufte, behauptete. Wir beide machten uns dann eines Morgens zusammen auf den Weg, einem Pfad folgend, den man mir empfohlen hatte.

Es war leicht, dem Pfad hinauf in die Anden zu folgen. Ich erwartete jeden Augenblick einen freundlichen Motilone-Indianer zu treffen, der mich zu seinem Dorf mitnehmen würde. Ich ritt den ganzen Tag lang ziemlich flott dahin und machte nur ab und zu Halt, um etwas Brot zu essen. Als die Sonne tiefer sank und es im schönen, verschieden schattierten Grün des Dschungels dunkelte, wurde ich müde. Enttäuscht darüber, daß ich keine Indianer getroffen hatte und womöglich die Nacht würde im Freien verbringen müssen, trieb ich das Maultier weiter, immer noch in der Hoffnung, auf ein Indianerdorf zu treffen.

Plötzlich hielt ich an. Ich war vom Pfad abgekommen. Vor mir waren nur noch wilde Reben und Schlingpflanzen. Ich ritt zurück, bis ich den Pfad wiederfand. Aber ich kam nicht weit. Innerhalb der nächsten hundert Meter verschwand er wieder. Ich ging zurück. Seltsam, daß ich zweimal kurz hintereinander vom Pfad abgekommen war. Vorher hatte es mir keine Schwierigkeiten bereitet, ihm zu folgen. Vielleicht lag es lediglich an der einbrechenden Dunkelheit.

Der Pfad war nun nicht mehr gut markiert. Es war nur noch eine schmale, verunkrautete Spur zwischen den Bäumen. Als ich sie wiedergefunden hatte, folgte ich ihr vorsichtig. Aber ich hatte nicht mehr als ein paar Meter zurückgelegt, als ich feststellen mußte, daß es überhaupt keine Spur mehr gab!

Ich durchstreifte das Gebiet kreuz und quer, wobei ich das müde und nun störrisch gewordene Maultier durch Gestrüpp und Schlingpflanzen hinter mir herzog. Von einem Pfad war nichts zu sehen. Er war verschwunden.

Ich blieb stehen und schaute mich um. Mein Herz schlug heftig. Ringsum gab es nichts außer stillen, dunklen Bäumen und Gestrüpp. Alles sah gleich aus.

Ich versuchte mich an meine Pfadfinderausbildung zurückzuerinnern. Wie stellt ein Pfadfinder seinen Standort fest? Es fiel mir einfach nicht ein. Ich wußte nur eins, was ich tun konnte. Ich konnte warten, bis die Sonne am nächsten Morgen aufging und danach die Richtung bestimmen.

Dieser Gedanke erleichterte mich. Es war ganz einfach. Ich brauchte nur zu warten bis der Morgen kam.

Aber in welche Richtung war ich gegangen? Wo lag Machiques von hier aus? Ich glaubte, daß ich ostwärts gezogen war, aber ich war mir nicht sicher.

Inzwischen war es völlig dunkel geworden. Nur die Umrisse der Bäume waren noch zu erkennen. Es gab nichts, worin ich hätte schlafen können, so mußte ich mich eben auf die Erde legen. Wenigstens war es nicht kalt. Ich band das Maultier an einen Baum, suchte mir einen Platz und legte mich hin. Beim Hin- und Herrutschen, um eine bequeme Position zu finden, stach mich ein Dorn in den Rücken. Mit einem Ruck setzte ich mich aufrecht.

Ich war unglücklich, müde und deprimiert. Wußte ich eigentlich wirklich, was ich tat? Der Dschungel, der während des Tages so friedlich und angenehm ausgesehen hatte, kam mir nun gefährlich vor. Ich hörte Rascheln und Klopfen im Gebüsch um mich herum. Seltsame, klagende Schreie durchschnitten die Stille. Ich konnte nicht schlafen.

Sehnlich wartete ich auf den Sonnenaufgang. Die Nacht schien unendlich lang. Einmal, als ich gerade dabei war einzudämmern, landete etwas auf meinem Gesicht und verschwand mit einem Satz im Gestrüpp. Das Herz schlug mir bis zum Hals. Ich war wieder hellwach.

Dann konnte ich mitverfolgen, wie sich die Dunkelheit in ein sich allmählich lichtendes Grau verwandelte. Als einzelne Farben wieder unterscheidbar waren, stand ich auf. Ich war steif und hatte einen scheußlichen Geschmack im Mund.

Vom Mittagessen her war noch eine Dose Sardinen übrig, und ich hatte eine Kerze, um sie zu wärmen. Der Gedanke ans Essen erweckte in mir einen rasenden Hunger, da ich es versäumt hatte, am Abend vorher etwas zu essen. Hastig durchwühlte ich mein Gepäck, bis ich die Dose gefunden hatte.

Aber ich hatte vergessen einen Büchsenöffner einzupacken!

So holte ich mein Messer heraus und fing an, den Dosendeckel aufzuschneiden. Das Messer brach ab. Durch das entstandene kleine Loch saugte ich gierig das Olivenöl heraus. Ich mußte unbedingt etwas essen! Sonst würde ich verhungern.

Ich versuchte die Dose an einem Steinbrocken aufzuschlagen, aber es nützte nichts. Schließlich schleuderte ich sie ins Gebüsch. Eine Stunde war unnütz vertan. Noch immer hatte ich nicht die Richtung herausgefunden, in die ich gehen mußte. Ebenso hatte ich nicht die leiseste Ahnung davon, wie ich den Pfad wiederfinden sollte, auf dem ich gekommen war. Aber umkehren wollte ich auch nicht.

Die Sonne stieg in der Ferne hinter einem Berg herauf. Ich beschloß in diese Richtung zu gehen und brach auf, mein widerspenstiges Maultier hinter mir herziehend. Da kein Pfad mehr da war, kam ich nur langsam voran. Die Beine des Maultiers verfingen sich ständig in wilden Reben und Schlingpflanzen. Einige der Büsche hatten lange Dornen und mehrere davon blieben in meinen Händen und Beinen stecken. Die Stiche schwollen ungeheuer an, nachdem ich die Dornen herausgezogen hatte. Ich merkte, daß ich Fieber bekam.

Als ich höher in die Berge kam, wurde das Laubwerk spärlicher, und überall flogen wunderschöne, schillernd blaue Schmetterlinge umher. Flammendrote Papageien krächzten mich an. Die Luft wurde kühler. Mein Hunger war verschwunden, aber ich fühlte mich schwach. Insekten stachen mich, wie sie es schon seit Beginn der Reise getan hatten. Jede unbedeckte Körperstelle war mit roten Stichen übersät.

In dieser zweiten Nacht schlief ich, obwohl mehrmals von

Alpträumen aufgeschreckt. Es war kalt, und ich hatte keine warme Kleidung, um mich zuzudecken.

Als ich mich am Morgen erhob, mußte ich mich als erstes erbrechen. Meine Hände waren kaum als solche zu erkennen. Sie waren rot verschwollen und so zerstochen, daß sie aussahen wie rohes Fleisch.

„Warum, Herr?“ fragte ich. „Was soll ich hier?“ Aber ich band mein Maultier los und setzte meinen Weg fort. Die Hügel waren zu steil zum Reiten, also zog ich es hinter mir her, stolpernd und kaum in der Lage, mich aufrecht zu halten.

Dann, als ich über ein tiefeingeschnittenes Tal hinwegsehen konnte, erblickte ich auf dem gegenüberliegenden Bergrücken eine Ansammlung von Hütten. Es war ein Indianerdorf.

Gott sei Dank! Ich hatte die Motilonen gefunden.

Ich bahnte mir einen Weg hinunter ins Tal, und dann ging es langsam und mühevoll auf der anderen Seite wieder hinauf. Es dauerte mehrere Stunden. Angestrengt schaute ich nach Indianern aus. Dabei kam es immer wieder vor, daß meine Füße irgendwo hängenblieben und ich lang hinschlug, weil ich nicht auf den Boden geachtet hatte.

Schließlich erreichte ich den Umkreis der Hütten. Ich war unendlich erleichtert, als eine Gruppe von Leuten mir den Berg herunter entgegenkam. „Hier bin ich!“ rief ich laut, ohne zu überlegen, ob sie mich überhaupt verstehen konnten.

Zwanzig oder mehr Indianer umringten mich, starrten mich an und plapperten in ihrer eigenen Sprache. Ich versuchte mit ihnen Spanisch zu reden. Keine Antwort. Ich versuchte es mit den paar indianischen Redewendungen, die ich während meines Aufenthalts am Orinoco gelernt hatte. Noch immer keine Antwort. All die Leute schienen alt und runzlig. Sie schauten mich an, stießen mich in die Rippen und lachten. Den meisten fehlten die Zähne. Wenn sie den Mund öffneten, konnte man ihre roten, zahnlosen Kiefer sehen. Wir gingen ins Dorf hinein. Dort kamen Frauen und Kinder aus den Hütten, um mich anzusehen. Keiner verstand auch nur ein Wort. Sie versuchten nicht einmal, mir zuzuhören.

Ich war sicher, daß es einen Häuptling geben mußte. Vielleicht befand er sich mit den jungen Männern gerade auf einem Jagdzug. Ich schaute ständig umher, in Erwartung ihrer Rückkehr. Aber sie kamen nicht und ich bekam es über, unter diesen lächelnden, greisenhaft wirkenden Leuten und den Kindern herumzustehen. Ich fühlte mich noch immer krank und benommen.

Was konnte ich tun, um mich zu verständigen? Da erinnerte ich mich an die kleine Holzflöte, die ich zur eigenen Unterhaltung mitgebracht hatte. Vielleicht würden diese Leute sich für das Spiel interessieren.

Ich holte sie hervor, setzte mich hin und begann zu spielen. Mit der Zeit fingen alle an, zu der Musik die Köpfe zu wiegen. Als ich aufhörte, hielt einer der Alten seine Hand vor den Mund und machte die Bewegung des Spielens, als wolle er mich zum Weitermachen auffordern. Also begann ich eine Melodie zu spielen, die ich von den Indianern am Orinoco gelernt hatte. Ein anderer Mann zog plötzlich eine Flöte hervor und fing an, die Melodie nachzuspielen. Ich spielte eine Zeile weiter und er spielte auch diese nach. Bald schon flöteten wir das Lied gemeinsam.

Dann spielte er eine Melodie, die ich noch nie gehört hatte. Ich spielte sie ihm Zeile für Zeile nach. Inzwischen hatte das ganze Dorf sich versammelt, um uns zuzuhören.

Unser Spielen ging immer weiter. Ich wurde allmählich müde, aber keiner erhob sich um zu gehen. Endlich, um halb vier Uhr morgens, hörten wir auf.

Es regnete stark in dieser Nacht. Ich lag wach in der Hütte, in die man mich gebracht hatte, und lauschte den tiefen Atemzügen der Männer, die mit mir in der Hütte lagen. Zumindest war ich an einem sicheren Ort, mit Leuten zusammen, die freundlich schienen.

Am nächsten Morgen war noch immer nichts von einem Häuptling zu sehen. Zum Frühstück bekam ich gekochte grobharte Wurzeln und eine scheußlich schmeckende Flüssigkeit. Ich würgte es hinunter. Ich war hungrig genug um alles zu essen.

Niemand schien Interesse daran zu haben, das Flötenkonzert fortzusetzen, sondern alle gingen ihren eigenen Unternehmungen nach. Die kleinen Kinder spielten miteinander. Ein Alter saß in der Sonne, gegen eine der Hütten gelehnt. Als ich zu ihm hinsah, lächelte er mir zu. Ich ging zu ihm hinüber. „Wie geht es?“ fragte ich auf Englisch. Er fing an in seiner eigenen Sprache zu reden. Das hatte ich bezweckt. Ich versuchte nachzuahmen, was er gesagt hatte.

Er lachte und gab einige weitere Worte von sich, und ich versuchte diese zu wiederholen. Wieder lachte er. Das Spiel schien ihm Freude zu bereiten, und wir machten mindestens zwei Stunden lang so weiter. Es war mein erster Versuch, eine fremde Sprache zu verstehen ohne irgendwelche Anhaltspunkte zu haben. Fasziniert wie ich war, vergaß ich bald alles um mich herum. Allmählich konnte ich einige Laute heraushören, und es war lediglich eine Frage der Zeit, so dachte ich, bis ich die Bedeutung einiger Wörter verstehen würde.

Plötzlich, ohne jede Warnung, wurde ich von einem Schlag in den Rücken getroffen, der mich auf mein Gesicht warf. Ein Mann stand über mir, brüllte und heulte in schauerlicher Tonhöhe, dabei schlug er mit Peitschen, die er in jeder Hand hielt, auf mich ein. Weißer Schaum tropfte von seinen Lippen. Ich versuchte, mich aus der Reichweite seiner Schläge zu rollen, aber mehrere junge Männer erschienen und stießen mich mit langen, scharfen Pfeilen, die sie in den Händen hielten, wieder zu ihm zurück.

Dann wurde ich auf den Befehl des Mannes hin von zwei Kriegern aufgehoben und in die Hütte geworfen, in der ich die Nacht verbracht hatte. Keiner kam zu mir herein. Ich lag keuchend auf dem Fußboden, fast von Panik ergriffen. An meinen Armen und Beinen bildeten sich überall Schwellungen, wo mich die Peitschenhiebe getroffen hatten.

Ein Pfeil durchschlug die eine Graswand der Hütte und blieb in der gegenüberliegenden Wand stecken. Weitere Pfeile folgten. Die Männer hatten einen Kreis um die Hütte gebildet und schossen durch die Wände auf mich. Die Pfeile hatten nicht mehr genug Wucht, um meine Haut zu durchdringen, nachdem sie durch die Wände geflogen waren, aber sie waren schwer und hinterließen häßliche Kratzer und Blutblasen überall dort, wo sie hintrafen. Nachdem das Ganze fünfzehn Minuten lang gedauert hatte, brach ich auf dem Boden zusammen, meine Augen mit den Händen schützend.

Der Mann, der mich ausgepeitscht hatte, kam zum Eingang der Hütte und schrie mich an. Inzwischen hatte ich mir ausgerechnet, daß er der Häuptling war. Er hatte jetzt einen langen Pfeil auf seinen Bogen gelegt und machte den Eindruck eines Irrsinnigen. Ich krallte mich in der Erde fest und bettelte auf Englisch: „Bitte nicht! Nein! Bitte nicht!"

Er trat aus dem Eingang zurück. Es gab eine lange Pause und Hoffnung stieg in mir auf. Dann hörte ich das „fffft" eines Pfeiles und vor Schmerz wurde mir schwarz vor den Augen. Während weitere Pfeile auf mich zuflogen, wurde die Szene unwirklich wie in einem Film. Im Augenblick meiner größten Todesangst kam es mir in den Sinn zu beten.

„Gott", sagte ich, „wie lange soll das noch so gehen? Muß ich wirklich all dies erleiden?" Ich dachte an eine Zukunft voller Folterungen, an die Unfähigkeit zur Verständigung und an den Tod.

Dann geschah etwas Eigenartiges. Mir war, als würde ich zu Boden gestreckt und sähe Jesus am Kreuz hängen. Ich begann zu weinen.

„O Jesus", sagte ich, überwältigt und voller Furcht, „das alles hast du ja auch durchgemacht! Wir müssen dir ebenso ekelhaft und gemein vorgekommen sein wie die Indianer mir. O wie unsinnig unser Haß gewesen sein muß."

Ich lag still da. „Herr, ich will dir geben, was ich kann. Ich gebe dir meine Kraft, mein Leben. Ich werde alles auf mich nehmen, jede Schwierigkeit und jede Pein. Ich bin sogar bereit zu sterben, wenn du es mir nur erlaubst, den Motilonen von deinem Sohn zu erzählen."

Vielleicht hatte ich dieses Gebet schon früher einmal gebetet. Dieses Mal jedoch war es mir tief ernst damit. Weil ich glaubte, der Tod sei nahe, mußte ich es ernst meinen.

Ein paar weitere Pfeile trafen mich noch, aber ich fürchtete mich nun nicht länger vor ihnen. Nach einer Weile wurde der Häuptling von einigen älteren Männern am Weitermachen gehindert. Später erfuhr ich, daß er betrunken gewesen war – ein häufiger Zustand bei den Indianern dieses Stammes.

Ich holte wieder meine Flöte hervor und begann zu spielen. Ihr milder Klang tröstete mich und schien die Schmerzen in Armen und Beinen etwas zu lindern. Bald begann draußen jemand mit mir zusammen zu spielen.

Aber der Häuptling machte es deutlich, daß ich in dem Dorf nicht willkommen war. Es gab keinen Grund, warum ich nicht hätte fortgehen sollen. Ich packte meine Sachen zusammen, stieg auf mein Maultier und machte mich auf den Weg zurück nach Machiques.

Gerade als ich in den Dschungel unterhalb des Dorfes eintritt, rief ein alter Mann mich an und bedeutete mir zu warten. Dann verschwand er in einer der Hütten. Als er herauskam, hielt er ein Kind in den Armen.

Ich ging zurück, um mir das Kind anzusehen. Es war ein Junge von vielleicht vier Jahren, der sehr krank sein mußte. Als einige der anderen Dorfbewohner sahen, daß ich mir das

Kind anschaute, brachten sie noch mehr Kinder herbei, die alle die gleiche Krankheit zu haben schienen. Um mich herum bildete sich ein Kreis besorgter, trauriger Gesichter.

Ich hatte ein Fläschchen Antibiotika dabei, aber ich zögerte das Mittel anzuwenden. Die Wirksamkeitsgrenze war schon um sechs Monate überschritten. Andererseits würden diese Kinder wahrscheinlich sterben, wenn sie keine ärztliche Hilfe erhielten. Deshalb holte ich die Medizin heraus und begann sie auszuteilen. Sie reichte nicht für alle Kinder, deshalb gab ich jedem nur eine halbe Dosis. Ich glaubte zwar nicht, daß dies helfen würde, aber es war alles was ich tun konnte. Ich nahm mein Gepäck vom Maultier herunter und wartete auf die Wirkung. Dabei bat ich Gott, dort selbst einzugreifen, wo die Arznei nicht wirken konnte. Ein Tag verging, und am Zustand der Kinder änderte sich nichts. Aber am nächsten Tag sah ein Kind schon besser aus. Einige Stunden später zeigten sich bei allen Zeichen der Besserung. Innerhalb einer Woche waren sie soweit, daß sie wieder fröhlich miteinander spielen konnten.

Die Einstellung des Häuptlings mir gegenüber änderte sich. Er erkannte, daß ich daran interessiert war, seinem Stamm zu helfen. Später fand ich heraus, daß an dem Tag, als er mich in seinem Dorf angetroffen hatte, zwei seiner jungen Männer von weißen Siedlern erschossen worden waren. Also hatte er Grund genug, mich nicht zu mögen.

Mein Besuch zog sich in die Länge. Ich fing an ihre Sprache zu erlernen. Bald schon stellte ich fest, daß es sich nicht um die Motilonen handelte. Keine der Beschreibungen über Motilonen stimmte mit dieser Stammeskultur überein.

Diese Indianer nannten sich Yukos. Es dauerte noch ein ganzes Jahr, bis ich Kontakt mit den Motilonen bekam. Und der Empfang bei ihnen sollte noch schrecklicher werden.

Bestechung

Ich hatte soeben mein Maultier bepackt und prüfte noch einmal nach, ob alle Sattelgurte stramm saßen. Eine kleine Gruppe von Yukos schaute mir zu. Ich sah unsicher zu ihnen hin. Sollte ich mehr tun, als nur „Auf Wiedersehen" zu sagen? Sollte ich ihnen die Hand geben, oder jeden von ihnen umarmen? Die Yukos sahen mich gleichmütig an, auf ihren Gesichtern war keine Spur einer Gefühlsregung zu erkennen.

Ich hob die Hand. „Auf Wiedersehen", sagte ich. „Es tut mir leid, daß ich gehen muß."

Lügner, beschimpfte ich mich.

Ich stieg auf und ritt davon, wobei ich mich noch einmal umdrehte, um zu winken. Dann lenkte ich das Maultier auf den steilen, steinigen Weg, der aus dem Dorf herausführte. Man hatte mir gesagt, er führe in die Zivilisation.

Nun, ich hatte mehr getan als verlangt. Damit konnte ich wirklich zufrieden sein. Schließlich hatte ja das, was als einwöchiger Besuch geplant gewesen war, mehr als vier Monate gedauert.

Mann, würde das schön sein, wieder in die Zivilisation zurückzukehren und mit jemandem Englisch sprechen zu können! Und dann das Essen. Beim Gedanken an eine warme Semmel mit Hackfleisch oder ein Coca Cola lief mir das Wasser im Munde zusammen. Die Nahrung der Yukos war schrecklich. Tag für Tag gab es dasselbe. Mais und Chicha. Chicha war ein alkoholisches Getränk, das gewonnen wurde, indem man Maiskörner zerkaute und sie dann in eine große Kürbisflasche spuckte, wo man das Ganze gären ließ. Es schmeckte ungefähr so gut, wie es sich anhört.

Es war ein kalter und nebliger Tag. Die Berggipfel um das Dorf herum waren in Wolken gehüllt. Ich hätte nie geglaubt, daß ich einmal gern in die warmen, feuchten Dschungel der tiefergelegenen Gebiete zurückgehen würde. Aber nach vier Monaten ständigen Frierens hatte ich die Nase voll.

Es ist dumm, ein schlechtes Gewissen zu haben, weil du fortgehst, sagte ich mir. Seit zwei Monaten schon hatte ich blutigen Durchfall. Ärztliche Behandlung war nötig.

Das Maultier trottete gleichmäßig dahin und brachte mich immer weiter von den Yukos weg.

Langeweile war zu meinem größten Feind geworden. Ich konnte mich wohl damit abfinden, daß man mit Pfeilen auf mich schoß. Wenigstens ging das schnell vorüber. Aber jeden Morgen aufzustehen und wieder dieselbe Nahrung, denselben Gestank und dieselben Leute, mit denen mich nichts verband, vorzufinden: das war mir zuviel geworden. Folglich war es an der Zeit fortzugehen. Ich hatte mein Teil getan. Was konnte ich dafür, wenn keiner von ihnen Jesus Christus angenommen hatte. Ich hatte genug von ihrer Sprache gelernt, um ihnen von ihm zu erzählen. Ich hatte getan was ich konnte.

Das Maultier trug mich gemächlich einen Abhang hinunter und auf der anderen Seite wieder hoch hinauf. Der frühere Besitzer hatte nicht gelogen. Es war ein gutes Tier mit sicherem Tritt.

Wenn dieser Pfad wirklich aus dem Dschungel herausführte, wie es die Indianer behauptet hatten, mußte das Unternehmen gelingen.

Plötzlich bäumte sich das Maultier hoch auf. Ich verlor den Halt und flog durch die Luft. Ich schlug hart auf meine rechte Schulter auf und hörte, wie das Maultier durch das Unterholz davongaloppierte.

Langsam erhob ich mich. Meine Schulter war verrenkt und schmerzte. Mein Gepäck war aufgeplatzt und meine Besitztümer lagen über den ganzen Pfad verstreut. Ich war erst eine Stunde vom Dorf entfernt, aber ich haßte den Gedanken einer Rückkehr. Ich hätte zu Fuß weitergehen können, in der Hoffnung, es zu schaffen, aber ich brauchte unbedingt das Maultier, und das war auf dem Weg ins Dorf zurück. Ich würde ebenfalls dorthin zurückgehen müssen. Es war ein langer Fußmarsch und meine Schulter schmerzte stark. Noch schlimmer aber war das innere Widerstreben, an einen Ort zurückzukehren, mit dem ich gerade eben erst innerlich abgeschlossen hatte. Irgendwie ging es mir gegen den Strich, diese Indianer wiedersehen zu müssen.

Meine schlimmsten Befürchtungen bewahrheiteten sich, als ich ins Dorf zurückkam. Die Leute hatten das Maultier lange vor meiner Ankunft gesehen und wußten also, was passiert war. Sie kamen mir lachend entgegen. Der große weiße Mann war von einem Maultier abgeworfen worden! Keiner half mir mein Gepäck zu tragen.

Ich war müde von dem Fußmarsch und meine Schulter war steif, aber ich dachte nicht daran, hierzubleiben und mich auslachen zu lassen. Ich sattelte das Maultier, bepackte es und machte mich wieder auf den Weg.

Diesmal ging es besser. Es war reichlich sonderbar, daß das Maultier gebockt und mich abgeworfen hatte. Maultiere tun dies gewöhnlich nicht. Und dieses hier war besonders gutmütig. Ich war nun schon seit drei Stunden wieder unterwegs und fühlte mich besser. Bald würde ich am Ziel sein.

Plötzlich blieb das Maultier wie versteinert stehen und senkte den Kopf. Ich zog die Zügel fester an, wie man es mir für einen solchen Fall geraten hatte. Aber das Maultier schlug nach hinten aus und schleuderte mich über seinen Kopf hinweg. Ich landete in einer kalten Dreckpfütze. Das Maultier war jedoch nicht weggerannt, daher stand ich auf und versuchte es am Zügel zu fassen. Es stieg hoch und schlug nach mir aus, so daß ein Huf mich zuerst am Arm und dann im Gesicht traf. Blut schoß mir aus dem Mund, lief am Hals hinunter und befleckte meine Kleider. Ich hatte rasende Schmerzen, die so zunahmen, daß ich mir eine Ohnmacht wünschte, aber es wurde mir nur dunkel vor den Augen. Als sie endlich etwas nachließen und ich wieder sehen konnte, war das Maultier verschwunden. Ich preßte mir etwas gegen den Mund, um das Blut zu stoppen.

Ich konnte nicht zum Dorf zurückgehen. Ich mußte aus diesem Dschungel heraus. Meinetwegen zu Fuß. Aber nicht jetzt. Es war schon spät. Ich konnte die Nacht hier verbringen und am Morgen dann meinen Weg fortsetzen.

In dieser Nacht fror ich und schlief nur unregelmäßig. Der ganze Kiefer war unförmig verschwollen. Am Morgen fühlte ich mich sehr elend und wußte, daß ich zum Dorf zurückgehen mußte. Ich fragte mich, was Gott mich wohl durch all dies lehren wollte.

Die Yukos mochten mich nicht. Sie waren genauso froh gewesen wie ich, als ich sie verließ. Warum konnte ich also nicht von ihnen fortkommen? Warum hatte Gott zweimal zugelassen, daß ich abgeworfen wurde?

Dann dachte ich an die Missionsgesellschaft und die Lektion, die ich dabei gelernt hatte. Die Mission hatte mich abgewiesen, aber Gott nicht. Nun geschah es erneut. Die Yukos legten keinen großen Wert darauf, daß ich blieb, aber Gott wollte es. Und ich mußte Gott folgen.

Die Sonne schien an jenem Tag sehr hell. Ich fühlte mich fiebrig und schwindlig. Bald wurde es mir in der Sonne kochendheiß. Meine Kleider waren steif von Schlamm und getrocknetem Blut.

Ich stolperte dahin. Als ich in einem Tal die Talsohle erreicht hatte, stieß ich auf einen Bach, den ich zuvor kaum beachtet hatte. Ich legte mich ganz ins Wasser, lag still da und ließ mir das kühle Wasser über Kleider und Haut hinspülen. So blieb ich mindestens eine Stunde lang liegen.

Als ich mich erhob, war es schon spät am Nachmittag. Ich wußte, daß ich den Weg zum Dorf noch vor Einbruch der Dunkelheit hinter mich bringen mußte. Ich fühlte mich schwach, selbst zu schwach zum Stehen. Immer wieder fiel ich hin und blieb minutenlang liegen, bis ich wieder genug Kraft zum Aufstehen gesammelt hatte. Als ich dem Dorf näher kam, begann ich laut zu schreien: „Helft mir, bitte, helft mir!" Mittlerweise war es mir völlig gleichgültig geworden, ob sie lachten. Plötzlich tauchten ein paar Yukos auf. Der Häuptling befand sich unter ihnen. Sie lachten nicht.

Der Häuptling trug mich selbst ins Dorf hinauf und nahm sich meiner an. Es dauerte eine Woche, bis ich wieder soweit war, daß ich aufstehen konnte. Nun aber wollte ich nicht mehr fortgehen. Die Indianer waren für mich zu Menschen geworden. Sie hatten sich meiner angenommen, als ich Hilfe brauchte. Jetzt wollte ich bleiben und schauen, ob ich ihnen helfen konnte.

Nicht daß es jetzt etwa leichter geworden wäre. Das Leben bei den Yukos war noch immer langweilig. Ich litt noch immer an Amöbenruhr mit blutigem Stuhlgang. Aber ich machte Fortschritte in der Sprache und konnte mich bald ganz ordentlich verständigen. Das half mir in hohem Maße. Je mehr ich sprach, desto besser begann ich diese Menschen zu verstehen, und je mehr ich verstand, desto mehr hatte ich das Bedürfnis ihnen zu helfen. Was mir zunächst als Verbohrtheit oder Dummheit erschienen war, rückte nun in ein ganz anderes Licht.

Es war eine Sache, an die ich mich noch oft würde erinnern müssen: Bevor man ein Volk nicht wirklich versteht, darf man nicht urteilen!

Aber noch immer wollte ich zu den Motilonen. Natürlich war es zu spät, um ihnen bei der Masernepidemie Hilfe zu leisten. Aber das war kein Grund dafür, nicht hinzugehen. Allmählich lebte der starke Drang, sie zu suchen, wieder auf.

Ich befragte die Yukos über die Stämme in ihrer Umgebung. Ein Stamm hatte sich ihrem Gedächtnis besonders fest eingeprägt, weil sie gegen ihn Krieg führten. Die Yukos kannten ihn als das „Volk mit dem Öl". Das paßte zusammen mit dem, was ich wußte. Das Gebiet der Motilonen war so reich an Öl, daß es an manchen Stellen aus der Erde sickerte. Von daher und aus ihren anderen Beschreibungen gewann ich schnell die Überzeugung, daß das „Volk mit dem Öl" die Motilonen sein mußten.

Ich fragte die Yukos, ob sie mich zu den Motilonen bringen würden. Sie rissen vor Schreck die Augen weit auf.

„O nein, wir gehen nicht in ihre Nähe. Sie würden uns umbringen!" sagte einer von ihnen. Ich beharrte auf meinem Wunsch. „Nun gut", sagte er, „südlich von uns gibt es noch einen Yukostamm. Vielleicht werden die dich mitnehmen. Du kannst es dort versuchen."

Diesmal war es leichter, die Yukos zu verlassen. Es war Gottes Wille, daß ich ging, obwohl ich nichts Großes vollbracht hatte. Keiner der Yukos hatte zum Glauben an Jesus Christus gefunden. Es war mir nicht möglich gewesen, ihnen irgendeine Verbesserung ihrer Lebensweise anzubieten. Es war mir nicht einmal gelungen, mich in ihrer Kultur heimisch zu fühlen. Hier war also vieles unerledigt geblieben, aber es trieb mich ganz dringend zu den Motilonen. Dieser Drang konnte nur von Gott kommen.

Also verabschiedete ich mich und zog nach Süden, um mich dem dort lebenden Stamm anzuschließen. Ich hatte nicht geplant, lange bei ihnen zu bleiben, aber als ich das erste Mal mit einem von ihnen sprach, wurde mir klar, daß ich einige Schwierigkeiten vor mir hatte. Diese Yukos sprachen einen anderen Dialekt. Ich konnte sie nicht verstehen.

Aber sie waren freundlich. Sie nahmen mich bei sich auf und gaben mir Essen und einen Platz zum Schlafen. Nach einem Monat hatte ich genug von ihrer Sprache gelernt, um sie zu fragen, ob sie mich zu den Motilonen bringen würden.

Sie sahen mich voller Angst an. „O nein, wir gehen nicht in ihre Nähe. Vielleicht wird dich der Stamm östlich von hier zu ihnen führen."

Ich begann von Stamm zu Stamm zu ziehen, auf der Suche nach jemandem, der mich zu den Motilonen führen würde. Manchmal spielte ich mit dem Gedanken, einfach allein loszuziehen, aber ich wußte inzwischen gut genug über den Dschungel Bescheid, um dies nicht erneut zu versuchen. In jedem Stamm war es immer „jemand anderer", der mich vielleicht führen würde. Einmal gelang es mir, eine Gruppe aufzutreiben, die mit mir gehen wollte, aber nachdem wir erst einen Tag lang im Dschungel unterwegs gewesen waren, wurde ich so heftig krank, daß wir umkehren mußten. Zuerst dachte ich, daß ich vielleicht gegen Gottes Willen unterwegs war, so wie damals, als er das Maultier benutzt hatte, um mich zur Umkehr zu bewegen. Aber als ich genauer darüber nachdachte, wußte ich, daß ich auf dem richtigen Weg war. Ich ging nicht zu den Motilonen um meines eigenen Vorteils willen. Ich wollte zu ihnen gehen, weil ich den Ruf Gottes empfangen hatte. Also hielt ich an meinem Vorhaben fest.

Ich konzentrierte meine Bemühungen auf einen jungen Yuko. Er war stark, lachte gerne und war immer für einen Spaß zu haben. Man sagte ihm nach, daß er alles tun würde, wenn nur etwas dabei für ihn heraussprang.

Ich hatte noch einen Trumpf in der Hand. Die Yukos lieben hellglitzernde Gegenstände, und der erste Stamm, bei dem ich gelebt hatte, war von meinem Reißverschluß fasziniert gewesen. Meine Kleider westlichen Stils waren inzwischen längst verschlissen, und ich trug den traditionellen Poncho der Yukos. Aber ich besaß noch den Reißverschluß meiner Hose; er lag ganz unten in meinem Gepäck.

Nach zwei Monaten Wartezeit holte ich ihn heraus und band ihn an ein Stück Bindfaden. Dann nahm ich den jungen Mann beiseite und zog ihn mit geheimnisvoller Gebärde hinter mir her in den Dschungel, wo ich den Reißverschluß zum Vorschein brachte. Ich ließ ihn lose am Bindfaden herunterhängen, so daß er in der Sonne funkelte. Er griff danach, aber ich zog ihn weg. „Du bekommst dies hier, wenn du mich zu den Motilonen führst", sagte ich.

Ich konnte sehen, wie es in ihm kämpfte. Jedesmal, wenn er daran dachte, daß er den Motilonen nahekommen sollte, verfinsterte sich sein Gesicht, und er zog die Hand zurück. Aber wenn sein Blick dann wieder auf den Reißverschluß fiel, verlangte ihn mehr danach. Schließlich meinte er achselzukkend: „Sicher. Warum nicht?" Ich packte ihn an den Schultern. „Toll! Gehen wir morgen?" Er nickte verdrießlich.

Ein furchterregender Empfang

Am nächsten Morgen brachen wir zu siebt in schnellem Marschtempo auf. Die Sonne ging gerade hinter den Bergen auf, als wir das Dorf verließen, und die Luft war kühl und frisch. Wir sprachen kaum miteinander. Den ganzen Tag über marschierten wir tüchtig und folgten fast unsichtbaren Pfaden über Bergrücken hinweg. An Weggabelungen gingen wir in einer bestimmten Richtung weiter, ohne uns zu beratschlagen. Wir machten keine Rast um zu essen. Als die Sonne unterging, marschierten wir weiter bis wir den Pfad nicht mehr sehen konnten. Am nächsten Morgen waren wir schon vor Sonnenaufgang wieder unterwegs.

In diesem aufreibenden Tempo marschierten wir sechs Tage lang. Allmählich veränderten sich die Landschaft und das Klima. Die spärlichen Bäume des Andenhochlandes waren verschwunden und an ihre Stelle waren nun die dichtstehenden, hohen Bäume des tropischen Dschungels getreten. Lianen hingen von den Bäumen, einige davon so dick wie Taue. Selbst die Geräusche um uns herum waren anders. Papageien krächzten uns an. Manchmal kreischte ein Affe, wenn er vor uns durch die Bäume floh. Jeden Tag ließ ich mich sofort erschöpft auf den Boden fallen, wenn wir unsere Schlafpause einlegten. Jeden Tag wurde es schwerer, im Dunkel des frühen Morgens wieder aufzustehen. Die Yukos jedoch zeigten keine Spur von Ermüdung. Die Hitze ging ihnen auf die Nerven und Schweiß strömte über ihre Gesichter, aber sie ließen in ihrem Marschtempo nicht nach.

Unser Ziel war ein Bergrücken im Motilonengebiet, von dem aus man, wie sie sagten, ein Gemeinschaftshaus der Motilonen erkennen konnte. Dort wollten sie mich zurücklassen, und ich müßte mich dann allein durchschlagen. Als wir dem Bereich des Gemeinschaftshauses näher kamen, wurden die Yukos immer stiller. Einmal wollte ich eine Bemerkung über einen besonders bunten Papagei machen, den ich soeben gesehen hatte, als mir im selben Moment schon eine Hand auf den Mund gelegt wurde. Es war einer der Yukos. In seinem Gesicht stand kein Lächeln. Erst als er sicher war, daß ich keinen Laut mehr von mir geben würde, nahm er seine Hand wieder weg.

Wir mußten jetzt nicht mehr in den mächtigen Anden herumsteigen. Hier gab es lediglich kleinere Erhebungen. Die Bäume standen so dicht, daß wir nur selten den Himmel sehen konnten. Unser Problem waren die Flüsse. Oft war der Boden in Ufernähe so sumpfig, daß es uns mehrere Stunden kostete, einen sicheren Weg hinüber zu finden. Am siebten Tag begánnen wir unseren Marsch, ohne daß einer ein Wort sagte. Ich wußte, daß wir uns dem Bergrücken auf Motilonengebiet näherten und dieses Wissen verlieh meinen Schritten, so müde ich auch war, zusätzlichen Schwung.

Dafür war ich ja hierher in den Dschungel gekommen. Bald schon würde ich meinen ersten Motilonen sehen.

Plötzlich blieben alle Yukos stehen, hoben den Kopf und schnupperten in den Wind. Sie standen wie versteinert. Ich hatte kein Geräusch vernommen, aber ich stand ebenfalls still und hörte mein eigenes schweres und lautes Atmen – zu laut, dachte ich. Sonst hörte ich nichts.

Dann, mit einer einzigen Bewegung, drehten sich alle Yukos um und rannten den Weg zurück, den wir gekommen waren. Einen Moment blieb ich verblüfft stehen. Dann rannte ich ihnen schwerfällig nach. Dabei fragte ich mich, weshalb ich eigentlich davonrannte. Ich lief geradewegs in ein paar Lianen hinein, blieb hängen und schlug längelang hin, rappelte mich wieder hoch und verfing mich erneut in Lianen. Plötzlich biß sich ein brennender Schmerz in meinem Oberschenkel fest. Mein ganzer Körper erschlaffte. Ich sank zu Boden.

Alles schien verlangsamt – selbst mein schwer keuchender Atem. Ich schaute mein Bein an. Ein langer Schaft ragte aus dem Schenkel, und dort wo der Pfeil getroffen hatte, war ein scharfgezirkeltes, kleines Einschußloch. Es leuchtete hellrot von Blut, *meinem* Blut, das daraus hervorquoll und an meinem Bein hinablief.

Ich konnte meine Augen nicht von dem Pfeil abwenden. Er schien so unwirklich. Er mußte doch aus dem Bein eines andern herausragen. Aber er steckte in meinem Bein.

Dann schaute ich auf, und mein Herzschlag stockte fast. Ich war von einem Kreis dunkelhäutiger, nackter Männer mit riesigen, gespannten Bögen umgeben. Neun kleine Punkte von Pfeilspitzen waren direkt auf mich gerichtet. Ich vergaß mein Bein völlig.

„Nicht schießen, nicht!“ sagte ich flehend in der Sprache der Yukos und bettelte auch mit den Augen. Ihre Augen, die wie kleine Stückchen schwarzer Kohle schienen, gaben keine Antwort. Ihre Arme hielten den Bogen weiter straff gespannt.

„O bitte!“ sagte ich auf Spanisch. „Ich komme als ein Freund.“ „Freund“ sagte ich auf lateinisch.

Ohne ihre Augen von mir abzuwenden, nahmen sie die Pfeile von ihren Bögen. Einer von ihnen kam auf mich zu. Ich duckte mich noch tiefer. Er langte hinunter zu meinem Bein und packte den Pfeil an seinem Schaft. Dann stemmte er ein Bein gegen meinen Schenkel und riß den Pfeil mit einem Ruck heraus. Kleine, rote Sterne tanzten vor meinen Augen. Einen Augenblick konnte ich nicht mehr atmen. Ich schaute hinunter zu meinem Bein und sah, wie ein kleiner Muskelfetzen in dem ausströmenden Blut mitgeschwemmt wurde. Mit jeder Sekunde schien der Schmerz unerträglicher zu werden, nahm aber, so unglaublich das schien, immer noch zu.

Der Mann nahm den Pfeil und stach mich damit im Rücken. Ich versuchte ihn nicht zu beachten. Ich wollte nur noch liegenbleiben und sterben. Er ließ nicht nach. Er wollte, daß ich aufstand. Ich tat es. Dann stieß er mich wieder in den Rücken, und ich stolperte vorwärts. Die anderen Männer schlossen sich an, und im Gänsemarsch ging es los, in Richtung auf das Gemeinschaftshaus der Motilonen.

Der Marsch dauerte drei Stunden. Mein Bein schmerzte unbeschreiblich, aber jedesmal, wenn ich langsamer wurde, spürte ich, wie mir die Pfeilspitze in den Rücken gedrückt wurde.

Wir stiegen einen langgestreckten, steilen Hügel hinauf, und ich wußte, ich mußte bald ohnmächtig umsinken. Vor meinen Augen breitete sich Dunkelheit aus. Mein Bein fühlte sich an, als sei es fast mitten durchgeschnitten.

Endlich traten wir oben auf dem Hügel hinaus ins Sonnenlicht, und ich erblickte einen überaus großen, braunen Erdwall inmitten einer Lichtung. Er sah aus wie ein Bienenkorb, der auf den Erdboden gestülpt worden war. Das Ganze war ungefähr zwölf Meter hoch. Unten, zu ebener Erde, befanden sich rechteckige, dunkle Löcher. Wir gingen geradewegs darauf zu, bückten uns und traten durch eines der dunklen Löcher ins Innere. Zuerst war es zu dunkel, um etwas erkennen zu können. Ich hörte kleine Frauenschreie, Trippeln und das Lärmen von Kindern. Allmählich gewöhnten sich meine Augen an das Dämmerlicht. Ich wurde mit einem Stoß auf eine Matte befördert.

Die Frauen und Kinder waren verschwunden. Nur noch Männer standen um mich herum. Sie sahen im Schattendunkel grimmig und gefährlich aus. Plötzlich gewannen die Statistiken über die Zahl der ermordeten Angestellten von Ölgesellschaften an Echtheit und Wirklichkeitsnähe. Hatten sie mich hierher gebracht, um mich zu töten?

Die Männer redeten miteinander, dann wandten sie sich ab und ließen mich allein. Ich schaute mich in dem Gebäude um. Es war nicht rund, wie ich gedacht hatte, sondern länglich. Es gab sechs Eingänge. Palmenstämme waren nach oben hin gegeneinander gebogen und dann an der Spitze zusammengebunden worden, so daß sich ein wunderschönes, einfaches Dachgewölbe ergab, das mit braunen Palmwedeln gedeckt war. Die Palmwedel schienen sich sanft zu wiegen wie in einer Brise. Ich fühlte mich ganz entspannt. Die Wunde an meinem Bein war nicht mehr zu spüren. Im letzten Moment, bevor ich in eine Ohnmacht hinüberglitt, erkannte ich, was mit mir vorging, und ich lachte.

„Ich bin im Delirium", sagte ich laut. „Was sagt man dazu?" Und ich lachte wieder.

Ich nehme an, daß ich am nächsten Tag erwachte. Es gab keine Möglichkeit genau herauszufinden, wie lange ich bewußtlos gewesen war. Die Frauen und Kinder schenkten mir weiter keine Aufmerksamkeit. Mir war ganz heiß und fiebrig. Mein Oberschenkel war angeschwollen, und rings um die Pfeilwunde hatte sich häßlicher, gelber Eiter gebildet.

Ich stemmte mich hoch, wurde schwindlig, legte mich wieder hin und musterte die Decke. Die Gewölbeverstrebungen waren fast so wie in einer Kathedrale. Das gedämpfte Gemurmel der Frauen bei der Arbeit klang wie das Aufsagen von Gebeten.

Ich hatte Durchfall. Als es mir zum ersten Mal zu schaffen machte, versuchte ich alleine aufzustehen und hinauszugehen. Ich wurde schnell wieder auf meine Matte zurückgeschubst. Schließlich arbeiteten wir ein paar Zeichen aus, so daß mich dann immer eine der Frauen hinaus vor die Tür begleitete, wo die Indianer in unmittelbarer Nähe des Eingangs ihre Notdurft verrichteten. Dort verschaffte ich mir Erleichterung, mit schamrotem Gesicht allerdings, da die Frau mir aufmerksam dabei zusah. Der Durchfall wurde immer häufiger.

Ich lag den ganzen Tag über im Halbschlaf auf der Matte. Die Drüsen unter meinen Armen schwollen an. Es wurde mir keine Nahrung angeboten. Spät nachmittags wurde ich durch Laute, die sich wie Kriegsgeheul anhörten, aus einem Dämmerschlaf hochgeschreckt. Ich setzte mich schnell auf und war auf das Schlimmste gefaßt. Die Männer strömten schreiend herein und hielten Affen und Papageien, die sie geschossen hatten, hoch. Der Raum war erfüllt von aufgeregtem Gerede. Sie hielten die erlegten Tiere über das Feuer, um die Federn oder das Fell abzubrennen. Das ganze Haus war von beißendem, erstickendem Qualm erfüllt. Dann bereiteten die Frauen die Tiere zu.

Ich war ungeheuer hungrig, obwohl mir vom Fieber sehr übel war. Aber es wurde mir nichts von dem Essen angeboten. In dieser Nacht, nachdem die Motilonen schon in ihren hoch angebrachten Hängematten schliefen, lag ich schwitzend wach, und der Raum über mir schien sich in meinem Kopf um die eigene Achse zu schwingen. Mein Oberschenkel schmerzte bis auf den Knochen. Die Wunde war ganz offensichtlich entzündet, und ich konnte sie nicht einmal auswaschen. Vor Schwäche begann ich zu weinen. Die Tränen trösteten mich irgendwie.

Dann begann ich zu beten, und ich betete, wie ich es lange nicht mehr getan hatte. Ich sprach leise mit Gott, und meine geöffneten Augen beobachteten nebenbei das sanfte, fast unmerkliche Schaukeln der Hängematten. Gott schenkte mir Trost. Ich erhielt die Gewißheit, daß ich tat, was seinem Willen entsprach.

Am darauffolgenden Nachmittag kam ein kleiner Junge zu mir her, der in seiner Hand ein zusammengelegtes Palmblatt hielt. Er lächelte und streckte mir das Palmblatt entgegen. Darin befand sich ein Klumpen sich windender Larven. Jede hatte ungefähr das Ausmaß und die Form eines fingerlangen Würstchens.

Ich wußte nicht, was ich tun sollte. Ich zuckte die Achseln und setzte eine fragende Miene auf.

Eine der Larven wand sich über den Rand des Blattes hinaus und fiel zu Boden. Der Junge beugte sich schnell zu ihr hinunter, hob sie auf, biß ihr den Kopf ab, zerkaute den Rest und schluckte ihn hinunter.

Er streckte mir das Blatt erneut entgegen. Ich sollte eine Larve essen. Eine Woge der Übelkeit ergriff mich. Aber ich hatte Hunger, und wenn ich mich weigerte, dieses Zeug zu essen, wer wußte, wann ich dann jemals wieder etwas bekäme.

Zögernd streckte ich die Hand aus und ergriff eine der kleinsten Larven. Sie wand sich in meiner Hand. Ich schloß meine Augen, legte ihren Kopf zwischen meine Zähne, biß ihn ab und spuckte ihn schnell aus. Die Eingeweide des Wurms quollen aus seinem Leib hervor. Ich wußte, wenn ich hinschaute, würde ich nichts essen können, also steckte ich das ganze Zeug rasch in den Mund und fing an zu kauen. Es war wie Gummi. Der Geschmack war nicht schlecht, ein wenig wie geräucherter Speck. Ich nahm noch eine und aß sie und dann nochmal eine.

Es schüttelte mich plötzlich. Ich spürte, wie mein Magen sich heftig gegen die Würmer sträubte, und dann kam alles wieder hoch und wieder heraus.

Als ich schließlich wieder aufsah, war der Junge weg. Später brachte er mir einige geräucherte Fische. Diese konnte ich essen und auch bei mir behalten. Von da an wurde mir reichlich zu essen gegeben, und es waren keine Larven mehr dabei.

Meine Krankheit verschlimmerte sich. Die Tage flossen dahin. Noch immer wurde mir nicht erlaubt, meine Matte zu verlassen, aber ich bezweifelte ohnehin, ob ich hätte aufstehen und weggehen können. Die Drüsen unter einem Arm waren so geschwollen, daß ich ihn nicht mehr an den Körper anlegen konnte. Die Schenkelwunde heilte auch nicht.

Wenn ich wachbleiben konnte, schaute ich den Frauen bei ihren Alltagsbeschäftigungen zu oder beobachtete, wie die Männer Pfeile schnitzten.

Die meisten der Männer schienen grausam zu sein. Sie stupften und stachen mich und lachten, wenn ich wegzuckte.

Einer jedoch schien es sich in den Kopf gesetzt zu haben, mich zu beschützen. Immer wenn er herkam, gingen die anderen davon. Er hatte ein lautes, für ihn charakteristisches Lachen – und er sah auch lustig aus. Er ging mit nach innen gedrehten Zehen, und neben seinem Mund war eine kleine Narbe zu sehen. Jeden Tag, wenn er von der Jagd zurückkam, lächelte er und sagte etwas zu mir. Oft brachte er mir das Essen.

Ich war schon einen Monat da und nur noch halb lebendig. Mein Durchfall wurde schlimmer. Ich war so schwach, daß ich mich kaum aufrecht hinsetzen konnte. Man mußte mich stützen, wenn ich nach draußen mußte.

Eines Tages wußte ich, daß ich fortgehen müßte. Ich hatte das ganz sichere Empfinden, daß Gott es wollte.

Aber das bedeutete, den Kontakt mit den Motilonen zu verlieren. Wie konnte ich diesen aufgeben, nach allem, was ich dafür hatte erdulden müssen? Andererseits, was für einen Nutzen hatte ich davon, wenn ich tot war?

In der folgenden Nacht schien der Mond. Ich stand leise auf, vor Benommenheit schwankend. Niemand regte sich, um mich aufzuhalten. Alle schliefen.

Auf Zehenspitzen schlich ich zum Ausgang. Noch immer rührte sich nichts. Ich schlüpfte hinaus in die frische Nachtluft und mein Herz hämmerte vor Angst heftig. Einen Moment vergaß ich sogar, daß ich krank war.

Ein schmaler Pfad führte vom Eingang weg den Hügel hinunter. Ich wollte ans Wasser, um meine Spuren verwischen zu können. Mein Bein schmerzte und es war so steif, daß ich es nachziehen mußte. Der Pfad war ziemlich unwegsam; Steine stachen mir in die Fußsohlen.

Als ich am Fuß des Berges angelangt war, blieb ich stehen. In der Nähe befand sich ein kleiner Fluß. Ich badete mein Bein darin. Das Wasser brannte in der Wunde und trieb mir Tränen in die Augen. Ich horchte, ob ich verfolgt wurde. Aber es blieb ganz still.

Ich mußte dem Fluß folgen, entweder aufwärts oder abwärts, sonst würde ich mich verirren. Flußaufwärts, das wußte ich, ging es ins Gebirge. Jenseits davon gab es menschliche Siedlungen. Ich wußte nicht, was flußabwärts war. Daher wandte ich mich flußaufwärts.

Vier Tage lang war ich unterwegs, ohne etwas zu essen. Ich konnte an den Ufern nichts einwandfrei Eßbares entdecken und ich fürchtete, eines der zahlreichen giftigen Dschungelgewächse zu erwischen. Das Fieber brannte in mir. Abwechselnd war mir heiß und kalt. Allein schon meine Füße zu heben kostete mich eine unsägliche Anstrengung. Einen Teil der Strecke watete ich. Dann wieder ging ich die steinigen Ufer entlang.

Der Flußlauf schlängelte sich hinauf ins Gebirge. Oft mußte ich den Fluß durchqueren, um einen Weg hinauf durch die Felsen zu finden. Manchmal wurde ich von der eisigen Strömung ergriffen, mitgerissen und gegen Felsbrocken und Geröllblöcke geworfen, bevor ich mich befreien konnte. Es wäre leichter gewesen, mich vom Fluß mittragen zu lassen.

Meine Füße waren durch das Herumklettern in den rissigen Felsen geschwollen. Mehrere Male wurde mein Weg von Wasserfällen mit steilen Klippen auf beiden Seiten blokkiert, so daß ich gezwungen war, über die schlüpfrigen, bemoosten Geröllblöcke hinüberzuklettern, wobei meine Hände krampfhaft nach Möglichkeiten zum Festhalten suchten, um nicht hinunterzufallen.

Am Nachmittag des fünften Tages ließ ich mich erschöpft in einen Sitz zwischen zwei gewaltigen Felsbrocken fallen. Ich lehnte mich zurück gegen das kalte, feuchte Gestein um auszuruhen.

Ich betrachtete meine Fingernägel; sie waren blau vom kalten Wasser, Hände und Finger zeigten ein blasses Weiß. Jede Faser meines ganzen Körpers schmerzte heftig. Der Hunger peinigte mich. Ein Schüttelfrost überfiel mich und wollte nicht mehr aufhören. Mit verschwommenem Blick starrte ich auf das Wasser. Das dahinströmende Wasser schien stillzustehen.

Konnte ich so noch weiter gehen? Ich wußte nicht, wie ich es schaffen sollte. Ich brauchte etwas zu essen und Zeit zum Ausruhen. Etwas leuchtend Gelbes schien auf der Oberfläche des Wassers dahinzutanzen; mein verschwommener Blick konnte nicht genau erkennen, was es war. Dann rieb ich mir die Augen, weil ich glaubte, im Fieberwahn zu sein, und meine Sicht klärte sich. In der Strömung kam ein Bündel Bananen dahergeschwommen! Ich packte sie, als sie an mir vorbeigetragen wurden.

Es war einfach unglaublich. Sie waren sogar reif: Unreife Bananen sind schrecklich bitter.

Ich mußte mich ganz schön anstrengen, sie im Magen zu behalten; aber als endlich die Verdauung einsetzte, fühlte ich neue Kraft und Hoffnung.

Ich stand auf und setzte meinen Weg flußaufwärts fort. Nach ein paar Stunden ging der Fluß in ein Sammelbecken im Hochland über, von wo aus er sich in mehrere kleine Flüsse verzweigte.

Ich kletterte den Wall, der den Rand des Beckens bildete, hinauf und erreichte schließlich die Höhe des Gebirges. Von dort oben konnte ich hinuntersehen über die weitgeschwungenen bewaldeten Bergabhänge. Nirgendwo zeigte sich Leben. Nirgendwo gab es eine Lichtung, nur viele, viele Meilen des gleichen Dschungels, wie ich ihn eben überwunden hatte.

Ich ließ mich auf einen Holzklotz fallen. Welchen Sinn hatte es, weiterzugehen? Selbst wenn irgendwo dort drüben eine menschliche Niederlassung war, wie sollte ich sie jemals finden können?

Jeden Tag seit Beginn meiner Flucht hatte ich gedacht: *Wenn ich nur den Gebirgsgrat erreiche, bin ich gerettet.* Nun mußte ich erkennen, daß ich um nichts besser dran war als zuvor. Nirgends gab es eine Zuflucht.

Dann dachte ich an die Bananen. Hatte Gott sie mir gegeben, um sich damit über mich lustig zu machen, um mir Hoffnung zu machen und sie mir dann wieder zu nehmen?

Das Psalmwort fiel mir ein: „Du bereitest vor mir einen Tisch im Angesicht meiner Feinde." Gott hatte mir mitten im Dschungel einen Tisch bereitet, eine Mahlzeit reifer Bananen. Konnte er mich jetzt vergessen?

Irgendwo dort draußen, dachte ich, während ich auf die vielen Meilen dichtes, lückenloses Laubwerk hinaussah, *irgendwo dort muß es Menschen geben, die mir helfen können. Gott schenkte mir ein Bündel Bananen, als ich es brauchte. Er kann mich auch zu diesen Menschen führen.*

Ich möchte nicht behaupten, daß ich voll unerschütterlicher Zuversicht war, er werde es tun. Aber jedenfalls quälte ich meinen schmerzenden, kranken Körper von dem Holzklotz hoch und ging weiter.

In dem Tal, das unter mir lag, stieß ich auf ein Flußbett und folgte diesem. Mir schien alles wie ein böser Traum, aus dem ich nicht aufwachen konnte. Den ganzen Tag ging ich am Flußufer entlang, den tiefergelegenen Gebieten entgegen. Manchmal hätte ich mich am liebsten in den Fluß hineingelegt und vom Wasser davontragen lassen. Aber ich setzte meinen Weg fort.

Zuerst konnte ich das Geräusch nicht erkennen. Es klang hoch und scharf – wie das Klopfen eines Spechtes, nur lauter und langsamer. Ich horchte aufmerksam und dachte, welch ein merkwürdiger Ton dies für den Dschungel sei. Irgend etwas tief in mir sagte mir, daß es wichtig sei. In meiner Erinnerung regte sich etwas, aber ich konnte ihm keinen Namen geben. Es war ein Ton, den ich schon früher gehört hatte.

So beschloß ich, der Sache nachzugehen. Als ich näher kam, fiel es mir ein. Es war der Schlag einer Axt gegen einen Baum. Ein menschliches Wesen!

Hatte Gott mich erhört? Hatte er mich in die Zivilisation zurückgeführt?

Ich trottete dem Klang entgegen, stolpernd, weil mir die

Beine kaum gehorchen wollten. Dann erblickte ich zwei Männer, die am Fuß eines riesigen Baumes die Axt schwangen. Als ich sie laut anrief, verlor ich das Gleichgewicht und fiel in den Schmutz.

Innerhalb und außerhalb der Zivilisation

„Wer ist dort?“ rief einer der Männer. Er nahm wohl an, daß ich ein Indianer sei. Ich war hinter einem Busch zusammengesunken, so daß sie mich nicht sehen konnten. „Helft mir!“ rief ich. „Bitte, helft mir!“

Sie unterbrachen ihre Arbeit und kamen näher, um mich anzusehen. „Was ist los mit Ihnen?“ fragte einer.

„Arzt!“ war alles, was ich noch herausbrachte.

Sie sahen einander befremdet an, dann richteten sie mich auf und lehnten mich gegen einen Baumstamm. Sie gaben mir eine kleine Maispastete und etwas Zucker. Ich öffnete den Mund, um ihnen zu danken, aber ich konnte nicht mehr sprechen. Es dauerte lange, die Pastete zu essen. Ich war zu schwach um richtig zu kauen.

Die Männer holten ein Maultier herbei, setzten mich darauf und brachten mich zu einem nahegelegenen Haus. Eine ihrer Frauen brachte mir gute rote Bohnen, zwei weitere Maispasteten und eine Tasse duftenden, gesüßten Kaffee. Allmählich fühlte ich mich kräftiger. Während ich das Essen in mich hineinstopfte, fragte ich, wie weit ich von Machiques entfernt sei.

„Machiques? Nie gehört!“ Ich war überrascht. Machiques war eine bekannte Stadt.

„Wie heißt die nächste Stadt?“ fragte ich.

„Talamaque.“

„Wie weit ist das weg?“ Ich hatte nie davon gehört.

„Gut zwei Tage . . . zu Fuß.“

„Und wie heißt die nächste Großstadt?“

„Rincon Honda.“

„Was? Kolumbien? Ich bin in Kolumbien?“

Ich verlor keine Zeit mehr mit Nachdenken. Wenige Minuten später schlief ich schon. In einem Bett wachte ich wieder auf; es war das erste Bett, das ich seit mehr als einem Jahr zu sehen bekam. Die Sonne fiel in ungefähr dem gleichen Winkel durch das Fenster herein, wie beim Einschlafen. *Ich habe nur ein paar Minuten lang geschlafen,* dachte ich. Dann aber begriff ich, daß schon ein Tag vergangen sein mußte.

Ich stand auf, wusch mich und zog mich an. Ich fühlte mich besser, wenn auch immer noch schwach. Dann schaute ich in den Spiegel. Ich sah aus wie eine Vogelscheuche! Die Kleider, die ich von den Yukos erhalten hatte, hingen in Fetzen an mir herunter. Kein Wunder, daß die Männer etwas erschrocken waren.

An diesem Tag ruhte ich mich gründlich aus. Mein Körper war nicht mehr an Nahrung gewöhnt, daher nahm ich nur kleine Mengen zu mir, sonst bekam ich Brechreiz. Ich bat um eine Landkarte und versuchte herauszufinden, wo ich während des letzten Jahres gewesen war.

Am nächsten Tag brachten mich die Siedler nach Talamaque. Ich hatte etwas venezolanisches Geld bei mir, das ich während der ganzen Zeit im Dschungel aufbewahrt hatte. Ich tauschte es gegen kolumbianische Pesos ein, ging in ein Bekleidungsgeschäft und kaufte mir ein gutes Paar Schuhe, eine Khakihose und ein Hemd. Meine verdreckte, zerrissene Kleidung ließ ich im Ankleideraum des Ladens zurück, und als ich auf die Straße hinaustrat, fühlte ich mich wie neugeboren.

Ich wollte aus dem Grenzgebiet herauskommen und nach Bogota, der Hauptstadt Kolumbiens, gehen. Dort konnte ich mir dann weitere Schritte überlegen. Ich hatte nicht genug Geld für die ganze Fahrt, deshalb kaufte ich eine Fahrkarte für ungefähr die Hälfte der Strecke. Das ließ mich ohne einen Pfennig. Aber ich machte mir keine Sorgen darüber, wie ich den Rest der Strecke zurücklegen sollte. Irgendwie würde es schon klappen.

Es war großartig, im Zug zu sitzen und sich fahren zu lassen, ohne jede Anstrengung und Sorge um das Fortkommen. Ich hatte eine Bahnfahrt bisher nie richtig zu schätzen gewußt. Das Tempo schien unglaublich schnell. Ich legte die Beine auf den gegenüberliegenden Sitz und ruhte mich aus.

Nach ungefähr der halben Fahrt wurde der Zug angehalten, und einige Männer in Militäruniformen stiegen zu. Sie gingen auch durch den Waggon, in dem ich saß, und kontrollierten die Ausweispapiere der Mitreisenden.

„He, was tun die?" fragte ich einen Mann, der in meiner Nähe saß.

Er zuckte die Schultern. „Sie suchen nach kommunistischen Untergrundkämpfern. Manchmal schnappen sie einige in den Zügen."

Ein kleiner, stämmiger Soldat mit einem großen, buschigen Schnurrbart kam zu mir. „Kann ich bitte Ihren Ausweis sehen?“ Ich schüttelte den Kopf. „Es tut mir leid, aber ich habe keinen.“

„Sie haben keinen? Warum nicht?“

„Ich komme gerade erst aus dem Dschungel.“

Die Leute wandten die Köpfe um mich anzustarren. Der Soldat sah mich streng an. „Sie kommen am besten mit mir“, sagte er.

Er brachte mich zu seinem Vorgesetzten, der meine Geschichte genauso wenig glaubte. Ich mußte aussteigen. Der Befehlshaber schickte ein Kabel nach Bogota, daß er soeben einen verdächtigen Einwanderer aufgegriffen habe, der angebe, im Dschungel gewesen zu sein.

Ich wurde zu einer Militärstation gebracht, wo mir ein gutes, nahrhaftes Essen gereicht wurde. Dann teilte mir der Befehlshaber mit, er müsse mich zur weiteren Vernehmung nach Bogota schicken.

Ich zuckte nur mit den Achseln. Innerlich mußte ich lachen. Ich hatte kein Geld und nur eine Fahrkarte für die Hälfte der Strecke. Nun fütterte mich das Militär und schickte mich dorthin, wo ich hin wollte! Ich besaß doch einen Freund an höchster Stelle!

In Bogota erzählte ich einer Reihe von hohen Beamten des Sicherheitsdienstes meine Geschichte. Sie glaubten nicht alles, aber es gelang mir, sie davon zu überzeugen, daß ich im Dschungel gewesen war. Sie riefen bei der amerikanischen Botschaft an, die natürlich noch nie etwas von mir gehört hatte, da ich ja in Kolumbien nirgends gemeldet war. Ich konnte die Beamten nicht dazu bringen, in Venezuela nachzufragen. Sie waren überzeugt, daß ein Teil meiner Geschichte erlogen war.

„Keiner“, so sagten sie, „betritt das Territorium der Motilonen und kommt wieder lebendig heraus.“

Um meinen Schwindel aufzudecken, schickten sie mich zu Dr. Gregoria Hernandez de Alba, der der Indianerkommission in Kolumbien vorstand. Dr. Hernandez hatte einen Artikel eines kolumbianischen Anthropologen über die Yukos gelesen, daher befragte er mich über deren Kultur. Was ich ihm antwortete, bestätigte natürlich meine Angaben. „Okay“, sagte er. „Ich glaube Ihnen. Sie sind bei den Yukos gewesen.“

„Aber wie steht es mit den Motilonen?“ fragte ich. „Sie glauben mir nicht, daß ich bei ihnen gewesen bin?“

Er hob die Schultern und grinste. „Niemand hat jemals

Kontakt mit den Motilonen gehabt, also gibt es keine Möglichkeit Ihre Angaben zu überprüfen."

Er streckte die Hand aus. „Das macht aber nichts aus. Ich glaube Ihnen."

Er übernahm die Bürgschaft für mich, so daß ich mir amtliche Papiere für einen Aufenthalt in Kolumbien besorgen konnte. Er gab mir auch Geld und half mir eine Pension zu finden, wo ich wohnen konnte.

Einige Tage später lernte ich in einer Baptisten-Kirche in Bogota ein amerikanisches Ehepaar, die Martins, kennen. Sie luden mich ein, bei ihnen zu wohnen, gaben mir Geld für Kleidung und andere notwendige Dinge und machten mich mit einer Menge ihrer Freunde bekannt.

Ich verbrachte die meiste Zeit damit, einfach in Bogota umherzustreifen. Jeden Tag fühlte ich mich wohler. Es war großartig, sich wieder uneingeschränkt unterhalten zu können. Ich fühlte mich hier zu Hause, und je mehr ich darüber nachdachte, desto weniger zog es mich zurück zu den Motilonen. Das Leben im Dschungel war hart. Ich hatte fast zwei Jahre dort verbracht, und die meiste Zeit davon war ich krank gewesen, hatte furchtbare Nahrung bekommen, wenn ich überhaupt etwas gegessen hatte, und war nicht in der Lage gewesen, mich richtig zu unterhalten: Warum sollte ich zurückgehen? Was konnte mich daran reizen?

Nun ja, dachte ich, *ich soll den Indianern von Jesus berichten. Dazu hat mich Gott hierher geschickt.*

Wie sollte ich das anpacken? Ich hatte nicht vor, in den Dschungel zurückzugehen und sie zu Amerikanern zu machen, wie es einige Missionare zu tun schienen. Und wie sollte bei all den indianischen Mythen, Legenden und seltsamen Riten Jesus Christus jemals eine Anziehungskraft auf sie ausüben können? Aber ein Mann läßt seine Frau nicht im Stich, weil es zu mühsam ist, sie zu versorgen. So sehr ich vom Dschungel weg bleiben wollte, so genau wußte ich auch, daß ich zurück gehen würde. Ich mußte einfach. Gott wollte mich dort haben. Er hatte dies so oft bestätigt, daß es keinen Zweifel mehr gab. Und was noch schwerer wog – er hatte mir eine Liebe für die Motilonen eingegeben, die angesichts dessen, was ich bei ihnen hatte durchmachen müssen, unglaublich war. Es war nicht zu erklären, aber wenn man mich über meine Abenteuer befragte, lief es immer darauf hinaus, daß ich die Motilonen und ihre Art zu leben beschrieb, und immer weniger davon erzählte, was mir bei ihnen zugestoßen war. Ich liebte diese Menschen. Ich war stolz auf sie.

Jedoch hatte Bogota einen besonderen Reiz. Ich war außerordentlich gerne in dieser Stadt. So lange als möglich wollte ich dableiben.

„Ja, einverstanden, Herr, ich gehe wieder hin", sagte ich. „Aber ich weiß nicht, wie. Wenn du willst, daß ich zurückgehe, dann öffne mir einen Weg dorthin."

Die Leute, bei denen ich wohnte, die Martins, arbeiteten bei der Texaco Ölgesellschaft. Sie interessierten sich sehr für meine Erlebnisse und mein Vorhaben, und Mr. Martin wollte, daß ich sie dem Generalsekretär der kolumbianischen Petroleum Company, dem gemeinsamen Besitz von Texaco und Mobil, erzählen sollte. Ich stimmte zu, da die Martins so hilfreich und freundlich zu mir gewesen waren.

Frank Lerory, der Generalsekretär, hörte meiner Erzählung sehr aufmerksam zu. Als ich geendet hatte, lehnte er sich in seinem Sessel zurück und runzelte die Stirn, als müsse er mir eine schlechte Mitteilung machen.

„Mr. Olson, wir haben zwei ausgezeichnete Völkerkundler in unseren Diensten, damit sie mit den Leuten Kontakt aufnehmen, die als Stamm der Motilonen bekannt sind. Wie Sie zweifellos gehört haben, sollen es die Motilonen sein, die unsere Angestellten angreifen.

Die Völkerkundler haben jedoch bei ihren jeweiligen Unternehmungen beide Male nur einen Stamm der Yukos angetroffen, und sie haben uns bestätigt, daß dies das Volk ist, das als die Motilonen bekannt ist." Er zuckte die Achseln und hob seine Hände. „Warum sollten wir glauben, was Sie uns erzählen?"

Ich führte einige der Unterschiede in der Lebensweise von Yukos und Motilonen an.

„Nun gut", sagte er, „ich nehme an, Sie sind mit dem Flugzeug über dieses Gebiet geflogen. Jeder kann dies tun."

Das brachte mich in Wut. „Es interessiert mich nicht, ob Sie mir glauben oder nicht", sagte ich. „Ich kam nur zu Ihnen, weil Mr. Martin mich darum bat."

Er schaute gelangweilt drein. „Was wollen Sie eigentlich von uns?"

„Ich will überhaupt nichts von Ihnen!" sagte ich. „Ich bin lediglich auf die Bitte eines Freundes hin gekommen."

Er winkte ab. „Okay, Sie sind dagewesen. Vielen Dank!"

Ich stand auf und schritt zur Tür, ohne mich noch damit aufzuhalten, ihm die Hand zu schütteln.

„Warten Sie einen Moment", sagte er. „Wollen Sie in das Gebiet der Motilonen zurückkehren?"

Ich drehte mich um. Sofort fiel mir ein, worum ich erst vor wenigen Tagen gebetet hatte.

„Ja", sagte ich kurz.

„Übermorgen wird eine DC-3 unserer Gesellschaft zum Goldfluß fliegen. Ich denke, ich kann Sie mitfliegen lassen, wenn Sie wollen. Damit kommen Sie so nahe als nur möglich an das Territorium dieses Stammes heran."

Ich nickte langsam. „Vielen Dank. Ich weiß das. Ich möchte sehr gerne mitfliegen."

Ungeduldiges Warten

Der Dschungel erschien mir eigenartig ruhig und friedlich, nachdem ich einen Monat lang in Bogota gewesen war. Ich richtete mir in der Nähe eines Bachufers ein Lager ein und wartete auf die Motilonen. Das Lager war in der Nähe einer Kreuzung von drei Motilonen-Pfaden und ich wußte, daß ich nicht weit von einem Gemeinschaftshaus der Motilonen entfernt war. Aber es wäre gefährlich gewesen, einfach dort aufzutauchen. Stattdessen legte ich auf den Pfaden für die Motilonen Geschenke aus.

Meine Ausrüstung und Vorräte waren geradezu luxuriös, verglichen mit dem ersten Mal. Ich hatte eine Kunststoffplane als Schutz vor dem Nachtregen und genug Proviant, um damit eine Woche oder noch länger über die Runden zu kommen. Ich hatte sogar drei Bücher dabei: eine Bibel, „Dr. Schiwago" und „Rotes Tuch, Grüner Dschungel", die Schilderung eines völkerkundlichen Abenteuers bei den Yukos. So war ich mit mir selbst ganz zufrieden. Bald würde ich wieder bei den Motilonen sein, dachte ich. In der Zwischenzeit konnte ich mich am Dschungel erfreuen, etwas lesen und mich ausruhen.

Die Zivilisation lag weit hinter mir. Vom Goldfluß aus, wo das Hoheitsgebiet der Ölgesellschaft endete, hatte mich ein Farmer so weit flußaufwärts geführt, wie er es wagen konnte. Dann war ich in den dichten Dschungel hineinmarschiert, hatte wiederholt den Weg verloren und hatte ständig versucht, aus den ungenau markierten, ineinander verschlungenen Indianerpfaden schlau zu werden. Schließlich hatte ich mich an meinem jetzigen Lagerplatz niedergelassen.

Jeden Tag sah ich nach den ausgelegten Geschenken. Auf einem Pfad hatte ich ein langes rotes Tuch über die Äste gehängt, Beutelchen mit Zucker und Salz an Bäume gebunden und auf einem anderen Pfad drei Macheten flach auf den Boden gelegt. Sie lagen flach, weil, wie mir ein Angestellter der Ölgesellschaft erzählt hatte, die Motilonen den Krieg erklärten, indem sie ihre Pfeile mit der Spitze nach unten aufrecht in den Pfad steckten. Ich wollte keine Verwirrung anrichten: Ich kam als Freund.

Die Geschenke nachzusehen beanspruchte täglich viel

Zeit, da ich mich durch die Äste und Schlingpflanzen hindurchkämpfen mußte, welche die Pfade überdeckten. Danach kehrte ich zurück. Das Lager befand sich auf einem kleinen Erdhügel unter einem Mahagonibaum, dessen Wurzeln wie die Strebepfeiler einer Kathedrale aus der Erde ragten. Es war ein angenehmes Plätzchen, mit Ausnahme des Ungeziefers und der Insekten. Gewöhnlich brachte ich den Nachmittag damit zu, zu fischen, auf dem ständig unterhaltenen Feuer mein Essen zu kochen und zu lesen.

Eine Woche verstrich, eine zweite ebenfalls. Die Geschenke schienen unberührt. Aus den Wochen wurde ein ganzer Monat. Mein Proviant war aufgebraucht. Der Dschungel begann mich zu bedrücken. Nachts ließen mich Tierschreie oft nicht einschlafen, denn ich wußte, daß im Dunkeln Jaguare auf der Jagd waren. Am Tage tropfte Wasser von den hohen, düsteren Bäumen. Ich sehnte mich danach, die Sonne durch das Blattwerk hindurch zu sehen. Die Stille war furchteinflößend. Mein Näherkommen schien den ganzen Dschungel verstummen zu lassen. Um dem bedrückenden Schweigen zu entgehen, blieb ich manchmal stehen und brüllte Sätze und Redewendungen in sämtlichen Sprachen, die ich kannte, hinaus.

Langsam stiegen mir Zweifel auf, ob meine Geschenke jemals etwas erreichen würden. Jeden Tag hoffte ich, daß etwas fehlte. Aber jeden Tag lag alles noch genauso wie vorher. Ich wurde ungeduldig. Wenn ich mich mehrere Stunden lang zu den Geschenken durchgekämpft hatte, warf ich noch voll Abscheu einen kurzen Blick darauf und ging wieder. Meine Bücher waren längst mehrfach gelesen. Ich wollte, daß etwas passierte.

Aber die Ungeduld war ja lächerlich. Ich wollte doch mein ganzes Leben den Motilonen widmen – und konnte nicht einmal ein paar Wochen bequemen Abwartens im Dschungel ertragen! Wozu denn die Eile?

Trotz aller vernünftigen Überlegungen war ich jedoch überglücklich, als ich nach zwei Monaten eines Tages entdeckte, daß meine Geschenke verschwunden waren. Es war kaum zu glauben. Ich überprüfte noch einmal, ob es sich wirklich um die richtige Stelle handelte. Aber es war kein Zweifel möglich. Ich kannte den Platz so genau, daß ich jeden Ast von jedem Baum beschreiben konnte. Die Geschenke waren weg.

Ich legte weitere Geschenke aus. Am nächsten Tag waren sie ebenfalls weg. Wieder legte ich Geschenke aus. An diesem

Tag wurden sie durch einen Pfeil und einen Bogen ersetzt. Das bedeutete einen großen Schritt vorwärts: Sie waren bereit, Geschenke auszutauschen.

Diesmal entschloß ich mich, Geschenke auszulegen und in der Nähe zu bleiben, um zu sehen, ob sie von mir persönlich etwas annähmen. Ich war überzeugt, daß mich Augen im Dschungel beobachteten. Ich wollte sie sehen.

Daher setzte ich mich auf den Pfad und wartete. Stunden vergingen. Ich sah und hörte aber nichts. Ich hatte mein Angelzeug dabei, und da ein Fluß in der Nähe war, entschloß ich mich, angeln zu gehen. Ich glaubte sie hören zu können, wenn sie die Geschenke holten. Als ich vom Angeln zurückkam, waren die Gaben verschwunden. An ihrer Stelle fand ich vier lange Pfeile, die mit der Pfeilspitze nach unten im Boden steckten.

Es war die Warnung der Motilonen. Ich sollte um mein Leben rennen. Aber wenn ich jetzt weglief, würde ich sie vermutlich nie wiedersehen. Alles wäre vergeblich gewesen. Mein Bewußtsein, für die Motilonen eine Verpflichtung zu haben, bliebe als leere Stelle in meinem Leben bestehen.

Ich kniete nieder und betete. Es schien das einzig Logische. Als ich aufstand, kam mir eine Idee. Ich zog die Pfeile einen nach dem anderen aus dem Boden und legte sie flach hin. Einige Geschenke legte ich obenauf. Vielleicht überzeugte sie dies von meinen friedlichen Absichten.

Ich ging den Pfad zurück zu meinem Lager. Auf dem Weg fand ich weitere Symbole. Da hing ein weißes Hemd, in Streifen gerissen und zerrissen. Ein Stück weiter stieß ich auf eine aufgeschnittene Maniokwurzel. In den Spalt war Schmutz gerieben worden.

Was bedeutete das alles? Wollten die Motilonen meinen Leib aufschlitzen und Erde hineinreiben? Wollten sie mich in Streifen schneiden?

Ich hörte ein Rascheln im Gebüsch, hielt an und lauschte. Das Rascheln verstummte.

Ich habe mir das nur eingebildet, dachte ich und ging weiter. Aber in der Nähe des Pfades waren unbestreitbar Geräusche zu hören. Man schlich mir nach.

Ich suchte das dichte Grün mit meinen Augen zu durchdringen, konnte aber nichts entdecken. Ich setzte meinen Weg fort und schaute mich ständig in der Erwartung um, einen Pfeil in den Rücken zu bekommen. Dann erinnerte ich mich an einen Satz aus der Sprache der Motilonen, den ich bei ihnen gelernt hatte. Meiner Meinung nach bedeutete er: „Kommt hierher!". So rief ich den unsichtbaren Indianern laut zu:

„Guaycaba dobucubi! Guaycabo dobucubi!"

Nachdem ich mehrere Male gerufen hatte, hörte ich wieder das Rascheln, diesmal aber entfernte es sich weg von mir in den Dschungel zurück. Dann herrschte Stille.

Später fand ich heraus, daß „dobucubi" bedeutet: „Ihr faulen Nichtsnutze", so daß ich also gerufen hatte: „Kommt her, ihr faulen Nichtsnutze!" Aber damals wußte ich nicht, was ich angerichtet hatte. Zwei Monate langes Warten war durch einen dummen Fehler, den ich nicht einmal als solchen erkennen konnte, zunichte gemacht. Ich war maßlos enttäuscht. Alle hochgespannten Erwartungen des Morgens waren verflogen. Ich rannte zu meinem Lager zurück, und die Dornbüsche und Lianen peitschten mir gegen Gesicht und Körper. Ich wollte nur noch weg. Ich hatte von den Indianern die Nase voll. Sie waren dumm und ohne einen Funken von Vernunft.

Also rannte ich wild keuchend dahin, ohne die Anstrengung auch nur zu spüren. Die ganze Einsamkeit der letzten zwei Monate brach aus mir heraus. Ich fühlte, wie mir die Büsche Gesicht und Hände zerkratzten, aber es war fast ein angenehmes Gefühl. Ich wollte fort, weit weg, ich wollte die Indianer vergessen.

Einen Augenblick blieb ich schwer keuchend auf der Lichtung beim Lager stehen. Dann packte ich meine Axt, rannte hinunter zu dem Bach und begann einen Balsaholzbaum zu fällen. Ich wollte mir ein Floß bauen und davonfahren.

Ich arbeitete mit wilder Verbissenheit. Bald schon schwankte der Baum und krachte herunter ins Wasser. Sofort ging ich zum nächsten und versetzte ihm mächtige Schläge mit der Axt. Er fiel ebenfalls. Ich ging zu einem dritten Baum.

Dann schaute ich auf. Da standen die Motilonen – sechs an der Zahl, mit gespannten Bogen. Ohne zu überlegen ließ ich die Axt fallen und brachte mich hinter einem Baum in Sicherheit. Von dort aus schielte ich nach ihnen. Sie schienen nicht vorzuhaben, mich zu töten. Sie standen ganz einfach abwartend da und hielten ihre Bogen schußbereit.

Ich trat hinter dem Baum hervor. Ich streckte ihnen die Hände entgegen, um zu zeigen, daß sie leer waren. Meine Wut war verflogen. Ich versuchte in ihren Gesichtern zu lesen, und meine Hände zitterten leicht.

Langsam entspannten sie ihre Bogen. Einer von ihnen trat vor. Er ging mit nach innen gedrehten Zehen. Ich schaute mir sein Gesicht genauer an. Neben seinem Mund befand sich eine kleine Narbe.

Ich lächelte ihn an und hoffte, er werde mich wiedererkennen. Er erwiderte mein Lächeln. Ich lächelte noch strahlender. Er tat dasselbe. Er kannte mich. Er sagte den anderen Männern etwas. Ihre Haltung entspannte sich. Dann ließ er das schallende lange Lachen hören, das mir schon jenseits des Gebirges an ihm aufgefallen war. Er war damals die einzige freundliche Person gewesen, und nun traf ich ihn hier, Hunderte von Meilen entfernt, wieder.

Die Männer begannen miteinander zu sprechen. Es war zu erkennen, daß sie nicht wütend waren. Sie schienen mich nicht einmal allzusehr im Auge zu behalten. Dann gab mir der Mann mit dem auffälligen Lachen durch eine Geste zu verstehen, daß ich ihnen folgen solle. Diesmal drückte mich kein Speer im Rücken.

Als wir am Gemeinschaftshaus ankamen, gab es einen großen Aufruhr. Motilonen drängten sich um mich, knufften und betasteten mich. Am meisten interessierten sie die Haare an meinen Armen und den Beinen. Ich hatte schon früher festgestellt, daß Motilonen an diesen Stellen unbehaart waren. Ein junger Kerl berührte meinen Arm, dann nahm er ein Büschel der dichten, blonden Haare zwischen die Finger und riß es heraus.

„Autsch!" rief ich. Es tat schauderhaft weh. Aber er lachte nur, und die andern lachten mit. Sie zupften an meinem Hemd und meinen kurzen Hosen, als seien sie sich nicht klar, ob diese zu meinem Körper gehörten oder nicht. Sie knufften mich und kneteten meine Muskeln.

Sie rissen mir weitere Haare aus. Es tat weh, aber das Ganze war für sie offensichtlich ein Riesenspaß. Bald mußte ich auch lachen, weil ich so froh war, daß sie mich nicht verletzen wollten. Der Kontakt war wiederhergestellt. Ich hatte eine neue Chance bekommen, die Motilonen zu erreichen.

Am Abend gab man mir zu essen und danach eine Hängematte zum Schlafen. Die Hängematte hing so hoch oben im Gebälk, daß ich mehrere Anläufe brauchte, um hineinzuklettern. Beim ersten Versuch fiel ich herunter, und alle lachten. Aber ich schaffte es schließlich und versuchte mich, trotz eines leichten Gefühls der Unsicherheit, zu entspannen. Die

Hängematte schaukelte leicht hin und her.

Während ich die mir schon vertrauten Bögen der Gewölbeverstrebungen betrachtete, sah ich etwas wie eine kleine Maus die Stricke der Hängematte herunter auf mich zu kommen. Das Tier hatte ein eigenartig flaches Aussehen. Als es auf Reichweite herangekommen war, erkannte ich, daß es eine riesige Schabe von vielleicht dreizehn Zentimetern Länge war. Ich schrie leise auf und fegte das Tier auf den Boden hinunter. Niemand schien es zur Kenntnis zu nehmen. Ich legte mich zurück und lachte nervös.

Das Haus wurde still. Ich hörte nur ab und zu einen Fetzen der singsangartigen Sprache der Motilonen.

Bald, so dachte ich, *werde ich sie verstehen können.*

Entmutigung

Am nächsten Tag tauschten wir Namen aus. Ich deutete auf mich selbst: „Bruce Olson", sagte ich deutlich und akzentuiert.

Die meisten Leute um mich her schauten verwirrt. Einer der Männer versuchte es nachzusprechen. „Bruchalonga."

Ich schüttelte den Kopf. „Bruce Olson. Bruuuce Ohhlson."

Er versuchte es nochmal. „Brutchko".

„Bruce Olson", sagte ich.

Er lächelte und nickte. „Brutchko", sagte er. Er drehte sich um und sagte es erfreut einem der Männer in seiner Nähe weiter. „Brutchko". Der andere probierte es aus: „Brutchko." Schnell hatte es sich in der ganzen Gruppe herumgesprochen. „Brutchko" sagten sie und zeigten auf mich.

So hieß ich von da an Brutchko.

Ich war eine Berühmtheit. Sie ahmten mein Sprechen nach, zwickten mich in die Arme, rieben meinen Bauch. Manchmal, wenn ich in meiner Hängematte lag, kamen drei oder vier Kinder zu mir hereingeklettert, plapperten und krabbelten auf mir herum, als sei ich ein großes Spielzeug.

Ich bekam reichlich geräucherten Fisch und gekochte Maniokwurzeln. Es schmeckte ausgezeichnet. Der Mann, der mich wiedererkannt hatte und der Arabadoyca hieß, brachte mir gewöhnlich das Essen in einem großen Bananenblatt. Dann stieg ich aus meiner Hängematte und fing an zu essen, während er und ein paar andere neugierige Zuschauer grinsend dabeistanden. Alles was ich tat schien sie zu interessieren. Und sie lachten, sangen oder redeten fortwährend.

Früh am Morgen gingen die Männer hinaus zur Jagd, und die Frauen begaben sich an ihre tägliche Arbeit. Die Kinder spielten Fangen oder schnitzten Pfeile und schossen damit auf verschiedene Ziele. Später kamen die Männer mit ihrer Beute zurück, und dann wurde gegessen. Alle freuten sich über den Bratenduft, und Zurufe flogen hin und her. Jede Familie kochte ihr eigenes Essen und verspeiste es mit sichtbarem Vergnügen. Wenn sie satt waren, liefen sie umher und tätschelten einander die prallen Bäuche, fast wie stolze Mütter, die ihre Babies miteinander vergleichen.

Jeder schien mich gern zu haben und ich war darüber

beglückt. Ich arbeitete schon eifrig daran, die Sprache der Motilonen zu lernen, aber ich mußte erkennen, daß es eine langwierige Sache werden würde.

In Minnesota war ich Leiter einer Jungengruppe gewesen und hatte mir dort ein Kunststückchen einstudiert, bei dem ich scheinbar ein Auge herausnahm, um es zu putzen. Mehrere kleine Jungen waren gerade in meiner Hängematte, als mir dieser Trick wieder einfiel. Ich hob sie hoch und setzte sie auf die Erde. Während ich mich auf das Kunststückchen vorbereitete, kamen mehrere andere Kinder hinzu, um zuzuschauen.

Ich legte die Finger um ein Auge und drehte sie hin und her, was ich mit einem Knirschen meiner Zähne begleitete. Dann schloß ich das Auge und tat so, als ob ich es aus der Höhle holte, es anhauchte und an meinem Hemd blankrieb. Ich setzte es wieder zurück, wo es hingehörte, drehte ein bißchen daran, damit es richtig saß und öffnete das Augenlid. Ah! So konnte ich viel besser und deutlicher sehen!

Die Kinder waren begeistert. Sie wollten, daß ich es mit dem anderen Auge ebenso machte. Das tat ich auch. Dann machte ich den Trick mit beiden Augen zugleich. Beim Wiedereinsetzen überkreuzte ich die Hände. Als ich dann die Augen wieder öffnete, blickten sie über Kreuz! Das war eine Riesensensation. Die meisten Kinder rannten weg um andere Kinder oder ihre Eltern zu holen, damit niemand die herrliche Vorführung verpaßte.

Es freute mich, daß ich so gut beim Publikum ankam. Aber während sich die Leute versammelten, kam es mir in den Sinn, daß ich meine kleine Vorstellung dazu benützen könnte, um etwas von der Sprache zu lernen. Deshalb holte ich mir von dem Ablagebrett, das an der Innenseite des Hauses entlanglief, Notizbuch und Bleistift herunter. Während ich mein Schauspielstückchen zeigte, hörte ich mir an, was die Leute sagten und schrieb es auf, so gut ich konnte. Wenn ich beide Augen herausnahm, sagten die Kinder etwas, was ungefähr bedeutete: „Nun wird er sie über Kreuz einsetzen“, und so fand ich heraus, wie die Zukunftsform gebildet wurde.

Wenn ich das Auge in den Mund steckte und – umpf – es hinunterschluckte, gab es Äußerungen der Überraschung. „Er hat es geschluckt!“ stieß ein kleiner Junge hervor. So erfuhr ich eine Vergangenheitsform.

Wenn ich das Auge ins Auge hinaufstieß, bekam ich eine

Form zu hören, die anhaltende Dauer in der Gegenwart ausdrückte.

Ich wiederholte die Vorstellung für jeden Motilonen in dem Gemeinschaftshaus dutzende Male, bis es mir grün und blau vor den Augen flimmerte. Aber mein Notizbuch füllte sich nach und nach mit Motilonenwörtern.

Andere Spiele, die mir einfielen, waren ebenfalls nützlich. Zum Beispiel hieb ich mit der Handkante auf meinen Arm, oben wo der Hemdärmel ansetzte, und zog dann den Arm aus dem Ärmel hervor, so als sei er abgebrochen. Die Motilonen lachten, hieben auf ihren eigenen Arm und zogen daran. Natürlich passierte gar nichts. Sie schauten dann höchst verwundert, und ich sagte: „Warum laßt ihr mich das nicht bei euch machen?" Sie lachten dann und sagten: „Nein, du würdest uns den Arm brechen", und rannten davon. Oder ich hielt den Oberarm steif und schwang den Arm im Kreis, so daß es aussah, als wäre der Arm im Ellbogen gebrochen und hinge nun lose herab. Die Motilonen waren natürlich höchst verblüfft, da sie den Trick nicht kannten.

Sie zeigten unglaubliche Ausdauer darin, sich diese Kunststückchen wieder und wieder anzusehen. Aber alle Spiele werden irgendwann einmal langweilig. Nach ein paar Wochen verloren die meisten Motilonen das Interesse daran, und mir ging es genauso.

Ich versuchte mehr am Leben der Erwachsenen im Gemeinschaftshaus teilzunehmen. An einem Tag sah ich Arabadoyca zu, wie er Pfeile herstellte, und ich versuchte sogar selbst einen zu machen. Ich machte natürlich alles falsch, aber Arabadoyca war ein geduldiger Lehrer. Es war zwar interessant, aber es erforderte viel Übung. Nach ein paar Tagen sah ich mich nach einer anderen Beschäftigung um.

Ich fing an, den Frauen beim Weben zuzusehen. Gewöhnlich duldeten sie es nicht, daß ein Mann bei ihnen saß und ihnen zusah, aber da ich ein Außenseiter war, nahmen sie mich eben in Kauf, obwohl sie kicherten und erröteten, solange ich da war. Weben war ein altes Hobby von mir, und es war fesselnd zu sehen, wie sie aus wilder Baumwolle Fäden spannen und diese dann zu grobem Tuch für ihre Röcke verwebten. Es war für sie ein Anlaß zur Geselligkeit und es gab genug Unterhaltung, der ich zuhören konnte. Natürlich verstand ich gar nichts, aber ich dachte, schon allein der Klang der Sprache könnte hilfreich sein. Ich wünschte, ich hätte auch einen Webstuhl gehabt. Aber ich wußte, daß dies keine gute Idee war. Wenn ich meine Zeit mit Weben verbrachte, würden mich die Männer bald meiden, weil dies Frauenarbeit war.

Wie beim Pfeilemachen ist das Zuschauen beim Weben einen, zwei, ja sogar drei Tage lang interessant. Aber danach ist es nicht mehr länger auszuhalten.

Ich hätte gewünscht, ein Tag dauerte nur drei Stunden, und die übrige Zeit könnte man verschlafen. Stundenlang lag ich tagsüber in meiner Hängematte, starrte an die Decke und wünschte mir, einschlafen zu können. Ich fing an, gleich nach dem Abendessen zu Bett zu gehen. Aber dann wachte ich immer um zwei Uhr morgens wieder auf, so daß ich beschloß abends wieder länger aufzubleiben. Also saß ich da und starrte irgend etwas an oder versuchte einem Gespräch zuzuhören, dessen Inhalt mir verschlossen blieb, bis es endlich spät genug war, schlafen zu gehen.

Ständige Niedergeschlagenheit verdüsterte meine Tage. Die Sonne schien sich am Himmel überhaupt nicht zu bewegen. Jeder Tag währte eine Ewigkeit, und ein Tag glich dem anderen.

Eigentlich hätte ich nicht unglücklich sein sollen. Die Motilonen waren ein fröhliches, sanftes Volk. Eines Tages beobachtete ich eine Mutter, die webte und dabei ihre kleine Tochter auf dem Schoß hielt. Das Mädchen patschte mit den Händen in das aufgespannte Tuch hinein, bis die Fäden völlig verwirrt waren.

Aber die Mutter schimpfte nicht einmal mit ihr. Sie schob sie lediglich beiseite, brachte den Schaden geduldig wieder in Ordnung und zeigte ihr dann, wie das Garn abgerollt werden mußte.

Ein anderes Mal sah ich, wie zwei Brüder sich stritten. Ihre Mutter, die darüber bekümmert war, hob einen Hühnerkopf auf und berührte damit ganz leicht das Bein eines der beiden Jungen. Der Junge brach in Tränen aus, weil er seiner Mutter Kummer bereitet hatte. In der ganzen Zeit bei den Motilonen war dies die strengste Form einer Bestrafung, die jemals angewandt oder benötigt wurde.

Aber es gab auch Dinge, die mir weniger gefielen. Das Gemeinschaftshaus, das rund achtzig Motilonen ein Obdach bot, hätte ein vollkommenes Beispiel gemeinschaftlichen Zusammenlebens sein müssen. Aber jede Familie ging ihre eigenen Wege. Wenn die eine Familie an einem Tag zufällig zuviel

Essen hatte, wurden die Reste weggeworfen, ohne jede Rücksicht darauf, ob die Familie neben ihr Hunger leiden mußte oder nicht. Es gab keine engen Verbindungen zwischen den einzelnen Familien. Eine Familie konnte eine ganze Zeit lang unmittelbar neben einer anderen wohnen, ohne daß auch nur die Namen ausgetauscht wurden.

Die Belegschaft des Gemeinschaftshauses wechselte ständig. Familien packten einfach ihr Zeug zusammen und gingen fort, ohne vorher irgend jemand etwas davon zu sagen. An anderen Tagen tauchten neue Familien auf und ließen sich bei uns nieder, ohne daß jemand groß Notiz von ihnen genommen hätte. Oft dauerte es mehrere Wochen, bevor man wenigstens wußte, wer sie waren.

Nie wurden Tränen vergossen, nie wurden Zeichen des Schmerzes oder der Trauer offenbar. Die Motilonen schienen diese Empfindungen nicht zu kennen. Das Lächeln und das dauernde Lachen erschien allmählich sinnlos.

Genau besehen, sind dies unzivilisierte Indianer, die Gefühle, wie ich sie habe, nicht kennen, dachte ich.

Ich hatte meine Bibel wieder und wieder durchgelesen, bis sie mir ebenfalls fast schal erschien. Ich wußte genau, wie die Verse aufeinander folgten. Ich erinnerte mich an alle Gedanken, die ich dabei gehabt hatte, und an die Gebete, die ich dann gebetet hatte. Zugegeben, es war ganz deutlich bewiesen, daß Gott diese Gebete erhört hatte. Denn schließlich war ich ja hier und lebte friedlich mit den berüchtigten Motilonen zusammen.

Aber die Begeisterung war dahin. Ich war zu den Motilone-Indianern gekommen, um ihnen von Jesus Christus zu berichten. Tat ich das etwa? Abgesehen von ein paar bruchstückhaften Wendungen, kannte ich ihre Sprache immer noch nicht.

Ich dachte an einige der großen Missionare, deren Lebensgeschichten ich gelesen hatte. Nichts aus ihrem Leben konnte mir in meiner Situation weiterhelfen. Ich konnte wohl gegen große Hindernisse angehen, aber was war gegen die schreckliche, geisttötende Langeweile auszurichten? Ich begann über die Missionare nachzudenken, die ich zu Hause in Minneapolis kennengelernt hatte, und über jene am Orinoco, deren Tun mir so fragwürdig geworden war. Nach vier Jahren gingen sie auf Urlaub in die Heimat und erzählten dort von den Leuten, die sie bekehrt hatten.

Dieser dumme Gedanke machte mich vollends elend. Ich war nun seit drei Jahren in Südamerika. Wo blieben meine Bekehrten? Da gab es freilich meine Freunde an der Universität, aber ich konnte sie nicht als Neubekehrte bezeichnen. Sie waren ganz einfach nur Freunde gewesen, bei denen sich eine Gelegenheit ergeben hatte, meinen Glauben mit ihnen zu teilen.

Jetzt nach drei Jahren hatte ich kein Geld, keine Missionsgesellschaft, die mir den Flug in die Heimat bezahlen würde. Tatsächlich war der einzige Ort auf der Welt, wo ich sicher sein konnte, etwas zu essen zu bekommen, im Dschungel bei den Motilonen.

So verlor ich den Mut. Jeden Morgen schreckte mich der Gedanke ans Essen, das genauso fade oder noch eintöniger als das der Yukos schien. Ohne Salz und Zucker konnte es auf die Dauer einfach nicht besonders schmecken. Oftmals, wenn es nur Affenfleisch oder Käferlarven gab, mußte ich alles wieder erbrechen. Ich bekam immer mehr Flöhe und hatte einen Hautausschlag von der ständigen Unsauberkeit.

Und warum war die Sprache so kompliziert? Ich hatte in den ersten paar Tagen geglaubt, Fortschritte zu machen, aber nun schien sie schwieriger zu sein als die Sprache der Yukos.

Ich wollte nicht drei Monate ohne jede Unterhaltung und Verständigung verbringen, wie damals bei den Yukos. Ich war ständig auf der Suche nach Abkürzungsverfahren, aber es gab keine.

Eines Morgens, als mir der Überfluß an unausgefüllter Zeit vollkommen auf die Nerven ging, stieg ich aus meiner Hängematte und trat hinaus ins Freie. Als ich mich bückte, um aus der Tür zu schlüpfen, rutschte ich aus und wäre beinahe hingefallen. Ich war in einen menschlichen Kothaufen getreten. Ich kratzte das Zeug von meinen Schuhen, so gut ich konnte, ging dann ein Stück weiter zu einem Baumstumpf und setzte mich. Es war ungefähr elf Uhr. Die Sonne stand im Zenit, es war heiß und schwül. Es gab in der Nähe des Gemeinschaftshauses keine schattigen Bäume. In der heißen Mittagssonne schwirrten Fliegen um andere Kothaufen.

Warum mußten die Leute in unmittelbarer Nähe des Eingangs ihre Bedürfnisse erledigen? Konnten sie nicht woanders hingehen, wo niemand belästigt wäre?

Gerade in diesem Moment kam eine der Frauen an die Tür und warf einen Haufen Abfall heraus: Bananen- und Ananasschalen und alles, was von den Affen und Fischen, die wir gegessen hatten, übrig geblieben war.

Für ihre Begriffe hatte sie sich natürlich hygienisch verhalten. Eine andere Frau hatte ihren Abfall eine ganze Woche lang nicht hinausgeworfen. Er war auf dem Boden herumgelegen, bis Schimmelpilze auf ihm gewachsen waren.

Wie ekelhaft dreckig es hier war! Mich würgte es in der Kehle. Ich schloß die Augen, um nichts mehr sehen zu müssen.

Eine alte Frau kam aus dem Haus und ging auf mich zu, ihr Gesicht zeigte ein breites, zahnloses Grinsen. Sie strich freundlich plappernd um mich herum. Sie roch schlecht. Mein Blick fiel auf ihr verfilztes, dichtes, schwarzes Haar. Läuse krochen darin herum. Ihre Brüste hingen schlaff herunter.

Ich stand auf und ging von ihr fort. Mir war ganz elend. Sie folgte mir, legte ihre Hände um meine Hüften und umarmte mich. Dann lachte sie – das sinnlose Lachen einer Wahnsinnigen. Ich schaute auf ihre Hände. Sie waren völlig verdreckt. Ich schob sie sachte und widerwillig weg von mir. Dann ging ich ein kleines Stück in den Dschungel hinein. Sie folgte mir in einiger Entfernung kichernd nach.

Ich konnte ihr nicht einmal sagen, daß sie verschwinden solle. So etwas Einfaches, aber ich konnte nicht einmal das sagen. Keine Menschenseele hier konnte mich verstehen.

Wie lange sollte das so gehen? Drei Monate lang? Oder vier? Würde ich mich nach einem Jahr gut verständigen können?

Es gibt ein altes geistliches Lied, das sagt: „Wenn du nicht das Kreuz tragen kannst, kannst du auch nicht die Krone tragen." Ich erkannte, daß ich das Kreuz nicht wollte. Ich wollte die Krone mit all ihren Juwelen, ohne jemals das Kreuz tragen zu müssen.

Als ich wieder zu der alten Frau hinsah, war ich mir nicht einmal mehr sicher, ob ich die Krone wollte.

Ein Bündnisbruder oder Bruderbund

Ich lag in meiner Hängematte und schaute zu, wie die Schaben an der Decke herumkrabbelten. Was sollte ich heute tun? Konnte ich irgend etwas dazu beitragen – überhaupt irgend etwas tun – diesen Leuten zu helfen?

Ein Junge brachte mir etwas zu essen. Ich ließ mich aus der Hängematte gleiten. Ich hatte keinen Appetit.

Der Junge schaute mich mit einem breiten Lächeln an – einem reizenden Lächeln – und ich erkannte ihn als den, der mir schon ziemlich oft das Essen gebracht hatte.

Ich kauerte mich nieder, um zu essen, und er blieb noch da. Mit einer Geste forderte ich ihn auf sich hinzusetzen, und er tat es. Er war dunkel und muskulös und schien ungefähr dreizehn Jahre alt zu sein, da er noch nicht das schmale Lendentuch trug, das bei den Motilonen einen Mann auszeichnet.

Ich bot ihm etwas von dem Essen an, aber er lehnte es ab.

„Wie heißt du?“ fragte ich.

„Cobaydra“, sagte er.

Damit war mein Wortschatz ungefähr erschöpft. Ich war nun schon fast ein ganzes Jahr lang bei den Motilonen. Wir saßen da und schauten einander an, während ich aß. Die ganze Zeit über blieb das Lächeln auf seinem Gesicht. Ich war fast versucht, ihn zu umarmen.

Es war der Tag für einen großangelegten Fischfang. Ich war noch nie dabei gewesen, aber diesmal kam Cobaydra zu mir, als die Männer und Frauen aufbrachen. Er nahm mich am Arm. „Komm mit!“ sagte er.

Der Fluß war ungefähr vier Meilen entfernt. Als wir dort ankamen, war ich schon müde. Der Fluß war breit und seicht und wurde in der Mitte durch eine große Sandbank geteilt. Es war ein heißer Tag, und es würde mir guttun etwas zu schwimmen. Außerdem war ich so schmutzig! Aber niemand hielt an. Die Männer gingen flußaufwärts, während sich die Frauen flußabwärts in Marsch setzten. Ich zögerte und folgte dann den Männern. Sie waren schon außer Sicht. Ich kämpfte mich durch Brombeersträucher hindurch, um dorthin zu gelangen, wo ich ihre Rufe hörte.

Als ich sie wieder sehen konnte, waren sie bereits dabei, riesige Felsbrocken zur Flußmitte zu tragen, um einen Damm zu bauen. Ich wollte ihnen dabei helfen, deshalb watete ich ins Wasser hinein und versuchte einen Stein hochzuheben, der in der Größe denen glich, die sie wegschleppten. Ich konnte ihn nicht von der Stelle rühren. Ich zerrte und drückte an ihm herum, aber er ließ sich nicht bewegen.

Na ja, dachte ich, *dieser Steinbrocken muß wohl schwerer sein als ihre.*

Als ich mich nach einem kleineren Stein umsah, zuckte ich zusammen. Direkt hinter mir stand Cobaydra und wieder war dasselbe nette Lächeln auf seinem Gesicht. Er ging an mir vorüber, hob den Felsbrocken spielend hoch, trug ihn hinüber und setzte ihn zu den anderen Steinen. Ich war sehr enttäuscht, aber er lächelte mich an, ließ seine Muskeln spielen und lachte dabei. Ich lachte ebenfalls. Wir begannen gemeinsam zu arbeiten.

Fast der ganze Morgen verstrich, bis der Damm gebaut war. Als alle Steine an ihrem Platz saßen, brachen wir große Blätter von den Bäumen und bedeckten die Steine damit. Das Wasser wurde dadurch auf die andere Seite der Sandbank umgeleitet. Inzwischen hatten die Frauen weiter unten am Fluß einen kleinen Damm gebaut, damit die Fische nicht flußabwärts entkommen konnten.

Dann nahmen die Männer lange, bleistiftdünne Speere zur Hand, rannten damit den Fluß auf und ab und stießen treffsicher nach den Fischen. Sie schrien und lachten, während sie durch das Wasser rannten und an ihren Speeren große zappelnde Fische mitbrachten. Ich saß am Ufer, sah ihnen zu und ließ mich von der Sonne trocknen. Cobaydra kam zu mir her und bot mir seinen Speer an. Er wollte, daß ich es auch versuchte.

Ich schüttelte den Kopf: *Nein!*

Cobaydra nickte mit dem Kopf: *Doch!* Sein Lächeln war so unwiderstehlich, daß ich es ihm nicht abschlagen konnte.

Er folgte mir ins Wasser, das nun vom Herumplanschen trübe und braun geworden war. Ich konnte nirgendwo einen Fisch sehen.

Cobaydra faßte mich am Arm und zeigte in den Fluß. Ich schaute genau hin, konnte aber nichts sehen. Er zeigte beharrlich darauf. Schließlich entdeckte ich den Fisch. Vorsichtig hob ich den Speer, zielte und schleuderte ihn.

Der Speer zwirbelte, kam seitwärts auf und klatschte ins Wasser. Der Fisch schwamm davon. Mißmutig griff ich den

Speer und gab ihn Cobaydra. Noch immer lächelnd drückte er ihn mir wieder in die Hand.

„Nimm ihn“, sagte er. „Versuch es nochmal.“

Ich hatte einen Freund gewonnen. Von diesem Tag an wurde vieles besser. Cobaydra brachte mir fast jeden Tag das Essen, und ich freute mich immer darauf, mit ihm zusammenzusitzen und zu essen. Er nahm mich mit, wenn die Männer zur Jagd gingen, und damit hatte ich mehr Beschäftigung. Außerdem wurde ich mit den Unternehmungen und dem Zeitvertreib der Männer vertraut. Das Jagen machte großen Spaß, besonders wenn Cobaydra mit mir zusammen durch den Dschungel pirschte.

Ich wollte Cobaydra und den Männern zeigen, daß ich echtes Interesse am Jagen hatte. Ich konnte es ihnen nicht direkt sagen, weil mir die richtigen Worte dazu fehlten. Deshalb schrie und johlte ich besonders auffällig, wenn sie es auch taten, rannte hinter ihnen her und ahmte ihre Ausdrücke nach.

Eines Morgens war ich so heiser vom Krakeelen, daß ich zuerst kaum ein Wort herausbringen konnte. Später war meine Stimme tiefer als gewöhnlich. Nachmittags bekam ich Hunger und bat deshalb Cobaydra um eine Banane. Er ging hinaus und kam mit einer Axt zurück. Ich wußte mir darauf keinen Reim. Ich war sicher, daß ich das richtige Wort für Banane gebraucht hatte. Deshalb bat ich ihn noch einmal um eine Banane und Cobaydra reichte mir wieder die Axt.

Dann kam mir ein verrückter Gedanke. Ich hielt mir die Nase zu und wiederholte das Ganze noch einmal, diesmal mit einer hohen Stimme. Nun holte mir Cobaydra eine Banane.

Die Motilonen hatten eine Sprache mit verschiedenen Tonhöhen! In sämtlichen Linguistikbüchern war zu lesen, daß es in Südamerika keine tonalen Sprachen gab. Nun mußte ich also eine solche Sprache lernen, bei welcher sich die Bedeutung der Worte auch aus der Tonhöhe ergibt. Ohne meine Flöte konnte ich nicht einmal eine Melodie in richtiger Höhe halten. Wie sollte ich es jemals schaffen, diese Sprache zu erlernen?

Aber in Cobaydra hatte ich jemanden zur Seite, mit dem ich ohne Verlegenheit reden konnte. Stundenlang lagen wir nebeneinander in Hängematten oder kauerten irgendwo auf dem Boden. Ich schrieb auf, was er sagte, und so vergrößerte sich mein Wortschatz allmählich.

Cobaydras Vater war ein bemerkenswertes Mitglied des Stammes. Er war der einzige Motilone mit weißem Haar. Da er unsere Freundschaft bemerkte, ermutigte er uns, unsere Zeit miteinander zu verbringen.

Eines Tages kam er zu mir und bat mich ihm zu folgen. Wir gingen hinaus ins Freie. Cobaydra wartete dort auf uns und machte einen nervösen Eindruck.

Es waren noch zwei andere Männer dabei. Sie gingen in den Dschungel hinein ohne ein Wort zu wechseln. Ich folgte ihnen. Was ging da vor sich? Wir gingen ungefähr eine Viertelstunde lang, bis wir eine kleine Lichtung erreichten.

Cobaydras Vater brachte feierlich ein Lendentuch zum Vorschein, und mir kam mit einem leichten Schauder zu Bewußtsein, daß dies die Zeremonie war, durch die Cobaydra in den Kreis der Männer aufgenommen wurde.

Alles was ich wußte, war, daß an einem Tag ein Junge bei den Motilonen noch ein Junge war, und daß er am nächsten Tag einen Lendenschurz trug und als Mann angesehen wurde.

Eine kurze Zeremonie fand statt, dann legte Cobaydra den Streifen an. Er lächelte, es war fast ein Lachen . . . . und er war richtig stolz.

Sein Vater wandte sich an uns drei, die dabei zusahen: „Sein Name ist Bobarishora." Dann sagte er, indem er sich mir zuwandte: „Jetzt, da er ein Mann ist, wird er nicht mehr Cobaydra heißen. Er heißt nun Bobarishora."

Ich versuchte den Namen nachzusprechen, verrenkte mir aber fast die Zunge dabei.

„Bobarishora", wiederholte sein Vater ganz langsam. Ich schaute Bobarishora an. Er lächelte. Ich versuchte erneut, seinen neuen Namen auszusprechen. „Bobbishow". So klang es für mich. „Bobbishow". Dann kürzte ich es ab.

„Bobby", sagte ich und lachte. Der Name schien zu seinem angenehmen, lebenslustigen Wesen zu passen.

Die anderen sagten es nach. Sie mochten den Namen, und später übernahm ihn der ganze Stamm. Bobarishora wurde als Bobby bekannt, obwohl natürlich Bobarishora sein voller Name blieb.

Es war bedeutsam, daß ich zu Bobbys Aufnahmezeremonie eingeladen worden war, da solche Rituale nur dem engsten Familienkreis und ein paar wenigen Freunden vorbehalten waren. Jedoch kannte ich die Kultur der Motilonen nun schon gut genug, um zu bemerken, daß etwas fehlte. Gewöhnlich wurde mit einem der Anwesenden ein besonderes Bündnis geschlossen. In meinem Fall war dies nicht geschehen.

Die Sozialstruktur der Motilonen beruht auf Bündnissen zwischen Familien. Wenn man mit jemandem ein Bündnis schließt, bedeutet dies, daß man bereit ist, alles miteinander zu teilen: Essen, Obdach und Familie. Es bedeutet sogar noch mehr. Die Verbündeten werden Brüder.

Ich hatte schon früher Gelegenheit gehabt, zu beobachten, wie Bündnisse geschlossen wurden. Ein Teil der Zeremonie verlangte, daß die Beteiligten Pfeile miteinander austauschten. Ich wollte mit Bobby ein Bündnis schließen, und ich spürte, daß er es ebenfalls wollte. Aber ich konnte noch nicht gut genug Pfeile schnitzen, und der Austausch von Pfeilen war ein wichtiger Anfang der ganzen Beziehung.

Ich bat Bobbys Bruder darum, mir einige Pfeile zu machen und das Bündnis für mich zu arrangieren. Als der Zeitpunkt der Bündniszeremonie näherrückte, wurde ich doch tatsächlich ganz aufgeregt. Ich wünschte mir sehr, daß es Bobby gefallen möge, und ich fürchtete mich einen Fehler zu machen.

Aber alles ging gut. Ich streckte meine Pfeile Bobby entgegen, und er ergriff sie und tat so, als nehme er sie mit aller Sorgfalt in Augenschein. „Das sind wunderbare Pfeile", sagte er feierlich. „Ich nehme dich als meinen Bruder an."

Dann empfing ich seine Pfeile. Sie waren lang und schwer, und in ihre Schäfte waren herrliche Muster geschnitzt. Ich konnte erkennen, daß Bobby, der schon sein ganzes Leben lang Pfeile angefertigt hatte, auf diese hier ganz besondere Sorgfalt verwandt hatte.

Wir sangen das traditionelle Lied der Bruderschaft, und die Anspannung wich von mir. „Wir sind Brüder", sang ich, und lächelte ebenso strahlend und frei wie Bobby. „Wir sind Brüder, und nichts auf der Welt kann uns trennen."

Wir verbrachten immer mehr Zeit zusammen. Wenn ich das Gemeinschaftshaus verließ, um die Pfade der Motilonen entlangzuwandern, folgte mir Bobby, ohne daß es eines Wortes bedurft hätte. Dahinter steckte eine tiefe Bedeutung. Es hieß, daß er mich als seinen Führer, seinen persönlichen Häuptling akzeptierte. Oft gingen wir zusammen auf die Jagd. Eines Tages trat ich mit dem Fuß in einen fingerlangen Dorn. Als ich den Fuß aus meinem Tennisschuh zog, spritzte das Blut nach allen Seiten. Bobby rannte um mich herum und stieß unterdrückt klagende Laute aus, bis ich aufhören konnte zu schreien und das Blut stillen konnte. Motilonen zeigen ihren Schmerz nie, aber Bobby hatte mir sein Mitempfinden bewiesen und hatte mir helfen wollen.

Einige Wochen später, als wir durch den Dschungel gingen, blieb Bobby plötzlich hinter mir stehen, ohne ein Wort zu sagen. Ich bemerkte nicht gleich, daß er stehengeblieben war, weil er so leise ging. Als ich es merkte, drehte ich mich um. Er sah etwas erschüttert aus, und sein Mund war geöffnet, als wolle er reden.

„Bobby", sagte ich, „was ist los?"

„Nichts", murmelte er leise. Ich zuckte die Achseln und ging weiter. Wir setzten unseren Weg fort, ohne daß einer von uns etwas sagte. Das Schweigen zerrte an den Nerven. Ich fragte mich, was nicht in Ordnung war.

Dann hörte ich hinter mir seine Stimme. „Brutchko, ich heiße ‚In den Himmeln'."

Ich drehte mich um, wußte aber nicht, was ich damit anfangen sollte. Er stand ganz still da, mit leicht geöffnetem Mund, als habe er soeben ein Gespenst gesehen. Ich sah, was immer er auch meinen mochte, es war äußerst wichtig. Aber ich verstand nicht, was er meinte.

„Das ist mein Name", sagte er.

„Aber heißt du denn nicht Bobarishora?"

Er schüttelte den Kopf. „Nein. Mein echter Name ist ‚In den Himmeln'. Das ist mein geheimer Name."

Dann erklärte er mir, daß jeder Motilone einen geheimen Namen besitzt, der seine eigentliche Persönlichkeit kennzeichnet. Nur sein Vater und manchmal einige Freunde kennen diesen Namen. Er ist geheim, da er der Person, die ihn kennt, uneingeschränkte Macht über den Träger des Namens einräumt.

„Und du verrätst ihn mir?" sagte ich. „Du sagst mir deinen geheimen Namen und gibst mir Macht über dein Leben?"

Er nickte. Wir standen da und schauten einander an. Es war einer der ernstesten Augenblicke in meinem Leben.

Dann erschien das alte Lächeln wieder auf Bobbys Gesicht. Ich streckte die Arme aus und faßte ihn an den Schultern. Ich weinte.

Den ganzen weiten Weg nach Südamerika, nach Kolumbien und bis in den Dschungel war ich gekommen und hatte immer gespürt, daß ich etwas brauchte, was ich jedoch nicht zu finden gewagt hätte: einen echten Freund. Jemand, der mir ein Bruder sein könnte. Ein Blutsbruder. Ich hatte ihn gefunden. Unser Alter war verschieden, unsere Sprachen waren es, unsere Hautfarbe, unsere Überzeugung, unser Glaube, alles. Aber wir hatten etwas Großes gemeinsam: Eine tiefe brüderliche Liebe. Ich wußte nicht, wohin das uns führen würde. Aber Gott hatte sie unseren Herzen eingepflanzt.

Als Menschenfresser verkannt

Nachdem Bobby und ich Brüder geworden waren, war der Schmutz noch immer da, bissen die Flöhe noch immer, die Insekten übertrugen weiterhin Krankheiten, und ich bekam noch immer Durchfall. Aber diese Dinge schienen mehr und mehr an Bedeutung zu verlieren.

Man hatte mich angenommen. Ich hatte eine Familie.

Bobby und ich begannen den verschiedenen Gemeinschaftshäusern Besuche abzustatten. Es war großartig, wenn wir zusammen unterwegs waren. Der Dschungel schien noch herrlicher zu sein, als er es ohnehin ist, wenn wir zusammen seine Pfade entlangmarschierten, miteinander redeten und sangen.

Die Gemeinschaftshäuser der Motilonen sind über ein großes Gebiet verstreut. Manchmal brauchten wir mehrere Tage, um von einem Haus zu dem anderen zu gelangen. Bobby war einer der stärksten jungen Krieger unter den Motilonen und das Tempo, das er anschlug, war viel zu schnell für mich. Wenn er merkte, daß ich erschöpft war, hielt er an ohne etwas zu sagen, und wir ruhten uns aus.

Aber er war stolz. Er war nicht bereit, sich von irgend jemand irgend etwas schenken zu lassen. Wenn wir in ein Gemeinschaftshaus kamen, wartete er manchmal mehrere Tage lang, bevor er die angebotene Nahrung annahm. Essen war ein Zeichen von Schwäche, und Schwäche durfte nicht geduldet werden.

„Bobby, warum ißt du nichts?" fragte ich ihn.

„Ich habe keinen Hunger", antwortete er.

Bobby war so sehr darauf bedacht, immer stärker als alle anderen zu sein, daß er bei den anderen Motilonen nicht immer beliebt war. Gegen sich selbst war er unerbittlich. Aber mir gegenüber war er freundlich und rücksichtsvoll.

Einmal kamen wir von einer Wanderung zurück und mußten erfahren, daß sein Vater in der Zwischenzeit gestorben war. Bobby teilte mir dies mit ohne Betroffenheit zu zeigen. Ich war verletzt und verwundert. Er war solch ein guter alter Mann gewesen. Er hatte mich in seine Familie aufgenommen. Er hatte meine Freundschaft mit Bobby unterstützt. Nun war er tot. Er war während der Nacht gestorben. Seine Leiche lag noch immer in der Hängematte.

Niemanden schien dies zu kümmern. Es war das erste Begräbnis, das ich bei den Motilonen miterlebte, und ich konnte nicht fassen, wie gefühllos sie alle waren. Die Leiche wurde in eine Hängematte gewickelt, und dann trugen sie einige Männer hinaus in den Dschungel. Dort hängte man sie hoch oben in die Bäume. Bald schon kamen die Geier zum Fraß herbeigeflogen.

Es wurden keine Tränen vergossen. Es schien, als sei nichts geschehen. Ich schrieb in mein Notizbuch: „Diese Leute sind eisenhart. Der Tod hat für sie keine große Bedeutung. Ein übernatürlicher Bereich macht ihnen nicht den geringsten Eindruck. Die Tatsache, daß dieser Mann nie mehr über die Erde gehen wird, scheint auf ihr Leben keine Auswirkung zu haben. Wie soll ich sie jemals mit der Botschaft von der Liebe Jesu Christi erreichen, wenn sie nicht einmal versuchen einander zu lieben?“

Überall, wo ich im Gebiet der Motilonen hinkam, hörte ich den Namen Abaratatura. Von ihm wurde immer mit Ehrfurcht und Respekt geredet. In der Sprache der Motilonen hat der Name einen ganz besonders eindringlichen, fast magischen Klang. Schließlich fragte ich Bobby, wer er war.

Bobby runzelte die Stirn. „Er ist ein großer Jäger und Krieger, der von allen Motilonen sehr verehrt wird. Man könnte sagen, daß er der Oberste aller Häuptlinge ist.“

„Wo wohnt er?“

„In Corroroncayra. Das ist weit weg von hier im Gebirge.“

„Bobby, warum besuchen wir ihn nicht? Ich würde ihn gerne kennenlernen.“

Bobby lachte und schüttelte den Kopf. „Willst du umgebracht werden? Er haßt die Weißen.“

Der Gedanke daran ging mir ziemlich unter die Haut. Ich hatte fast vergessen, daß die Motilonen Leute umbrachten, daß ich Feinde haben könnte.

Eines Tages redete ich mit Arabadoyca. Wir lagen in unseren Hängematten, und plötzlich fiel mir ein, daß ich von ihm Näheres über Abaratatura erfahren könnte. „Warum sollte er mich töten wollen? Er muß inzwischen erfahren haben, daß ich nicht gefährlich bin. Sicher hat er gehört, daß ich hier lebe.“

„Er hält dich für einen Menschenfresser mit der Zauberflöte!“ sagte Arabadoyca. „Deshalb wird er dich töten bevor du ihn umbringen kannst.“

„Was?“ sagte ich. „Wie war das?“

Arabadoyca streckte sich. „Man sagt, daß die Zeit kommen wird, in der ein weißer Mann mit einer Zauberflöte zu den Motilonen kommen und ihnen darauf vorspielen wird. Er wird alle Motilonen in eine Falle locken, und sie werden bei lebendigem Leibe aufgefressen werden.“ Ich wußte, daß Motilonen eine Unzahl von Überlieferungen besaßen, von denen ich bisher nur ein paar kannte. Diese hier war neu für mich.

„Und deshalb haßt mich Abaratatura also? Er glaubt, ich sei ein Menschenfresser?“

„Nun, du kannst Flöte spielen, oder etwa nicht?“ Er lachte. „Aber es ist egal; wir anderen glauben nicht, daß du der Menschenfresser bist. Zuerst glaubten wir, du wärest es. Um es genau zu sagen: Abaratatura hatte sich auf den Weg gemacht, um dich zu töten, als du damals beim ersten Mal plötzlich verschwunden warst. Am Tag nach deiner Flucht kam er bei uns an.“

Ich erinnerte mich wieder an jene Nacht, als ich, krank wie ich war, nachts aus dem Haus geschlichen war und mich dabei gefragt hatte, warum um alles in der Welt ich das tat. Nun konnte ich erkennen, daß Gott diesen Zwang zur Flucht in mir geweckt hatte, um mein Leben zu retten.

„Als durch dich kein Unheil über uns kam“, fuhr Arabadoyca fort, „glaubten die meisten von uns, daß du in Ordnung bist. Manche von uns glaubten sogar, daß du uns den Bananenstengel von Gott bringen würdest.“

„Was ist das?“

„Es gibt eine Prophezeiung, die besagt, daß ein großer gelbhaariger Mann mit einem Bananenstengel zu uns kommen wird. Und aus diesem Bananenstengel wird Gott herauskommen.“

„Und glaubst du, daß ich das sein könnte?“

Er zuckte die Achseln. „Du hast keinen Bananenstengel bei dir, oder?“

„Nun ja“, sagte ich, „zurück zu Abaratatura. Ich würde ihn gerne besuchen.“

Arabadoyca schüttelte den Kopf. „Du kannst nicht zu ihm gehen. Er würde dich umbringen!“

Nachdem ich mir diese Idee nun aber in den Kopf gesetzt hatte, konnte ich nicht mehr von ihr loskommen. Einige Wochen später ging eine Abordnung der Männer nach Corroroncayra, um Abaratatura einen Besuch abzustatten, und ich fragte sie, ob ich mitkommen könne. Sie schlugen es ab, aber ich blieb dabei. Widerwillig stimmten sie zu. Es war eine weite Reise. Wir schlugen ein rasches Tempo an und legten keinen Halt zum Essen ein. Wir lebten von ungekochten Maniokwurzeln, von Eidechsen und Käfern. Nach acht Tagen bekam ich stechende Schmerzen in der Brust und mußte mich jedesmal erbrechen, wenn ich etwas essen wollte. Mein Mund war trokken und pelzig. An jedem Fluß trank ich soviel Wasser, daß mein Magen zu platzen schien, aber trotzdem hatte ich keinen Speichel mehr im Mund. Der neunte Tag schien endlos. Schließlich mußte ich, als noch mehrere Stunden Marsch vor uns lagen, meine Begleiter darum bitten, für den Rest des Tages eine Rast einzulegen.

Ich versuchte etwas von dem zu essen, was mir Arabadoyca brachte, aber ich mußte alles sofort wieder erbrechen. Ich konnte mir nicht denken, welche Krankheit das war. Im Geist durchforschte ich meine medizinischen Bücher und versuchte die Symptome einem Krankheitsbild zuzuordnen.

Arabadoyca kam zu mir her und faßte mich an den Schultern. Sein schiefes Lächeln schien verzerrt und weit weg zu sein, wie eine Traumgestalt.

„Brutchko", sagte er, „deine Augen sehen wunderbar aus! Wie hast du es gemacht, daß sie eine solch schöne Farbe bekamen?"

Ich brauchte einen Augenblick, bis ich begriff, was er meinte. Sein Gesicht schien vor mir hin und her zu tanzen. „Was für eine Farbe?" fragte ich.

„Weißt du es nicht? Sie sind gelb, ein herrliches Gelb. Können wir unsere Augen auch so färben?'

Gelbe Augen. Leberentzündung! Ich brauchte mehr als nur Gelegenheit zum Ausruhen. Ich mußte einen Arzt und Medikamente haben.

Aber man brauchte allein acht Tage zum Fluß zurück, und dann nochmals eine Woche, bis ein Floß gebaut war, mit dem man die Zivilisation erreichen konnte. Bis dahin würde ich nicht mehr am Leben sein.

Aber konnte ich weitergehen? In Corroroncayra würde ärztliche Hilfe genauso unerreichbar sein. Und dort bestand die Möglichkeit, daß man mich kurzerhand umbrachte. Ich war gewiß nicht stark genug, um zu kämpfen.

Weder so noch so gab es eine Hoffnung. Die Stämme der

Dschungelbäume schwankten vor mir hin und her. Ich war krank, und nun, so dachte ich mutlos, mußte ich sterben.

Ich dachte daran, was ich Gott gelobt hatte, als ich ein Gefangener der Yukos gewesen war. Ich hatte versprochen, mein Leben fortan allein von Gott bestimmen und leiten zu lassen. Wohin führte mich nun sein Wille?

Ich entschied, daß ich weitergehen mußte. Mein Leben lag in Gottes Hand. Er mußte damit tun, was ihm gefiel.

Die nächsten Tage verbrachte ich wie in Trance. Meine Haut färbte sich dunkelgelb. Jeder Schritt kostete mich unendliche Mühe. Ich taumelte und kämpfte ständig um das Gleichgewicht. Einmal wurde ich ohnmächtig, und als ich wieder aufwachte, lag ich auf dem Pfad und die Motilonen hatten mich umringt. Ich rappelte mich auf und marschierte weiter. Ein paar Stunden später wurde ich erneut ohnmächtig. Als ich wieder zu Bewußtsein kam, kniete einer der Männer – ein Zauberdoktor – neben mir und leierte einen eintönig heulenden Singsang. Ich hatte Angst, war aber zu schwach, um mich zu bewegen. Sein Gesicht kam näher heran. Es schien groß und unmenschlich. Er nahm ein Messer und brachte mir damit auf der Stirn einen Schnitt bei. Ich konnte das Blut über mein Gesicht herabrinnen sehen, aber ich konnte mich nicht rühren.

Er nahm eine Kürbisflasche, schüttelte ein helles Pulver heraus und rieb es in die Schnittwunde, wobei er ständig seine Beschwörungen vor sich hinsang. Es gelang mir, meine Hände über den Kopf zu erheben und seine Hand festzuhalten. Ich sagte ihnen, ich glaubte nicht, daß die Medizin bei mir wirken würde, da ich kein Motilone sei. Ich bat sie, ihn dazu zu bringen, mich in Ruhe zu lassen. Der Zauberdoktor beugte sich noch immer über mich, und meine Arme, die versuchten ihn abzuhalten, zitterten während ich redete.

Sie beratschlagten darüber. Der Medizinmann war nicht erfreut über meine Haltung. Aber sie entschieden, daß er lieber von einer Behandlung absehen solle, solange ich nicht damit einverstanden sei.

Zwei Motilonen nahmen mich unter die Arme und schleppten mich mit. Meine Beine schleiften auf dem Boden. Von Zeit zu Zeit verlor ich das Bewußtsein. Der Pfad schien endlos. Tag für Tag zogen wir weiter, wobei mich die Motilonen abwechslungsweise trugen. Ich konnte nur ganz am Rande erfassen, was überhaupt vor sich ging. Manchmal ließ ich mich auf den Boden fallen, und mein Körper streckte sich dann flach aus, als sei er völlig unabhängig von meinem Willen. Dann wurde ich unter die Schultern gepackt und hochgezogen und stolperte weiter. Es tat weh. Ich öffnete meinen Mund um zu schreien, aber ich konnte keinen Ton hervorbringen.

Am Ende der zweiten Woche kamen wir in Corroroncayra an. Einige Meilen vom Gemeinschaftshaus entfernt wurden wir von einer Gruppe Männer empfangen. Sie hatten den Auftrag mich umzubringen. Der Häuptling hatte erfahren, daß ich auf dem Weg zu ihm sei, und war außer sich vor Zorn. Die Diskussion, die nun entstand, hörte ich, aber sie schien weit weg. Ich hörte mir jede Meinung ganz sachlich an. Es war mir gleich, ob ich sterben mußte.

„Er ist krank“ sagte Arabadoyca zu ihnen. „Ihr könnt doch nicht einen kranken Mann umbringen. Und überhaupt, er ist ein guter Mensch. Er wird euch kein Leid zufügen.“

Sie nahmen mich genau in Augenschein. Es gab keinen Zweifel daran, daß ich krank war. „Okay“, sagte einer der Männer, „wir werden ihn zu Abaratatura bringen.“

Erneut wurde ich an den Armen gepackt und einen Pfad hügelaufwärts geschleppt. Oben betraten wir eine Lichtung. Ich sah das Motilonenhaus. Ein Mann trat aus einer der Eingänge. „Werft ihn hin!“ sagte er. „Laßt den Menschenfresser fallen!“

Es war Abaratatura. Arabadoyca stellte sich zwischen ihn und mich. „Du kannst ihn nicht töten“, sagte er. „Er liegt gerade im Sterben.“

Die Motilonen töten nie ein Lebewesen, das sowieso bald einen natürlichen Tod sterben muß. Sie glauben, daß dies einen Fluch auf ihre Pfeile herabbeschwöre, so daß sie mitten im Flug brechen würden und die Motilonen verhungern müßten.

Der Gedanke daran ließ Abaratatura in seinem Vorhaben einhalten. „Was soll das heißen, daß er im Sterben liegt?“ fragte er. „Natürlich wird er sterben, wenn ich einen Pfeil durch ihn hindurchjage.“

„Und deine Leute werden dann verhungern müssen“, sagte Arabadoyca. „Über ihre Pfeile wird ein Fluch kommen. Dieser Mann liegt im Sterben.“

Abaratatura trat zu mir heran. Er konnte Arabadoyca nicht widersprechen. Er spuckte aus, sah mich angewidert an und befahl seinen Männern, mich in eine Hängematte zu legen. Er sagte kein Wort zu mir. Er hatte ein königliches Auftreten, und seinen Befehlen wurde augenblicklich Folge geleistet.

Zwei Wochen lang lag ich in seinem Gemeinschaftshaus und schlief fast ununterbrochen. Wenn ich zwischendurch einmal aufwachte, betete ich, wieder einschlafen zu können. Wie mit Messern wühlten die Schmerzen in mir.

Ich muß sterben, dachte ich. Ich hatte keine Angst. Es schien interessant zu sein. *Ich werde gleich sterben. Ich bin gespannt, wie das ist.*

Dieser Gedanke kreiste unaufhörlich in meinem Kopf.

Eines Nachmittags wurde ich durch einen plötzlichen Aufruhr wachgerüttelt. Kinder rannten umher, Frauen kreischten. „Die Flöte kommt! Der Menschenfresser wird uns verschlingen!“, hörte ich jemanden schreien. Die Leute strömten durch die Ausgänge ins Freie, stießen und drängelten sich, um sich schneller verstecken zu können. Abaratatura nahm seinen Bogen zur Hand und kam auf mich zu.

„Wir sollten den Menschenfresser töten, ehe man ihm die Flöte bringt“, sagte er.

Ich konnte den Lärm hören, vor dem sie davonrannten. Ich brauchte einige Minuten um zu erkennen, was es war. Es war das Geräusch eines Hubschraubers. Was hatte er hier zu suchen?

Der Lärm kam immer näher. Abaratatura zögerte erschreckt, wollte mich aber immer noch töten. Dann hielt er es jedoch nicht mehr aus und rannte hinaus. Nun war nur noch Arabadoyca im Haus. Seine Augen waren weit vor Angst, er war auf dem Sprung ebenfalls wegzurennen. Er dachte, ich hätte ihn getäuscht und betrogen.

„Bitte, nimm mich hinaus“, sagte ich. Meine Stimme war nur ein heiseres Flüstern.

Er zögerte zunächst, zerrte mich dann aber unter großer Anstrengung aus der Hängematte, trug mich hinaus und setzte mich auf der Lichtung ab. Dann rannte er in den Dschungel hinein.

Ich sah den Hubschrauber, konnte aber nicht die Arme erheben zum Winken. Ich konnte nur hoffen, daß der Anblick eines blonden Mannes den Piloten so überraschen würde, daß er tiefer herunterkäme, um sich das Ganze näher anzusehen.

„Bitte, Gott, laß ihn landen“, betete ich. Der Hubschrauber flog über mich hinweg, machte dann eine Kehrtwendung und landete auf der Lichtung, wobei Blätter und Abfälle vom Luftstrom seines Propellers hochgewirbelt wurden. Ein Mann stieg aus und kam auf mich zu.

„Olson“, sagte er, „Sie sehen schrecklich aus, wie ein Skelett!“

Es war Dr. Hans Baumgartner, den ich auf meiner Reise auf dem Orinoco mit Dr. Christian zusammen vor Jahren kennengelernt hatte.

Ich brachte kaum ein Lächeln zustande. Er trug mich mit dem Piloten zusammen in den Hubschrauber und sie flogen zu einem Krankenhaus in Tibu. Nach vier Tagen im Krankenhaus bekam ich innere Blutungen. Die Ärzte sagten, wenn ich nur sechs Stunden länger ohne Arznei im Dschungel geblieben wäre, wäre ich gestorben.

Dr. Baumgartner und der Pilot kamen mich besuchen. ..Sie können sich nicht vorstellen, Olson, was für eine Überraschung es für uns war, Sie zu sehen. Der Hubschrauber gehört der Ölgesellschaft, und Manuel arbeitet für sie als Pilot. An dem Tag, an dem ich hier war, brauchte man ihn gerade nicht, deshalb benützte ich ihn zu einem kleinen Ausflug. Wir wollten über dem Gebiet der Motilonen hin- und herfliegen, weil ich hoffte, einige Fotos machen zu können.

Mensch“, sagte er und schüttelte den Kopf, „können Sie sich vorstellen, daß man losfliegt, um Bilder von einem kriegerischen, in der Steinzeit lebenden Indianerstamm zu schießen, und dann einen blonden Amerikaner vor dem Stammeshaus entdeckt?“ Er lachte. Wir alle mit ihm. Aber ich wußte, daß Einer über uns ihn veranlaßt hatte, zu mir zu kommen.

Mein Arzt im Krankenhaus war Dr. Alfredo Landinez. Wir wurden gute Freunde. Er interessierte sich sehr für die Motilonen – er hatte sogar eine Abhandlung über das Herausziehen motilonischer Pfeile geschrieben, die dann dem Harvardinstitut für Tropische Medizin vorgelegt wurde.

Nachdem ich mehrere Wochen lang im Krankenhaus gewesen war, fragte ich Dr. Landinez, wann ich wieder in den Dschungel zurück könne.

„Du wirst noch weitere sechs Monate in Behandlung bleiben müssen", sagte er. „Du hast deine Leber fast völlig kaputtgemacht. Dann wirst du noch ein Jahr lang äußerste Schonung brauchen."

„Wie bitte?" sagte ich. „Eineinhalb Jahre, bis ich wieder in den Dschungel kann?"

Er schüttelte den Kopf. „Du wirst nie wieder in den Dschungel gehen können. Deine Leber ist für immer geschädigt."

Ich schaute auf meine Hände. Sie hatten die Farbe einer Orange. Ich bekam viele Blutübertragungen, da ich noch immer innere Blutungen hatte.

„Du irrst dich!" sagte ich. „Ich werde zurückgehen!"

„Das ist ein Junge!" sagte er schief lächelnd und klopfte mir auf die Schulter. „Mach nur so weiter."

Drei Wochen später entließen sie mich aus dem Krankenhaus. Dr. Landinez konnte es kaum glauben, daß es mir wieder gut ging. „Bruce", sagte er, „bitte, geh nicht wieder in den Dschungel zurück."

Ich hatte bereits Vorbereitungen getroffen, um wieder loszuziehen. „Warum nicht?" fragte ich. „Du bist nicht gesund genug. Du könntest einen Rückschlag erleiden und irgendwo dort draußen sterben müssen, ohne daß dir jemand helfen könnte."

Ich schüttelte den Kopf und lächelte. „Ich habe dir ja bereits gesagt, daß ich nicht sterben werde. Gott wird meinen Körper besser heilen, als ihr Ärzte es jemals tun könntet."

Er zuckte die Achseln.

„Nun habe ich eine Bitte an dich", sagte ich. „Wie du weißt, kenne ich mich in medizinischen Dingen einigermaßen aus. Ich brauche Arzneimittel, die ich zu den Motilonen mitnehmen kann. Sie haben bisher überhaupt nichts, was ihnen bei ernsthaften Krankheiten helfen könnte. Ich weiß, daß du mir eigentlich nichts geben darfst. Und ich habe auch kein Geld, um die Mittel zu bezahlen. Aber die Motilonen brauchen sie."

Obwohl er damit seine Anstellung und seine ganze Karriere aufs Spiel setzte, nahm er einen Teil der Arzneimittel der Ölgesellschaft und händigte sie mir aus.

„Was hat es für einen Wert, daß ich Arzt bin", fragte er,

„wenn ich nicht anderen Menschen dadurch helfen kann? Vielleicht wird das hier nie jemandem helfen. Aber mit Arzneimitteln riskiert man nichts. Man teilt sie aus und hofft, daß sie jemandem helfen.“ Eine Woche später machte ich mich zu Fuß wieder auf den Weg in den Dschungel. Ich hatte einen Kompaß dabei, und ich wußte wohin ich wollte: geradewegs zum Stammeshaus von Abaratatura.

Am dritten Tag begann ich mich schwindlig zu fühlen. Die Schmerzen in der Brust waren zurückgekehrt. Mein Urin war dunkel gefärbt. Als ich in jener Nacht einschlief, fühlte ich mich schrecklich elend. „Vater“, betete ich, „du hast mich hierher gebracht, damit ich bei den Motilonen arbeite. Ich habe Arznei bei mir, die ihnen helfen kann. Bitte, Herr, mache mich gesund.“

Am nächsten Morgen wachte ich auf und fühlte mich richtig wohl. Die Schmerzen waren wie weggeblasen, der Urin wieder normal. Ich stand auf und setzte meinen Weg fort.

Als ich in die Nähe des Gemeinschaftshauses kam, empfing mich Abaratatura auf dem Pfad. Jemand hatte mich kommen sehen und es ihm gemeldet.

Einfluß durch die Zauberin

Ich hatte Angst. Würde er versuchen mich umzubringen?

Ich sah genauer hin. Abaratatura trug keine Waffen bei sich. „Wir dachten, du seiest gestorben und die Geier hätten deine Leiche geholt. Aber Gott hat dich gerettet."

„Ja", sagte ich, „das hat er getan."

Ich wurde in das Gemeinschaftshaus von Abaratatura aufgenommen. Er war zu dem Schluß gekommen, daß ich nicht versuchen würde, ihn und seine Leute zu täuschen. Infolgedessen wurde ich nunmehr von den Motilonen voll akzeptiert. Ich ließ Bobby benachrichtigen, und er kam nach Corroroncayra, um bei mir zu sein.

Mein kurzer Aufenthalt in der Zivilisation hatte mich mehr denn je davon überzeugt, daß mein Platz im Dschungel war. Und ich hatte eine Errungenschaft der Zivilisation mitgebracht, die das Leben angenehmer machte: einen Flohkragen. Sie waren in Kolumbien eingeführt worden, kurz ehe ich ins Krankenhaus kam. Ich bemerkte einen an einem Hund und fragte Dr. Landinez, was das sei. „Das ist ein Flohkragen", sagte er. „Es ist der allerneueste Schrei. Man legt ihn seinem Hund um den Hals und in den nächsten sechs Monaten werden alle Flöhe, die er hat, dadurch getötet."

„Große Klasse", sagte ich, „ich muß mir sowas zulegen."

Dr. Landinez schaute mich verwundert an. „Habt ihr etwa Hunde im Dschungel?"

„Nein, nein", sagte ich und fing an zu lachen. „Nein, wir haben keine Hunde, aber dafür um so mehr Flöhe!" Ich mußte wieder lachen und verriet nichts weiter. Nun hatte ich so ein Ding um den Hals hängen und mußte mich wesentlich weniger kratzen.

Meine Gedanken beschäftigten sich jedoch mit der Arznei, die ich mitgebracht hatte. Ständig starben Motilonen an irgendwelchen Krankheiten, und ich wußte, daß viele von ihnen durch die Medikamente geheilt werden konnten. Aber die Motilonen hatten natürlich schon ein eigenes Behandlungssystem, und es gab für sie keinen Grund zu glauben, daß meines besser war. Mehrere Male bot ich meine Medikamente kranken Leuten an, aber sie lehnten es ab, sie zu nehmen.

„Überlaß das der Zauberin", sagten sie. „Sie kennt unsere Sitten und Gebräuche."

Und manchmal wurden sie wieder gesund. Dann kamen sie und lächelten mich an, als wollten sie sagen: „Siehst du nun, daß wir nicht so dumm sind wie du glaubst?"

Aber als unter ihnen eine epidemische Bindehautentzündung ausbrach, war dies ein ausgezeichneter Fall für mich, da sie leicht mit Antibiotika ausgeheilt werden kann. In Windeseile waren fast alle Motilonen davon betroffen. Sie liefen umher, kratzten und rieben sich die Augen und fühlten sich elend. Die Zauberin begann ihre Beschwörungen zu singen, und sie tat dies tagein, tagaus, manchmal bis zu zwanzig Stunden am Tag. Sie ist ihrem Volk gegenüber unendlich pflichtbewußt.

Nach einer Woche war es offensichtlich, daß ihre Beschwörungen nichts halfen. Ich ging zu ihr, um mit ihr zu reden. Sie lag auf einer Matte und ruhte sich aus. Ihr Gesicht war deutlich von Anstrengung und Übermüdung gezeichnet.

„Ich habe eine Arznei, die Terramycin heißt", sagte ich. „Sie wird diese Krankheit heilen, wenn du sie den Leuten in die Augen tust." „Ich habe bereits Arzneien angewandt", sagte sie. „Sie haben nicht geholfen."

„Aber dies ist eine andere Art von Arznei", sagte ich. „Sie wird helfen. Ich habe schon oft gesehen, wie sie geholfen hat." Sie schien etwas Interesse daran zu gewinnen. „Woher kommt diese Arznei?"

„Es ist eine, die von den Medizinmännern meines Volkes benutzt wird."

Ihr Interesse schwand dahin. Sie zuckte die Schultern. „Du bist weiß. Du bist anders als wir." Sie stand auf, kehrte mir den Rücken zu und begann wieder zu singen.

Ich machte einen Spaziergang, um darüber nachzudenken. Die Bindehautentzündung selbst war nicht gefährlich, aber die Infektion konnte andere, weit schlimmere Dinge nach sich ziehen. Man mußte etwas dagegen tun, und ich hatte das richtige Mittel dafür.

Das einzige, was mir noch übrig blieb, war jemanden zu

überreden, das Mittel anzuwenden. Dann hätte ich einen Beweis dafür, daß meine Methoden halfen, im Gegensatz zu denen der Zauberin. Aber dann würde ich in Konkurrenz mit der Zauberin treten. Entweder würde ich sie dann im Stamm unmöglich machen, oder sie müßte versuchen mich loszuwerden.

Wie ich wußte, hatten Missionare die Zauberer oft als dämonisches Element empfunden, das es auszulöschen galt.

Aber dieser Fall schien anders zu liegen. Die Zauberin der Motilonen betete keine Dämonen an. Sie versuchte ihrem Volk zu helfen, indem sie zu Gott betete, so gut sie dies eben verstand. Ich wollte nicht das zerstören, was sie tat. Ich wollte ihr helfen.

Mir kam ein Einfall. Ich ging zurück zum Gemeinschaftshaus und suchte einen Mann auf, den die Krankheit ziemlich erwischt hatte. Ich rieb mit den Fingern in seinen Augenwinkeln und schmierte dann die Eiterpartikel in meine eigenen Augen.

Innerhalb von fünf Tagen hatte ich ebenfalls Bindehautentzündung. Ich ging zu der Zauberin und sagte ihr, daß ich ihre Hilfe benötige. Sie sang Beschwörungen für mich, genauso wie sie es für alle anderen getan hatte. Natürlich half es bei mir ebenso wenig, wie es bei den andern geholfen hatte.

Also ging ich erneut zu ihr. Ich sagte zu ihr, daß sie mir Terramycin ins Auge tun solle, während sie ihre Beschwörungen sang. Auf ihrem Gesicht zeigten sich Zweifel, aber mittlerweile war sie bereit, etwas Neues zu probieren. Sie nahm die Tube mit Terramycin, schmierte mir etwas davon ins Auge und sang ihre Gebete, daß Gott mich gesund machen solle.

Nach drei Tagen waren meine Augen wieder in Ordnung, und ich fühlte mich gesund. Alle anderen litten natürlich noch immer unter der Krankheit. Die Zauberin sang weiterhin ihre Lieder und Gebete.

Ich wartete auf den richtigen Moment, um noch einmal mit ihr zu sprechen. Ich wollte sie in keiner Weise kränken. Eines Abends sah ich, wie sie müde und abgekämpft aus dem Gemeinschaftshaus herauskam. Ich folgte ihr vom Haus weg in die Nacht hinein und faßte sie am Arm. Sie wandte sich um.

Ich hielt ihr die Tube mit dem Arzneimittel vor die Augen. „Warum versuchst du es nicht damit?“ fragte ich. „Du hast damit meine Augen geheilt. Vielleicht wird es bei deinen Leuten ebenfalls wirken.“

Innerhalb von drei Tagen hatte sie jedermann geheilt. Sie gewann dadurch mächtig an Bedeutung und Ansehen unter ihren Leuten. Sie war stolz, mit ihren Gesängen und ihrem neuen Mittel erfolgreich gewesen zu sein und schloß Freundschaft mit mir. Über sie konnte ich nun weitere Gesundheitsmaßnahmen und medizinische Betreuung unter die Leute bringen.

Die Tatsache, daß ich über die Zauberin die Menschen mit einfachen Antibiotika behandeln konnte, bedeutete einen Riesenschritt in Richtung auf mein Ziel, den Motilonen zu helfen. Aber in all dem Schmutz und Unrat um die Häuser herum sowie durch die vielen anderen unhygienischen Gebräuche gab es so viele Krankheitserreger, daß weiterhin der Ausbruch verschiedenster Krankheiten unvermeidlich war. Einige davon würden sicher mit den Arzneimitteln, die ich bei mir führte, nicht wirksam bekämpft werden können.

„Woher kommen all diese Krankheiten?“ fragte ich die Zauberin. „Sie scheinen kein Ende zu nehmen.“ Sie war überrascht, daß ich das nicht wußte. „Es sind die bösen Geister, die uns damit ihre Macht beweisen. Deshalb singen wir unsere Beschwörungen. Wir bitten Gott, die bösen Geister zu vertreiben.“

„Und warum tut er es nicht immer?“ fragte ich.

Ihr Gesicht nahm einen traurigen Ausdruck an, und sie wandte sich ab. „Wir haben Gott betrogen“, sagte sie leise und traurig.

Ich stand hinter ihr, wunderte mich und spürte, daß hinter ihren Worten etwas war, was ich wissen und verstehen sollte.

„Wie habt ihr Gott betrogen?“ fragte ich.

„Ein Mann kam zu uns, der behauptete, er sei ein Prophet“, antwortete sie. „Er sagte, er könne uns jenseits des Horizontes in ein Land bringen, wo es bessere Jagdgründe gibt. Sein Name war Sacamaydodji. Wir verließen Gott und folgten ihm.“

„Wann ist dies alles geschehen?“ fragte ich sanft.

Einen Augenblick lang sagte sie nichts, dann beschrieb sie mit dem Arm einen großen Bogen: „Vor vielen, vielen Jahren. Wir haben nur die Geschichte gehört. Aber wir wissen, daß er uns getäuscht hat. Wir sind weit weg von Gott.“

Später ging ich zu ihr hin und sagte ihr, daß ich ihr einige der bösen Geister zeigen wolle, die Krankheit und Tod verursachten. Ich holte mein Mikroskop herbei und legte einen Batzen Schmutz darunter. Dann ließ ich sie hineinschauen.

„O ja, ich kann sehen, wie sie umhertanzen“, sagte sie und begann ihre Beschwörungen.

Dann streute ich etwas Desinfektionsmittel auf den Schmutz und sagte ihr, sie solle es sich noch einmal ansehen. Sie sah, daß das Desinfektionsmittel die Bakterien getötet hatte. Es setzte ihr ziemlich zu. Sie hatte gesehen, daß die Bakterien nicht starben, wenn sie ihre Beschwörungen sang.

Nach und nach führte sie Desinfektionsmittel in die normalen Zeremonien der Motilonen ein. Da gab es beispielsweise eine Reinigungszeremonie, wenn ein neues Gemeinschaftshaus errichtet worden war. Alle Motilonen, die in dem Haus wohnen werden, versammeln sich, singen Beschwörungen und schlagen mit Stöcken auf die Wände, um die bösen Geister zu vertreiben. Die Zauberin brachte sie auf meinen Vorschlag dazu, daß sie bei der Zeremonie Desinfektionsmittel verwandten, und die Leute stellten fest, daß die Krankheiten merklich zurückgingen. Sie brachte auch die Hebammen dazu, Desinfektionsmittel bei einer Geburt zu verwenden, und infolgedessen verringerte sich die Sterblichkeitsrate. Die Gesundheitsmaßnahmen wurden von anderen Gemeinschaftshäusern übernommen, und ich war zunehmend dankbar für Dr. Landinez Bereitschaft, uns mit Arzneimitteln zu unterstützen. Das Essen der Motilonen wurde aufgrund der Einführung von Getreideanbau ebenfalls besser. Die Motilonen hatten sich bisher lediglich von erbeuteten Tieren und von wilden Pflanzen ernährt. Indem ich mit Abaratatura zusammenarbeitete, war es mir jedoch möglich, ihnen zu zeigen, wie sie Getreide anbauen und Vieh halten konnten.

Innerhalb von wenigen Jahren entstanden acht Krankenstationen (in jedem Gemeinschaftshaus eine), die Spritzen,

Antibiotika und andere Arzneimittel verabreichten. Diese Krankenstationen sorgten außerdem dafür, daß die Gemeinschaftshäuser frei von Bakterien blieben.

Daneben schuf sich jedes Gemeinschaftshaus ein eigenes landwirtschaftliches System, und schließlich wurden Schulen errichtet.

Die Krankenstationen, die Farmen und die Schulen wurden nicht von zivilisierten Weißen errichtet oder betrieben. Ihr Personal rekrutierte sich aus den primitiven Motiloneindianern.

Ich war der einzige Fremde in ihrem Gebiet. Die Spritzen wurden von Motilonen verabreicht. Die richtigen Arzneimittel wurden von Motilonen ausgewählt.

Viele halten dies für die schnellste Entwicklung, die ein primitives Volk je durchlaufen hat. Wie war das möglich?

Es gibt zwei Ursachen dafür. Die erste davon ist ganz einfach: Von den Motilonen wurde nicht verlangt, ihre eigene Kultur aufzugeben und praktisch zu Weißen zu werden. Alles, was neu eingeführt wurde, baute auf Dinge auf, die ihnen bereits bekannt waren. Impfungen wurden beispielsweise von der Zauberin eingeführt als eine neue Form des herkömmlichen Aderlasses, den die Motilonen anwandten, wenn jemand krank war, da hier wie dort ein kleiner Schmerz die größeren Schmerzen von Krankheit und Tod besiegte. Auf diese Art erklärt und durch die Zauberin ausgeführt, die bekannt war und der man traute, wurden Impfungen schnell akzeptiert und breiteten sich im Stamm so rasch aus wie Nadeln und Impfstoffe nur herbeigeschafft werden konnten. Und weil die Medizinmänner die Bakterien gesehen hatten und nun ihre Gefährlichkeit verstanden, wurden die Anleitungen zu größerer Reinlichkeit auch befolgt.

Landwirtschaft war nicht in dem Maße etwas Neues, wie die Medizin. Wenn sie jedoch der traditionellen Lebensweise zu sehr widersprochen hätte, wäre sie nicht akzeptiert worden. Aber da sie von Abaratatura und den andern Häuptlingen, die für die Nahrungsbeschaffung verantwortlich waren, eingeführt wurde, nahm man sie bereitwillig an ohne gewaltsame Zerstörung der Sozialstruktur, wie sie oft mit wirtschaftlicher Entwicklung Hand in Hand geht. Es gab kein Aufbegehren gegen die Lebensart der Älteren; die Älteren selbst waren vielmehr diejenigen, die die Neuerungen einführten.

Aber ich habe von zwei Ursachen gesprochen. Die zweite war der Heilige Geist. Ohne ihn wäre kein echter oder anhaltender Fortschritt möglich gewesen.

Wie ich schon früher bemerkte, schienen sich die Motilonen kaum umeinander zu kümmern. Jedermann war für sich selbst und seine Familie verantwortlich und für sonst keinen. Es war besonders schwer für mich, diesen Wesenszug bei Bobby zu akzeptieren.

Ich wollte, daß alle Stämme an der Gesundheitsfürsorge teilhatten, und daß sie lernten, wie man mit den neu eingeführten Pflanzen umgehen mußte. Bobby begleitete mich auf meinen Inspektionsreisen. Wir verbrachten viele schöne Stunden unterwegs. Wir führten viele ernsthafte Gespräche über das Leben und was wir für uns und für einander davon erwarteten. Bobby hoffte, ein Anführer der Krieger seines Volkes zu werden wie Abaratatura. Ich hoffte, den Motilonen helfen zu können, den einzig wahren Weg zu finden.

Wir redeten über diese unsere Wünsche, jagten und sangen zusammen. Jeder wußte um die Gefühle des anderen, ohne daß ein Wort darüber nötig gewesen wäre.

Aber Bobby teilte nicht meine Sorge für die anderen Motilonenstämme. Einmal brach in zwei weit von einander entfernten Gemeinschaftshäusern zu gleicher Zeit eine gefährliche Krankheit aus. Beide Häuser brauchten schnellstens Arzneimittel.

„Bobby", sagte ich, „du gehst nach Iquicarora, und ich gehe hinauf ins Hochland. Wir treffen uns hier wieder."

Er sah gekränkt aus: „Ich möchte mit dir gehen, Brutchko."

Ich runzelte die Stirn: „Bobby, das geht nicht. Wir haben keine Zeit, um beide Orte gemeinsam aufzusuchen."

„Dann gehen wir eben nur zu einem der beiden Häuser."

Schließlich zog Bobby alleine los, da ich es ihm befahl. Er hätte es nie freiwillig und aus eigenem Antrieb getan. Das kränkte mich, und ich konnte es nicht verstehen.

Alle anderen teilten Bobbys Einstellung. Manchmal starben in dem einen Gemeinschaftshaus Menschen, da in dem nächstgelegenen Haus keiner daran interessiert war, ihnen Medizin zu bringen. Kühe starben, weil ihr Besitzer krank war und nicht nach dem Vieh sehen konnte und kein anderer dies tat. Es wurde zunehmend schwieriger für mich, überall dort zu sein, wo Hilfe gebraucht wurde. Bobby sprang zwar ein, aber nur unserer Freundschaft zuliebe.

Allmählich wurde ich müde. Ich war nun seit vier Jahren bei den Motilonen. Einiges, was einzuführen mir gelungen war, war gut. Aber ich mußte hart arbeiten, um den Betrieb aufrechtzuerhalten. Ich fragte mich nach dem Sinn des Ganzen.

Warum sollte es mich kümmern, ob ein paar Motilonen mehr oder weniger krank wurden? Was war ihr Leben schon wert?

Der ganzen übrigen Welt wäre es völlig gleichgültig, wenn sie völlig ausstarben. Man würde sie nicht einmal vermissen.

Eines Tages saß ich vor dem Gemeinschaftshaus und dachte darüber nach. Es wurde mir wieder ganz deutlich, daß die Antwort auf diese Fragen die gleiche war, wie schon vor vier Jahren. Die Bedeutung ihres Lebens und meines Wirkens bei ihnen lag nicht darin, was andere Leute darüber dachten. Ich erinnerte mich daran, was Gott mir gesagt hatte: „Alle mögen dich von sich weisen; aber ich werde dich nicht wegschicken.“ Das mußte auch für die Motilonen gelten. Gott würde sie nicht von sich weisen. Er liebte sie. Dafür war ich in den Dschungel gekommen: um sie die Liebe Gottes sehen und erfahren zu lassen.

Aber noch immer wußte ich nicht, wie ich es anfangen sollte. Ich kannte die religiösen Überzeugungen der Motilonen zu gut. Nichts, was ich über Jesus Christus sagen konnte, würde ihnen sinnvoll und glaubwürdig erscheinen. Es würde lediglich „die Art des weißen Mannes“ sein. Es würde nie die Art der Motilonen werden. Was wäre schon damit erreicht, wenn einige ihr Leben Jesus übergaben? Würde es dann so kommen wie bei den Orinoco-Indianern, daß es Spaltungen gab und ihre Sozialstruktur zerstört würde?

Aber sie *brauchten* Jesus. Wie konnte ich sie zu ihm führen und ihnen zeigen wie er wirklich war, ganz unabhängig von meiner eigenen Person und Kultur?

Jesus mußte es für mich tun. Es gab keine andere Möglichkeit. Nichts, was ich sagte, konnte die richtige Botschaft in der richtigen Kraft übermitteln. Aber Jesus konnte durch mich reden, und er konnte mir die richtige Gelegenheit zur Verkündigung zeigen.

Ich senkte den Kopf: Die Sonne schien mir heiß ins Genick. „O Jesus, diese Menschen brauchen dich. Zeige dich ihnen. Nimm mich aus dem Weg und sprich du zu ihnen in ihrer eigenen Sprache, so daß sie dich als den erkennen, der du bist.

O Jesus, bitte, werde ein Motilone!“

Jesus, der Motilone

Wir waren seit drei Tagen im Dschungel unterwegs und näherten uns Norecayra. Es war spät am Nachmittag. Bobby und zwei andere Motilonen gingen vor mir, und ihre dunkelbraunen Körper waren durch das dichte Gestrüpp meiner Sicht entzogen. Es war eine herrliche Tageszeit. Die hereinbrechende Dämmerung ließ das Grün des Dschungels sanft und samten erscheinen.

Wir gingen in schnellem Tempo. Das Gemeinschaftshaus war nur noch ein paar Meilen entfernt, als allmählich zunehmend vor uns lautes Geheul zu hören war. Die entsetzlich qualvollen Schreie schienen aus vielen Kehlen zu kommen. Ich hatte noch nie etwas so Herzzerreißendes gehört. Ich fiel in Laufschritt und überlegte mir schon, welche Arznei ich brauchen würde. Je näher wir kamen, desto verzweifelter klang das Schreien. Ich hatte noch nie einen Motilonen so heulen hören. Selbst unter den größten Schmerzen wimmerten sie nicht einmal. Aber Bobby und die anderen Motilonen gingen weiter, als sei alles wie sonst.

„Halt!“ rief ich. Bobby und die anderen drehten sich um. „Was ist das für ein Schreien?“ fragte ich. „Sollten wir nicht nachsehen, ob wir helfen können?“

Bobby senkte den Kopf und schaute zu Boden. Einer der anderen, ein Medizinmann, schüttelte den Kopf. „Wir können dabei nicht helfen.“

„Aber was ist da los?“

Keiner der drei sagte etwas. Sie starrten mich mit dunklen, stillen Augen an.

Als die Schreie nicht aufhörten, hielt ich es nicht mehr aus. „Hört mal“, sagte ich, „euch ist es vielleicht egal, aber mir ist es nicht egal. Ich will wissen, ob wir helfen können.“

Sie antworteten mir noch immer nicht. *Sie sind traurig,* dachte ich. *Dort drüben geht etwas vor sich, das für sie unerträglich ist.* „Gut“, sagte ich, „ihr braucht nicht mitzukommen. Aber ich will sehen, was da passiert.“

Sie standen da und rührten sich nicht, bis ich vom Pfad weg in den Dschungel hinein auf die Stelle zuging, von wo die Schreie kamen. Nach einigen Metern hörte ich Geräusche hinter mir. Sie folgten mir.

Die brüllenden Männer waren uns näher, als ich erwartet hatte. Und es waren nur zwei. Einen kannte ich gut. Er war ein Führer in seinem Gemeinschaftshaus und ein grimmiger Krieger. Er hatte Angestellte der Ölgesellschaft umgebracht, nur um ihre Schutzhelme als Kochtöpfe zu bekommen. Er trug eine Halskette aus Kleiderknöpfen der von ihm Ermordeten, und eine andere aus den Zähnen eines Jaguars, den er mit Pfeil und Bogen erlegt hatte. Nun stand er vor einem Riesenloch, das gut zwei Meter tief war – und brüllte verzweifelt und durchdringend: „Gott, Gott, komm aus dem Loch heraus!"

Der andere Mann saß in einem Baumwipfel. Er stopfte sich Blätter in den Mund und versuchte sie zu zerkauen, während er schrie: „Gott, Gott, komm vom Horizont herüber!"

Es war der seltsamste Anblick meines Lebens. Es schien lächerlich, dennoch hielt mich etwas davon zurück, in der Szene irgend etwas Lustiges zu sehen.

Meine drei Begleiter kamen herbei und stellten sich neben mich. Sie sahen traurig und verlegen aus.

„Du hast Bescheid gewußt?" fragte ich Bobby.

Er nickte.

„Was ist los?"

Er erklärte mir, daß der Bruder des Mannes, der in das Loch hinunterschrie, fern seiner Heimat von einer Giftschlange gebissen worden und gestorben war, bevor man ihn hatte zurückbringen können. Das bedeutete nach der Überlieferung, daß seine Sprache, sein Geist, sein Leben niemals zu Gott jenseits des Horizontes gelangen konnte. Nun versuchte der Mann Gott zu finden, um ihn dazu zu bewegen, seines Bruders Sprache wieder ins Leben und in seinen Körper zurückzurufen.

„Und warum glaubt er, Gott finden zu können, indem er in ein Loch hineinruft?"

Bobby zuckte die Achseln. „Dieser Platz ist genauso gut wie jeder andere." In seinen Worten spiegelte sich seine Hoffnungslosigkeit wider.

Das war's, wofür mich Gott am Leben erhalten hatte. Ich

war hier, um ihnen zu sagen, wo sie Gott finden konnten. Vielleicht hatte Gott diese Gelegenheit herbeigeführt. Bei dem Gedanken, nun nach fünf Jahren des Wartens eine Chance zu haben, ihnen von Jesus zu berichten, erfüllte mich eine große Spannung. Aber – ob man das wirklich erwarten konnte? Innerlich betete ich.

Der Mann hörte auf, in das Loch hinunter zu schreien und kam zu uns herüber. Sein Haar war zerzaust und sein Körper schmutzbedeckt. Sein Blick war düster und leer. „Es hat keinen Sinn!" sagte er. „Wir sind betrogen worden."

„Wie lange bist du schon hier?" fragte ich ruhig.

„Seit heute morgen die Sonne aufging."

„Und warum sagst du, daß ihr getäuscht worden seid?"

Er erzählte mir wieder die Geschichte von dem falschen Propheten, dessen trügerisches Versprechen die Motilonen von Gott weggeführt hätte. „Wir kennen Gott nicht mehr", sagte er still.

Dann versuchten die anderen durch eine weitere Legende der Motilonen mir zu erklären, warum der Tod dieses Bruders solch schreckliche Folgen für ihn hatte. Ich verstand nicht alles. Die Legenden der Motilonen sind so kompliziert wie jede Theologie. Aber ich begriff etwas Neues: ihr tiefes Gefühl des Verlorenseins. Ich hatte mich immer wieder gefragt, was Christus ihnen zu bieten hatte. Denn ihre Art miteinander umzugehen war der von Amerikanern weit überlegen. Aber dies allein machte nicht das Leben aus.

Die Nacht, in der Jesus in mein Leben getreten war, kam mir wieder in den Sinn. Der Zeitpunkt lag schon so lange zurück, aber aus jener Wurzel hatte sich mein ganzes heutiges Dasein entwickelt. Gott hatte mir damals Frieden und eine echte Aufgabe geschenkt.

Und hier waren nun die Motilonen auf der Suche nach Gott. Aber wie konnte ich ihnen Dinge wie Gnade, Opfer und Menschwerdung Christi erklären? Ich konnte ihnen zwar eine einfache Geschichte erzählen, die sie dann auch verstehen würden. Aber wie konnte ich ihnen echte geistliche Wahrheiten vermitteln?

Eine lebhafte Diskussion kam auf. Der Mann, der oben im Baum gesessen hatte, kam herunter und gesellte sich zu uns. Er erinnerte uns an die Legende, daß ein Prophet mit einem Bananenstengel kommen werde, und Gott werde aus diesem Bananenstengel heraussteigen.

Ich konnte den Sinn dieser Legende nicht richtig begreifen. „Warum sollte Gott aus einem Bananenstengel kommen?“ fragte ich.

Ratloses Schweigen. Die Frage leuchtete ihnen ein, aber sie wußten keine Erklärung. Bobby ging zu einem Bananenbaum in unserer Nähe, schnitt das Stück einer Staude ab und warf es uns zu.

„Dies ist so ein Stengel, aus dem Gott kommen kann“, sagte er.

Einer der Motilonen beugte sich hinunter und versetzte dem Stengel einen Hieb mit seiner Machete, wobei er zufällig in zwei Hälften geteilt wurde. Eine Hälfte stand aufrecht, während die andere sich absplitterte und abfiel. Dabei entfalteten sich die kleinen Blätter, die noch im Stamm steckten. Wie sie sich so um dem Stamm herum ausbreiteten, sahen sie aus wie die Seiten eines Buches.

Plötzlich schoß mir ein Wort durch den Sinn: „Buch! Buch!“ Ich hob meinen Tragbeutel auf, kramte die Bibel heraus und schlug sie auf. Rasch blätterte ich die Seiten auf und hielt sie den Männern hin. Ich zeigte auf die Blätter der Bananenstaude und dann wieder auf die Bibel. „Das ist es!“ sagte ich. „Ich habe es hier, in der Hand! Dies ist Gottes Bananenstaude!“

Der Motilone, der auf dem Baum gesessen hatte, riß mir die Bibel aus der Hand. Er fing an Seiten auszureißen und sie in den Mund zu stopfen. Er glaubte, wenn er die Blätter esse, würde er Gott in sich aufnehmen.

Als nichts weiter passierte, fingen sie an, mir Fragen zu stellen. Wie konnte ich ihnen das Evangelium erklären? Wie konnte ich ihnen verständlich machen, daß Gott in Jesus ihnen als Mensch gleich gewesen war?

Plötzlich fiel mir eine ihrer Legenden ein, von einem Mann, der sich in eine Ameise verwandelt hatte. Er hatte nach der Jagd auf einem Dschungelpfad gesessen und hatte zugesehen, wie einige Ameisen dabei waren, sich ein Haus zu bauen. Er hatte ihnen helfen wollen, ein gutes Haus zu bauen, so eines wie das der Motilonen. Deshalb hatte er angefangen im Dreck zu graben. Aber weil er ihnen so groß und fremd gewesen war hatten es die Ameisen mit der Angst zu tun bekommen und waren weggerannt.

Danach war er selbst auf wundersame Weise zur Ameise geworden. Er dachte wie eine Ameise, sah wie eine Ameise aus und sprach die Sprache der Ameisen. Er lebte bei den Ameisen und gewann ihr Vertrauen.

Eines Tages erzählte er ihnen, daß er in Wirklichkeit nicht eine Ameise, sondern ein Motilone sei, und daß er einst versucht hätte, ihnen beim Hausbau zu helfen, sie aber voll Entsetzen davongerannt seien.

Die Ameisen sagten so etwas wie: „Nimmst du uns auch nicht auf den Arm? Warst du das wirklich?“ und sie lachten über ihn, da er nicht wie das riesige, schreckenerregende Wesen aussah, das damals im Dreck gewühlt hatte.

Aber in diesem Augenblick verwandelte er sich wieder in einen Motilonen und begann die Erde so zu formen, daß es wie ein Haus der Motilonen aussah. Diesmal kannten ihn die Ameisen und ließen ihn ruhig seine Arbeit tun, da sie wußten, daß er ihnen kein Leid zufügen wollte. Und deshalb, so besagt die Geschichte, sehen die Ameisenhaufen bis auf den heutigen Tag wie die Häuser der Motilonen aus.

Als die Geschichte mir so plötzlich einfiel, erkannte ich zum ersten Mal ihre eigentliche Aussage: Wenn man groß und mächtig ist, muß man klein und schwach werden, um mit anderen schwachen Wesen zusammenarbeiten zu können. Es war eine ausgezeichnete Parallele zu dem, was Gott durch Jesus getan hatte.

Aber in der Denkweise der Motilonen gab es so viele unbekannte Faktoren. Wie konnte ich sicher sein, daß ich ihnen das Richtige beibrachte?

Es gab keine Gewißheit. Aber ich spürte, daß Gott mir diese Gelegenheit zum Reden geschenkt hatte.

Deshalb nahm ich das Wort, das „wie eine Ameise werden“ bedeutete und gebrauchte es für die Fleischwerdung Gottes in Christus. „Gott ist zum Menschen geworden“, sagte ich.

Sie rissen Mund und Augen auf. Es entstand ein andachtsvoll verwundertes Schweigen. Die Vorstellung, daß Gott Mensch geworden war, bestürzte sie. „Wo ist er entlanggegangen?“ flüsterte der Medizinmann.

Jeder Motilone hat seinen eigenen Pfad. Dieser ist sein ureigenstes Identitätszeichen. Man geht auf jemandes Pfad, wenn man ihn finden will. Gott mußte also auch einen Pfad haben. Wenn man Gott finden wollte, konnte man das nur auf seinem Pfad.

Mein Puls flog, und mein Herz pochte heftig. „Jesus Christus ist der menschgewordene Gott", sagte ich. „Er kann euch den Pfad Gottes zeigen."

Ein Ausdruck des Erstaunens, fast schon der Furcht zog über ihre Gesichter. Der Mann, der in das Loch hinuntergeschrien hatte, schaute mich an.

„Zeige uns Christus", flüsterte er heiser. Ich suchte nach einer Antwort. „Du hast Christus getötet!" sagte ich. „Du hast Gott vernichtet!"

Seine Augen weiteten sich. „Ich habe Christus getötet? Ich habe das getan? Wie habe ich das gemacht? Und wie kann Gott getötet werden?"

Ich wollte ihnen erklären, daß der Tod Jesu sie aus der Sinnlosigkeit, aus dem Tod und aus der Macht des Bösen gerettet und befreit hatte.

„Wie gewinnt das Böse, der Tod und der treulose Betrug Macht über das Volk der Motilonen?" fragte ich.

„Durch die Ohren", antwortete Bobby, da die Sprache solch große Bedeutung für die Motilonen hat. Sie ist die Grundlage des Lebens. Wenn böse Rede durch die Ohren dringt, bringt dies den Tod.

„Erinnert ihr euch", fuhr ich fort, „wie bei einer Wildschweinjagd der Anführer dem erlegten Tier die Haut abzieht und sie sich über den Kopf stülpt, um seine Ohren zu verstecken, damit die bösen Geister des Dschungels nicht hineinkriechen können?"

Sie nickten gespannt.

„Jesus wurde umgebracht", sagte ich. „Aber genauso wie ihr die Haut über den Kopf eures Häuptlings zieht, um seine Ohren zu verbergen, so breitete Jesus – als er starb – sein Blut über eure Treulosigkeit und verbirgt sie seitdem vor Gott."

Ich hielt ein und sah sie an, von dem verzweifelten Verlangen beseelt, sie möchten verstehen. Dann erkannte ich an ihren Gesichtern, daß sie begriffen.

Ich erzählte ihnen, daß Jesus begraben wurde. Eine Welle tiefen Herzeleides ergriff sie. Der Mann, der seines Bruders Sprache suchte, brach in Tränen aus. Es war das erste Mal, daß ich einen Motilonen weinen sah. Aber der Gedanke, Gott sei tot, und sie seien verloren, brachte sie zum Weinen und Schluchzen.

Ich griff zu meiner Bibel, öffnete sie und sagte: „Die Bibel sagt uns, daß Jesus nach dem Tod wieder ins Leben zurückgekehrt ist und heute noch lebt."

Einer der Männer riß mir die Bibel aus der Hand und hielt sie an sein Ohr. „Ich kann keinen Ton hören!" sagte er.

Ich nahm sie mir wieder.

„Das Reden der Bibel bleibt sich immer gleich", sagte ich. „Das ist wie mit den Zetteln in eurer Sprache, die ich bei mir habe. Sie sagen jeden Tag das gleiche Wort, es ändert sich nie. Die Bibel sagt, daß Jesus wieder ins Leben zurückgekommen ist. Sie ist Gottes Bananenstaude."

Ich zeigte ihm die Seite und machte ihm klar, daß die kleinen, schwarzen Zeichen eine Bedeutung hatten.

„In der ganzen Geschichte der Motilonen ist niemals jemand von den Toten zurückgekehrt", sagte er.

„Ich weiß", sagte ich. „Aber Jesus hat es getan. Das ist der Beweis dafür, daß er wirklich der Sohn Gottes ist."

Sie stellten mir noch viele andere Fragen. Manche davon konnte ich noch nicht ganz verstehen. Aber ich war sicher, daß Gott durch mich gesprochen hatte. An diesem Abend betete ich:

„Gott, gib deinem Wort die Kraft zu wirken. Laß es das Leben dieser Menschen bewegen." Ich hielt Gott seine Verheißung vor: „Mein Wort soll nicht leer zurückkommen."

Dennoch schien die Wirkung auszubleiben. Wie immer durchstreifte ich mit Bobby zusammen den Dschungel, brachte den Zauberern und Zauberinnen Arzneimittel und zeigte ihnen, wie sie ihre Krankenversorgung wirksamer gestalten konnten.

Eines Abends jedoch fing Bobby an, mir Fragen zu stellen. Wir saßen um ein Feuer und der Flammenschein flackerte über ihn hin. Sein Gesicht war ernst.

„Wie kann ich auf dem Jesus-Pfad gehen ?" fragte er. „Kein

Motilone hat das jemals getan. Es ist etwas Neues. Kein Motilone kann mir sagen, wie man's macht."

Ich dachte an meine eigenen Probleme als Junge, wie es manchmal unmöglich geschienen hatte, in meinem Glauben weiter festzubleiben, als meine Familie und meine Freunde sich so sehr meiner Übergabe an Jesus widersetzt hatten. Genau dies mußte Bobby jetzt durchmachen.

„Bobby", sagte ich, „erinnerst du dich noch an mein erstes Pfeil-Fest, als ich zum ersten Mal gesehen hatte, wie sich alle Motilonen versammelten um ihr Lied zu singen?" Das Fest war die allerwichtigste Zeremonie in der Kultur der Motilonen.

Er nickte. Für einen Moment flammte das Feuer auf, und ich konnte den gespannten Ausdruck in seinen Augen erkennen.

„Erinnerst du dich noch, wie ich Angst hatte, zum Singen in die so hoch oben hängende Hängematte hinaufzuklettern, weil ich fürchtete, die Stricke könnten reißen? Und wie ich damals zu dir sagte, ich würde nur singen mit einem Fuß in der Hängematte und mit dem anderen auf dem Boden?"

„Ja, Brutchko."

„Und was hast du da zu mir gesagt?"

Er lachte. „Ich habe dir gesagt, daß du beide Füße in der Hängematte haben müßtest. ‚Du mußt dich dem Schweben im Hängen überlassen', sagte ich."

„Ja", sagte ich. „Du mußt dich dem freien Schweben überlassen. So ist es auch, wenn du Jesus nachfolgen willst, Bobby. Kein Mensch kann dir sagen, wie du seinen Pfad gehen kannst. Nur Jesus kann das. Aber um es herauszufinden, mußt du deine Hängematte in Jesus fest hineinbinden und in Gott schweben."

Bobby sagte nichts. Der Schein des Feuers tanzte in seinen Augen. Dann stand er auf und ging davon, in die Dunkelheit hinaus.

Am nächsten Tag kam er zu mir. „Brutchko", sagte er, „ich möchte meine Hängematte in Jesus Christus festbinden. Aber wie kann ich es tun? Ich kann ihn nicht sehen und nicht berühren."

„Du hast doch schon mit Geistern geredet, nicht wahr?"

„O", sagte er, „jetzt begreife ich!"

Am nächsten Tag lag ein breites Lachen auf seinem Gesicht.

„Brutchko, ich habe meine Hängematte in Jesus festgebunden. Jetzt spreche ich eine neue Sprache."

Ich verstand nicht gleich, was er meinte. „Hast du etwas von meinem Spanisch gelernt?"

Er lachte. Es klang hell und gut. „Nein, Brutchko, ich *spreche* eine neue Sprache."

Dann wurde es mir klar. Für einen Motilonen ist die Sprache gleichbedeutend mit dem Leben. Wenn Bobby ein neues Leben hatte, so hatte er eine neue Art zu reden. Seine Sprache würde sich an Christus ausrichten.

Wir legten einander die Hände auf die Schultern. Meine Gedanken gingen zurück zu dem Augenblick, als ich zum ersten Mal Jesus begegnet war und sein Leben in mir gespürt hatte. Nun erlebte mein Bruder Bobby Jesus auf dieselbe Art. Er hatte begonnen, mit Jesus durchs Leben zu gehen.

„Jesus Christus ist von den Toten auferstanden!" rief Bobby so laut, daß es weithin durch den Dschungel schallte. „Er ist unsere Pfade gegangen! Ich bin ihm begegnet!"

Von diesem Tag an wurde unsere Freundschaft durch unsere gemeinsame Liebe für Jesus überhöht. Wir redeten ständig über ihn, und Bobby stellte mir viele Fragen. Aber er fragte mich nie nach der Farbe von Jesu Haaren oder ob er blaue Augen habe. Für Bobby war die Antwort selbstverständlich: Jesus hatte eine dunkle Haut, und seine Augen waren schwarz. Er trug einen Lendenschurz und ging mit Pfeil und Bogen auf die Jagd.

Jesus war ein Motilone.

Die Nacht des Jaguars

Ich lag nach der Jagd am Morgen in meiner Hängematte. Die Frauen waren mit Kochen beschäftigt, und der beißende Rauch von den Feuern, vermischt mit dem Geruch von gebratenem Affenfleisch, machte mich schläfrig. Bald würde es Zeit zum Essen sein. Ich war hungrig.

Ich hörte, wie am anderen Ende des Gemeinschaftshauses eine Unruhe entstand, und ich stützte mich auf meinen Ellbogen hoch, um zu sehen, was da vor sich ging. Ein kleines Knäuel von Männern und Frauen hatte sich um Abacuriana, einen jungen, schlanken Mann, geschart. Ein paar Worte seines Berichtes drangen an mein Ohr:

„Jaguar . . . Ich konnte mich nicht bewegen . . . " Er erzählte aufgeregt.

Zwei Männer in meiner Nähe schwangen sich aus ihren Hängematten und gingen auf die Gruppe zu. „Hey, Chanti", rief ich dem einen nach, „was ist denn los?"

Er kam an meine Hängematte. Er schien nervös. „Hast du es nicht gehört?" fragte er mit rauher Stimme, „der Jaguar hat gesprochen!"

„Welcher Jaguar", fragte ich verwirrt, „hat was gesprochen? Wovon redest du?"

„Der Jaguar hat gesprochen! Er hat gesprochen!"

Ich schüttelte den Kopf. „Chanti, Jaguare sprechen nicht. Und wenn, wen würde es schon aufregen, was sie sagen?"

„O", sagte er und rollte mit den Augen, „wenn der Jaguar spricht, sind wir in großer Not. In großer, großer Not."

„Okay, dankeschön", sagte ich und ließ ihn gehen.

Das ganze Haus war in Aufruhr. Alle ließen ihre Arbeit im Stich. Wer nicht ganz nahe an Abacuriana herankommen konnte, stand am Rand der Menge und redete oder lief rasch zum Ausgang und starrte hinaus.

Ich stieg aus der Hängematte. Der Häuptling stand an einem Ausgang. Ich nahm ihn zur Seite.

„Ich möchte mit dir reden", sagte ich. „Was bedeutet es, daß der Jaguar gesprochen hat?"

„Es bedeutet, daß uns große Not bevorsteht", sagte er.

„Aber was für eine Not? Was könnte ein Jaguar so Gefährliches sagen?"

„Ich werde in den Dschungel gehen, um mit dem Jaguar zu reden. Er wird es mir sagen."

„Aber, Häuptling", sagte ich, „Jaguare können nicht sprechen! Das ist doch Unsinn!"

Er streifte mich mit einem schnellen, harten Blick. „Schau her", sagte er, „du weißt überhaupt nichts über den Dschungel. Du weißt nicht, wie man jagt, du weißt nicht, was man essen kann. Du kannst nicht mithalten, wenn wir auf unseren Pfaden unterwegs sind. Wie kommst du darauf, daß du irgend etwas über Jaguare weißt? " Darauf konnte ich nicht viel entgegnen. Ich schaute ihn nervös verwundert an, während er kalt abweisend in den Dschungel hinausstarrte. Dann gab er sich einen gewaltigen Ruck, straffte die Schultern und verließ das Haus.

Ich sah ihm nach, wie er die Lichtung überquerte und allein zwischen den Bäumen des Dschungels verschwand. Ich drehte mich um. Alle schauten dorthin, wo er verschwunden war.

Er blieb fort bis zum späten Nachmittag. Alle warteten auf seine Rückkehr. Niemand arbeitete. Ein paar Männer versuchten Pfeile zu schnitzen, aber sie hielten oft in ihrer Arbeit ein und starrten ins Leere. Es wurde sehr wenig geredet. Die Leute gingen unruhig im Haus umher, und ihre Unruhe übertrug sich auch auf mich. Ich konnte nicht mehr still sitzen.

Was ging da vor? Etwas derartiges hatte ich noch nie gesehen. Es war als drücke eine riesige unsichtbare Hand das Haus zu Boden.

Als der Häuptling zurückkehrte, scharten sich die Leute sofort um ihn. Er wartete bis alle sich versammelt hatten. Sein Gesicht war müde und von Anstrengung gezeichnet. Er schien um zehn Jahre gealtert.

„Der Jaguar sagt, daß heute nacht die Geister aus den Felsen kommen werden. Sie werden dies Haus angreifen. Leben wird ausgelöscht werden. Sprachen werden verstummen. Der Tod wird einkehren."

Unter tiefem Schweigen ging der Häuptling weg und legte sich in seine Hängematte. Die Versammlung löste sich auf.

Was um alles in der Welt geht da vor sich? fragte ich mich.

Woher rührt all diese Angst? Was bedeutet es, daß der Jaguar spricht und daß Geister aus den Felsen kommen?

Es war offensichtlich, daß etwas wirklich Schreckliches im Gange war. Diese Menschen waren eigentlich nicht abergläubisch, und ich hatte nie zuvor gesehen, daß sie sich wirklich ängstigten. Selbst Giftschlangen und wilden Tieren gegenüber zeigten sie niemals eine Spur von Angst. Wenn sie sich nun fürchteten, mußte es einen sehr gewichtigen Anlaß dafür geben. Aber was war es? Was konnten sie dagegen tun?

Ich entdeckte Bobby draußen vor dem Haus, wo er stand und in die Ferne starrte. Er wandte mir seinen Blick zu, als ich zu ihm trat.

„Brutchko, kann Jesus aus meinem Mund herausgenommen werden?" fragte er, und in seiner Stimme schwang Angst mit.

„Bobby, worum geht es hier denn? Was bedeutet es, daß der Jaguar spricht? Was heißt das, daß die Geister aus den Felsen herauskommen werden?"

„Die Geister kommen aus den Felsen heraus", sagte er. Sie versuchen zu töten. Manchmal stirbt nur einer. Manchmal sterben viele. In Ocbabuda starben vor zwei Monaten sieben."

„Wie sterben sie? Was tötet sie?"

„Die Geister töten sie, Brutchko", sagte er. „Sie sterben in ihren Hängematten, weil die bösen Geister ihnen ihre Sprache entreißen."

„Bobby, stirbt denn immer jemand?"

„Immer", sagte er.

Die Luft schien schwer lastend. Was hatte das alles zu bedeuten? Warum stand ich unter solch großem Druck?

„Kann Jesus aus meinem Mund herausgenommen werden?" fragte Bobby erneut, während er auf den Dschungel hinaussah.

Ich wußte nicht, wie ich ihm antworten sollte. Nie zuvor war ich mit dämonischen Mächten in Berührung gekommen. Mich erfüllte ebenfalls Angst.

„Kann der Teufel mich jetzt noch töten, wo ich auf dem Jesus-Pfad gehe?" fuhr er fort. „Brutchko, was soll ich tun?"

„Ich weiß es nicht, Bobby. Du mußt selbst mit Jesus sprechen. Er ist der Einzige, der die Antwort auf deine Fragen hat. Er wird in deinem Herzen mit dir sprechen."

Er zögerte, dann ging er in den Dschungel hinein. Sofort

überkam mich die Reue. Warum hatte ich ihm nicht einen Rat gegeben? Was für ein schlechter geistlicher Vater war ich doch!

Aber ich wußte ja selber keinen Rat. So machte ich im Dschungel einen langen Spaziergang, voller Angst und Verwirrung. „Jaguare können doch nicht sprechen", sagte ich zu Gott, „was geschieht hier nur?"

Als ich zum Gemeinschaftshaus zurückkehrte, war es schon fast dunkel. Sobald ich die Lichtung betrat, drangen fremdartige, schrille Klagelaute und Beschwörungen an mein Ohr. Das Haus schwankte hin und her, als tobe der Teufel leibhaftig darin. Die Beschwörungsgesänge klangen wirr durcheinander, schwollen an und ab, bald lauter, bald leiser. Die Luft schien elektrisch geladen. Fast fürchtete ich mich einzutreten. Drinnen warfen die Feuer ein gespenstisches, rötlichglühendes Licht. Ich sah, daß das Haus tatsächlich schwankte. Alle Männer lagen hoch oben in ihren Hängematten, schaukelten hin und her und sangen ihre beschwörenden Lieder, um den Teufel abzuhalten. Die Frauen saßen auf dem Boden und klopften große Steine gegeneinander. Ihre Augen waren wie die Augen der Männer fest geschlossen.

Wo war Bobby? War er an seinem Platz? Plötzlich hatte ich Angst um ihn. Er war der einzige Motilone, der begonnen hatte, auf dem Jesus-Pfad zu wandeln. Hatte er sich von dieser Angst und diesem Aberglauben überwältigen lassen?

Dann sah ich ihn in seiner Hängematte liegen und hin und her schaukeln. Fast hätte ich mich umgedreht und wäre hinausgerannt. Aber etwas hielt mich zurück. Er war mein Bruder.

Ich ging zu einem der Stützpfeiler des Hauses und begann mich an ihm hochzuziehen, um Bobbys Hängematte zu erreichen. Sie hing fast sechs Meter hoch über dem Boden. Der Bambus neigte sich unter meinem Gewicht, und ich war nicht sicher, ob er es aushalten würde. Aber in diesem Augenblick zählte für mich einzig und allein Bobbys Wohlergehen. Hand über Hand zog ich mich hoch. Als ich hoch genug war, blickte ich in Bobbys Hängematte hinein. Seine Augen waren geöffnet. Auf seinem Gesicht stand ein glückliches Lächeln. Das Lied, das er sang, war anders als das der übrigen Motilonen:

„Jesus ist in meinem Mund;
ich habe eine neue Sprache.

Jesus ist in meinem Mund;
niemand kann ihn mir nehmen.
Ich spreche die Worte Jesu.
Ich gehe in Jesu Fußspuren.
Ich bin ein Jesus-Sohn;
er hat meinen Magen gefüllt,
und ich habe keinen Hunger mehr."

Während ich mich da oben an dem hohen Pfosten festklammerte, schaute mir Bobby gerade in die Augen. Er war in Sicherheit. Er kannte Jesus. Er tat das, was ich ihm eigentlich hätte vorschlagen sollen. Er hielt die bösen Geister von sich fern, indem er ein Lied von Jesus sang.

Ich stimmte in das Lied mit ein. Die ganze Nacht hindurch sangen wir. Als der Morgen heraufdämmerte, war niemand gestorben. Soweit ihr Gedächtnis zurückreichte, war es das erste Mal, daß die Geister umgegangen waren und niemand sterben mußte.

Niemand sagte etwas über Bobbys Lied, aber ich konnte spüren, daß sie ein neuartiges Interesse an ihm und an seiner Beziehung zu Jesus gewonnen hatten. Es machte sich nicht gerade äußerlich bemerkbar; das wäre nicht die Art der Motilonen gewesen. Aber es war ganz offensichtlich.

Und Bobby begann sich zu verändern. In den Monaten, die seiner Übergabe an Jesus folgten, verlor er nach und nach seinen Hochmut. Wenn er andere Gemeinschaftshäuser besuchte, nahm er nun das Essen gleich an, statt wie früher sich zum Hungern zu zwingen, um seine Stärke zu beweisen. Diese Sturheit hatte ihn bei den anderen Männern nicht gerade beliebt gemacht, obwohl sie davor Respekt hatten. Nun bemerkten sie seine veränderte Haltung und fragten sich, was wohl die Ursache dafür war.

Ich drängte darauf, daß Bobby ihnen darüber berichtete, weil ich überzeugt war, daß seine Worte größere Wirkung haben mußten, als meine. Ich versuchte wiederholt, ihn zu ermuntern, die Erfahrung, die er gemacht hatte, den anderen weiterzusagen. Als er es nicht tat, war ich sehr beunruhigt. Sorgte er sich nicht genug um die anderen Motilonen? Ich wußte es nicht genau.

Aber ich war im Begriff, ihn in meine eigene Schablone zu

pressen, ohne mir dessen bewußt zu sein. Neuigkeiten sind für die Motilonen nicht von wirklicher Bedeutung, wenn sie nicht im Rahmen einer Zeremonie verkündet werden. In meiner freudigen Erregung über Bobbys Glaubenserfahrung wollte ich ihn dazu bringen, die Sache so zu handhaben, wie es in Nordamerika üblich war. Ich wollte, daß er eine Versammlung einberief und öffentlich von Jesus erzählte, oder daß er seine Freunde zur Seite nahm und ihnen deutlich machte, was Jesus jetzt für ihn bedeutete. Aber, Gott sei Dank, wartete er, bis er es in der den Motilonen gemäßen Art tun konnte.

Die Nachricht ging um, daß wieder ein Fest der Pfeile stattfinden solle. Im Gemeinschaftshaus löste dies freudige Erregung aus. Dieses Fest war die einzige Gelegenheit, bei der sich alle Motilonen zusammenfanden.

Dabei wurden Bündnisse geschlossen und Pfeile ausgetauscht. Die daran Beteiligten trugen auch einen Sängerwettstreit aus. Sie kletterten in ihre Hängematten und sangen solange sie konnten, wobei sie in ihren Liedern Legenden, Geschichten und Ereignisse der jüngsten Vergangenheit erzählten. Oft dauerten ihre Gesänge zwölf Stunden lang, ohne jede Unterbrechung durch Mahlzeiten oder Ruhe.

Leute strömten in das Haus. Es gab viel Lärm und reichlich zu essen. Alte Freunde begrüßten einander und tauschten Geschichten aus. Die Leute sahen Bobby in neuem Licht. Es hatte sich herumgesprochen, wie er sich in der Nacht der Geister verhalten hatte, und daß niemand gestorben war. Man begegnete ihm mit Respekt und einiger Neugierde. Er hatte inzwischen geheiratet und war als Mann voll angenommen.

Ein älterer Häuptling namens Adjibacbayra hatte ein besonderes Interesse an Bobby. Seine reservierte Haltung gab ihm Würde. Trotzdem war er voller Neugierde, und schon am ersten Tag des Festes forderte er Bobby zum Gesang heraus. Bobby freute sich und nahm ohne Zögern an.

Beide kletterten zusammen in eine Hängematte, die etwa sechs Meter über dem Boden hing, und begannen hin und her zu schaukeln. Bobby fing als erster an zu singen, und Adjibacbayra sang ihm Zeile für Zeile nach. Andere Männer hatten sich ebenfalls gegenseitig zum Gesang herausgefordert und sangen im selben Raum.

Bobbys Lied erzählte, wie die Motilonen getäuscht worden waren und den Gottes-Pfad verloren hatten. Er sang davon, wie sie einstmals Gott gekannt hatten, aber aus Habgier einem falschen Propheten gefolgt waren. Dann begann er von Jesus zu singen. Bald schon verstummten die anderen Männer. Alle hörten ihm ganz still zu.

„Jesus Christus ist zu uns gekommen und Mensch geworden. Er ist auf unseren Pfaden gegangen“, sang Bobby. „Er ist Gott, aber trotzdem können wir ihn kennenlernen.“

Das Haus war totenstill, bis auf Bobbys eintönigen Gesang und dessen Wiederholung durch Adjibacbayra. Die Leute spitzten die Ohren, um sich ja nichts entgehen zu lassen.

In mir tobte jedoch ein Kampf. Ich merkte, daß mich das Singen abstieß. Es schien so heidnisch. Die Melodie stieg und fiel in einer fremdartigen Molltonart und klang wie Beschwörung. Das Evangelium schien dadurch abgewertet. Doch als ich die Gesichter der Leute genauer betrachtete und hinaufschaute zu dem Häuptling in seiner Hängematte, erkannte ich, daß sie alle dem Gesang lauschten, als hinge ihr Leben davon ab. Bobby teilte ihnen durch das Lied geistliche Wahrheiten mit.

Trotzdem wollte ich es immer noch auf *meine* Art getan sehen . . . . bis ich Bobby davon singen hörte, wie Jesus ihm eine neue Sprache gegeben hatte.

„Kannst du denn nicht erkennen, wie wichtig und echt das alles ist, was er ihnen mitteilt?“ schien Gott mich zu fragen.

„Aber Herr“, antwortete ich, „warum fühle ich mich davon so abgestoßen?“

Dann erkannte ich, daß meine Sündhaftigkeit daran schuld war. Ich konnte zwar die Lebensweise der Motilonen annehmen und lieben, aber sobald es um geistliche Dinge ging, glaubte ich, meine eigene Art damit umzugehen sei die einzig richtige. Aber meine Haltung war doch nicht unbedingt auch Gottes Haltung! Gott sagte mir: „Ich liebe die Lebensweise der Motilonen auch, denn ich habe sie geschaffen. Und ich werde ihnen auf meine eigene Art von meinem Sohn erzählen.“

Meine Verkrampfung löste sich, und nun war ich endlich in der Lage, mich an Bobbys Gesang zu erfreuen. Er sang acht Stunden – zehn Stunden lang. Aber die Aufmerksamkeit der Motilonen erlahmte nicht. Es wurde dunkel im Haus. Feuer wurde angezündet. Schließlich, nach vierzehn Stunden, hörten sie auf zu singen und kletterten ermattet herunter.

Adjibacbayra schaute Bobby an. „Du hast uns etwas wirklich Neues mitgeteilt", sagte er. „Ich möchte auch mein Leben in Jesus festbinden und schweben lassen. Ich möchte sein Blut über meine Treulosigkeit decken." In dieser Nacht wurden die Anwesenden von einer geistlichen Umwälzung und Erneuerung erfaßt. Niemand weigerte sich, die Botschaft von Jesus anzunehmen. Alle wollten sich von ihm über den Horizont hinausführen lassen. Es herrschte überwältigender Jubel. Manchmal war es ruhig, und die Leute saßen in kleinen Gruppen zusammen und redeten. Dann wieder machte sich die Freude in spontanem Singen Luft. So ging es bis tief in die Nacht hinein.

Gott hatte gesprochen. Er hatte in der Sprache der Motilonen und durch ihre Kultur gesprochen. Mich hatte er nicht einmal dazu nötig gehabt.

Wunder im Alltag

Es erschien mir wie ein Wunder, daß die Motilonen beim Fest der Pfeile Jesus angenommen hatten. Tagelang war mein Herz von Lobpreis erfüllt.

Dann erhielt ich Nachricht von anderen Pfeilfesten. Die Botschaft, die Bobby in seinem Gesang ausgedrückt hatte, war dort wiederholt und freudig angenommen worden. Ich konnte es kaum fassen.

Nun da die Leute begannen, auf Gottes Wort einzugehen und ihm zu gehorchen, geschahen noch andere Dinge, die ich auch als „Wunder" bezeichnete – Dinge, die eindeutig aus einer anderen Welt stammten. Aber die Vorstellung der Motilonen von einem Wunder deckte sich nicht unbedingt mit der meinen. Einiges, das mich in größtes Erstaunen setzte, erschien ihnen wie selbstverständlich.

So war es beispielsweise mit den Arzneimitteln. Nachdem die Motilonen begonnen hatten, Jesus nachzufolgen, fand auf diesem Gebiet eine unglaubliche Weiterentwicklung statt. Aber immer wenn Spritzen, Tabletten oder Salben verabreicht wurden, wurde das von einem Gesang begleitet, der Jesus um Heilung bat. Für die Motilonen war die heilende Wirkung der Arznei ein Wunder, das von Jesus kam. Es war etwas, das er für sie vollbrachte. Ihre Gebete waren ein Teil des Heilungsprozesses.

Manchmal führte das zu überraschenden Ergebnissen. Eines Tages kam ich in ein Gemeinschaftshaus der Motilonen, um nach einem Mann zu sehen, der in der vorhergehenden Woche von einer Giftschlange gebissen worden war. Er war fast wieder genesen.

„Ich dachte, ihr hättet kein Gegenserum gegen Schlangengift mehr", sagte ich. „Woher habt ihr welches bekommen?"

„Wir hatten keines", antwortete der Medizinmann.

„Was in aller Welt habt ihr dann gemacht, daß er wieder gesund wurde?"

„Nun, wir hatten noch etwas Antibiotikum. Deshalb haben wir ihm das gegeben und haben gebetet, daß Gott ihn gesund machen wolle. Wie du siehst, hat er es getan."

Ich war verblüfft. Das Antibiotikum war absolut nutzlos gegen Schlangengift. Gott hatte den Mann gesund gemacht und nicht etwa die Arznei.

Aber war das nicht überhaupt die Meinung der Motilonen über alles Gesundwerden? Was machte es schon für einen Unterschied, welche Methoden Gott benützte? Ob nun ein Mensch die richtige Arznei bekam oder nicht, es war in jedem Fall Gottes Heilung.

Aber ich war froh, daß Gott sich entschlossen hatte, sein mächtiges Wirken unter den Motilonen ganz deutlich sichtbar werden zu lassen und wäre es auch nur um mir zu zeigen, daß er ihre Herzen wirklich umwandelte. Andernfalls wäre es mir unmöglich gewesen zu glauben, daß sie von ganzem Herzen das Evangelium angenommen hatten. Manchmal dachte ich: *Ist das wirklich eine echte Bekehrung, oder handelt es sich lediglich um eine weitere Legende, von der die Motilonen dann berichten können?* Dann führte mir Gott aber immer wieder die tiefgreifenden Veränderungen in ihrem Leben vor Augen, so daß ich nicht länger bezweifeln konnte, daß er in ihnen und durch sie wirkte.

Eines Tages kam ich von einer Reise zurück und erfuhr, daß Atabacdora sich einen Bruch der Wirbelsäule zugezogen hatte. Er war auf einer Jagd nach Affen von einem Baum herabgestürzt. Da wir bei uns nicht entsprechend eingerichtet waren um ihm helfen zu können, trugen wir ihn drei Tage lang durch den Dschungel und fuhren dann mit einem Floß flußabwärts zum Krankenhaus in Tibu. Dort wurden Röntgenaufnahmen gemacht. Es stellte sich heraus, daß es sich um einen Bruch der Halswirbelsäule handelte. Das bedeutete monatelanges vollkommen ruhiges Liegen. Da ich der einzige Mensch war, der sowohl Spanisch als auch Motilonisch sprechen konnte, mußte ich ihm den Befund mitteilen.

Atabacdora lag auf dem Rücken im Bett. Sie hatten ihm feste Kissen untergeschoben, so daß sein Rücken sich in der Mitte nach oben wölbte. Es war ihm unbequem. Er klagte, daß die Krankenschwestern ihn daran hinderten, sich zu bewegen.

„Der Arzt hat mir gerade gesagt, daß du drei Monate lang still liegen mußt", sagte ich zu ihm. „Wenn du es nicht befolgst, wirst du nie wieder gesund." „Nein, Brutchko", sagte er, „ich kann das nicht. Ich kann einfach nicht so lange hier liegen bleiben."

„Atabacdora, du mußt. Wenn du es nicht tust, wirst du nie gesund werden."

Ich nahm ihm das Versprechen ab, die Anweisungen des Arztes zu befolgen, aber er war durchaus nicht glücklich darüber. Und ich war auch nicht sicher, wie lange er sein Versprechen einhalten würde. Bobby und ich sprachen darüber, aber keiner von uns wußte eine Lösung. Er mochte, wenn er sich sehr anstrengte, wohl eine Woche lang still liegen. Aber drei Monate lang? Unmöglich!

„Weißt du was, Bobby", sagte ich, „die Männer, die Jesus gekannt haben, als er unsere Pfade ging, salbten manchmal einen kranken Menschen mit Öl und beteten dann, daß er geheilt würde. Ich meine, daß wir das vielleicht mit Atabacdora tun sollten."

„Und hat es Erfolg, Brutchko?" fragte Bobby. „Heilt Gott die Menschen, wenn man sie so behandelt?"

„Ich weiß es nicht, Bobby. Ich habe es nie versucht."

Ich hatte keinen großen Glauben daran, daß es wirklich helfen würde, aber ich wußte, Atabacdora würde niemals drei Monate lang still liegen können. Und ich konnte den Gedanken nicht ertragen, daß er dann für immer gelähmt bliebe.

Wir besorgten uns etwas Öl und gingen zu ihm ins Krankenzimmer. Er hatte große Schmerzen. Die schmerzstillenden Mittel waren nicht stark genug, aber dennoch lächelte er uns zu. „Wir wollen für dich beten", sagte ich.

Bobby tauchte seinen Finger in das Öl, dann tat ich es ihm nach. Einen Augenblick standen wir unschlüssig da. Bobby wartete darauf, daß ich den nächsten Schritt tun sollte.

„Ich weiß nicht, wo man das Öl aufträgt", sagte ich. „Irgendwo auf seinem Kopf, aber ich weiß nicht wo."

„Komm, wir tun es ihm auf die Stirn", sagte Bobby.

Das taten wir. Dann legten wir unsere Hände auf seinen Kopf. Bobby betete.

„Gott", sagte er, „Atabacdora hat sich den Rücken verletzt. Er muß wieder gesund werden, damit er wieder mit seinen

Motilonen-Brüdern durch den Dschungel streifen und fischen und jagen kann. Du kannst seinen Rücken wieder gesund machen. Wir möchten, daß du das tust, und wir bitten dich darum im Namen Jesu."

Wir sprachen noch ein paar Worte mit Atabacdora und gingen dann.

Ich hatte in Cucuta einiges zu erledigen, daher wies ich Bobby an, sich um Atabacdora zu kümmern. Meine Geschäfte nahmen mich drei Tage lang in Anspruch. Fast die ganze Zeit über machte ich mir Sorgen um Atabacdora. Als ich zurückkehrte, ging ich sofort zu Bobby. Er war verärgert.

„Atabacdora versucht nicht einmal ruhig liegen zu bleiben, Brutchko", erzählte er mir. „Er sagt, er liegt auf dem Rücken nicht bequem und will nicht flach liegen bleiben."

Wir gingen ins Krankenhaus, um ihn zu besuchen. Sein Bett war leer. Ich erschrak. Hatte er sich etwa durch die Bewegungen verletzt und war nun zur Operation gebracht worden?

Dann kam Atabacdora zur Tür herein. Als er uns sah, nahm sein Gesicht einen schuldbewußten Ausdruck an, so wie ein Kind, das man beim Naschen ertappt. Ohne etwas zu sagen, schlüpfte er ganz schnell ins Bett und legte sich demonstrativ ganz ruhig und mit in der Mitte hochgewölbtem Rücken hin. Kaum hatte er diese Stellung eingenommen, da kam eine Krankenschwester wutschnaubend ins Zimmer gestürmt. Sie deutete auf ihn und sprudelte lauthals Vorwürfe hervor, daß ich sein Aufstehen nicht verhindert hätte. Atabacdora lag ganz still da mit einem seligen Schmunzeln im Gesicht. Als die Krankenschwester schließlich wieder abzog und ihm dabei noch alle erdenklichen Übel androhte, grinste er uns an.

Nun mußte ich ihn ausschimpfen. „Atabacdora, willst du denn nicht wieder gesund werden? Wenn du nicht still liegen bleibst, wirst du vielleicht nie wieder auf die Jagd gehen können."

Er schmollte. „Brutchko, ich konnte ganz einfach nicht mehr länger liegen bleiben. Es ist so unbequem. Ich habe drei Tage lang getan, was du mir gesagt hast, aber dann war es genug."

„Brutchko", sagte Bobby, „wenn ihm sein Rücken nicht mehr weh tut, warum soll er dann noch im Bett bleiben?"

Daran hatte ich noch gar nicht gedacht. Ich suchte den Arzt auf und bat ihn, noch einmal eine Röntgenaufnahme von Atabacdora zu machen. Er wollte nicht, aber ich konnte ihn schließlich dazu überreden. „Na gut“, sagte er. „Wenn es Sie glücklich macht, tu ich's.“

Am folgenden Tag kam er zu mir. Er sah verwirrt aus. „Ist das nicht der gleiche Indianer, den Sie uns gebracht haben?“

„Natürlich“, sagte ich. „Oder glauben Sie, daß wir Ihnen die Patienten austauschen?“

„Nun, wenn es derselbe Mann ist, dann ist sein Rücken wieder in Ordnung. Es ist höchst erstaunlich. Man kann nicht einmal mehr eine Bruchstelle an dem Wirbel erkennen. Es ist wie ein Wunder. Mann, ich möchte bloß genau wissen, wie man ihn behandelt hat. Ich habe noch nie erlebt, daß unsere Behandlung so wirksam war.“

Ich lachte. „Glauben Sie nicht, daß hier etwas mehr als nur ärztliche Kunst am Werke war?“

„Was meinen Sie denn?“

„Ich meine Gott.“

Er ging kopfschüttelnd davon.

Voll freudiger Erregung ging ich zu Bobby und erzählte ihm, was geschehen war. „Bobby, ist dir klar, daß das ein echtes Wunder ist?“

Bobby bewahrte seinen Gleichmut. Für ihn war es lediglich eine Rückenverletzung, die Gott geheilt hatte. Eine Menge Leute bekamen Rückenschmerzen, lagen einen Tag lang in ihrer Hängematte und standen dann wieder auf, um sich an die Arbeit zu begeben. Was Atabacdora hatte, war eben ein bißchen schlimmer als gewöhnlich gewesen. „Aber Bobby“, sagte ich, „das Röntgenbild hatte einen Halswirbelbruch ergeben.“

„Was ist ein Röntgenbild?“

„Bobby, das kann ich dir nicht erklären. Aber was ich sagen will, ist, daß Gott ihn geheilt hat.“

„Aber, Brutchko, warum ist das so eine Überraschung? Wir haben zu oft gesehen, wie Menschen geheilt wurden, als daß es uns noch überraschen könnte.“

Im Jahre 1967, ungefähr ein Jahr nachdem die ersten Motilonen an Christus gläubig geworden waren, kamen Arabadoyca und einige andere Männer zu mir zu einer Unterredung. Sie hatten sich vorgenommen, zu den Yukos zu gehen und ihnen von Jesus zu erzählen.

Ich hatte schon früher dasselbe Verlangen verspürt und hatte dem Dorf, in dem ich fast ein Jahr verbracht hatte, einen Besuch abgestattet. Es dauerte keine Stunde, bis ich merkte, daß sich bei den Yukos etwas verändert hatte. Bald schon fand ich heraus, was es war. Eine der Frauen, denen ich von Jesus zu erzählen versucht hatte, hatte einen Traum über ihn gehabt. Infolgedessen hatte fast das ganze Dorf Jesus angenommen. Sie hatten das Chicha-Trinken aufgegeben, jenes Getränk, von dem sie so oft berauscht gewesen waren. Das ganze Leben im Dorf hatte sich merklich zum Besseren entwickelt. Statt den Yukos von Jesus zu sagen, wozu ich ja zu ihnen gekommen war, erzählten sie mir von ihm.

Diesmal jedoch war ich überrascht, daß die Motilonen den Yukos von Jesus erzählen wollten. Die beiden Stämme waren jahrelang heftig verfeindet gewesen. Die Yukos hatten ein Spiel, das sie besonders gerne spielten. Sie sammelten viele fingerlange Dornen und spickten damit die Pfade der Motilonen. Dann versteckten sie sich im Gebüsch und warteten. Wenn ein Motilone auf dem Pfad daher kam, trat er in die Dornen. Die Yukos amüsierten sich, wenn er sich vor Schmerz krümmte, und rannten davon.

Nun wollten Motilonen den Yukos von Jesus erzählen! Sie wußten damals noch nicht, daß es außer ihrer eigenen Sprache auch andere Sprachen gab. Sie dachten, daß die Yukos genauso sprachen wie sie selbst. Aber die beiden Sprachen sind völlig verschieden voneinander. Ich konnte mir nicht vorstellen, wie sie es fertigbringen wollten, sich den Yukos verständlich zu machen.

Aber ich wollte sie nicht zurückhalten. Ich schlug ihnen vor, zu den Stämmen des Tieflands zu gehen, die noch nichts von Jesus gehört hatten. Einige Tage später machten sie sich auf den Weg. Ich betete, daß es nicht zu einer niederschmetternden Erfahrung für sie würde; daß Gott sie trösten wolle in ihrer Enttäuschung über die Unmöglichkeit, sich verständlich zu machen.

Sie waren einige Wochen weg. Als sie zurückkehrten, suchte ich Arabadoyca auf, voller Spannung, was er berichten werde.

„Wie ist es euch ergangen?“ fragte ich.

Er war beim Pfeileschnitzen und schaute mit seinem vertrauten, schiefen Grinsen zu mir auf. „Wunderbar“, sagte er. „Sie hatten noch nichts von Jesus gewußt.“

„Und haben sie euch verstanden?“

„O ja, wir haben ihnen sehr viel von Jesus erzählt.“

„Ihr habt mit ihnen geredet?“

„Natürlich.“ Arabadoyca war etwas beunruhigt über meine Überraschung. „Wie würdest du es denn gemacht haben?“

„O .... genauso. Aber woher wißt ihr, daß sie euch verstanden?“

Wieder schaute er verwundert drein. „Sie haben uns doch gesagt, daß sie uns verstanden. Unsere Botschaft löste große Aufregung und Freude aus, Brutchko.“

„Du sagst also, daß ihr euren Mund geöffnet und zu den Yukos gesprochen habt, und sie verstanden euch und sagten etwas zu euch, und ihr habt sie verstanden?“

„Ja, natürlich.“

Die Sprache der Yukos ist nicht ein Motilonendialekt, sondern eine völlig andersartige, eigenständige Sprache. Man kann keinesfalls von der einen Sprache auf die andere schließen.

Dennoch bin ich überzeugt, daß Arabadoyca und die anderen nicht logen. Lügen ist bei den Motilonen fast unbekannt. Und es gab für sie keinen Grund zu lügen. Außerdem ist da noch die Tatsache, daß es jetzt im Tiefland Christen gibt, wo vorher keine waren.

Ich kann daraus nur schließen, daß der Heilige Geist Gottes die Motilonen die Sprache der Yukos reden und verstehen ließ. Für mich war es ein Wunder. Aber für die Motilonen ist alles, was Gott tut, ein Wunder.

Mit den Motilonen zusammen habe ich gelernt, zu erwarten, daß Gott uns ungeachtet aller Schwierigkeiten das gibt, was wir brauchen. Einmal, als wir eine Masernepidemie bekämpfen mußten, gingen mir die Arzneimittel aus. Masern sind bei den Indianern eine oft tödlich verlaufende Krankheit, und ohne Antibiotika stand ich ihr hilflos gegenüber. Es hatten sich bereits zehn Leute angesteckt, und die Epidemie breitete sich schnell aus.

Aber ich war völlig überzeugt, Gott werde irgendwie dafür

sorgen, daß wir Arzneimittel bekamen. Ich zweifelte keinen Augenblick daran, obwohl ich weder ein Konto noch Kredit bei einer Bank hatte.

Ich reiste nach Tibu in der sicheren Erwartung, dort Geld vorzufinden. Ich öffnete die ganze Post, die mir zugegangen war. Es war kein Cent dabei.

Immer noch war ich sicher, daß Gott eine Antwort auf das Problem hatte, wie schon in ähnlichen Situationen. Sein Geist sprach mir in diesem besonderen Fall Trost und Mut zu.

Also ging ich nach Cucuta, öffnete dort meinen Briefkasten und fand darin einen Scheck über fünfhundert Dollar. Ich war gar nicht überwältigt, sondern dankte dem Herrn dafür, löste den Scheck ein und kaufte Arzneimittel. Die Rechnung betrug 565 Dollar. „Ich habe hier fünfhundert Dollar, und wenn Sie ein bißchen Geduld haben, werde ich Ihnen auch den Rest bezahlen“, sagte ich zu dem Verkäufer. Er war einverstanden. Da es ein großer Posten war, den ich ihm abnahm, wollte er sich das Geschäft nicht entgehen lassen.

Am Tag vor meiner Abreise aus Cucuta warf ich noch einmal einen Blick in meinen Briefkasten. Es war ein Scheck über einhundert Dollar darin. Ich bezahlte den Rest der Arzneimittelrechnung und hatte dann noch etwas übrig, um mir ein gutes Essen zu genehmigen und einiges für den Dschungel zu besorgen. Dann ging ich zurück nach Tibu und von dort aus wieder in den Dschungel. Die Arzneimittel reichten aus, um die Epidemie erfolgreich zu bekämpfen und eintretende Komplikationen unter Kontrolle zu bringen.

Das größte Wunder jedoch, das ich je erlebt habe, ist die große Veränderung im Leben der Motilonen. Sie haben in Jesus ihre Lebenserfüllung gefunden. Als Folge davon haben sie jenes ichbezogene Wesen abgelegt, das sie davon abgehalten hatte, einander zu helfen. Es gibt jetzt echte Gemeinschaft unter ihnen, es gibt Fürsorge und Selbstaufopferung. Das hat sowohl ihren wirtschaftlichen Fortschritt als auch ihre geistliche Weiterentwicklung möglich gemacht. Ohne diese neugewonnenen Eigenschaften blieben ihre gemeinschaftlichen Unternehmungen immer in den Anfängen stecken. Mit ihnen sind ihre Probleme gelöst.

Ich habe vor den Vereinten Nationen gesprochen. Ich habe vor der Organisation der amerikanischen Staaten gesprochen. Mit den vier letzten Präsidenten von Kolumbien verband mich persönliche Freundschaft. Meine Erfahrungen mit den Motilone-Indianern haben mich gelehrt, wie man mit fremden Kulturen umgehen muß; wie man Wandlungen zum Guten herbeiführen kann, ohne dabei die jeweiligen Sozialstrukturen zu zerreißen. Ich versuche diese Erfahrungen weiterzugeben. Aber das Wichtigste, das ich all denen mitgeben möchte, die versuchen, Urvölkern zu helfen, ist dies: Es wird ihnen keine durchgreifende Hilfe zuteil, solange sie nicht in Jesus Christus die Erfüllung ihres Lebens finden. Ohne ihn wird jede wie auch immer geartete Entwicklung ihre Zielrichtung verfehlen oder der Korruption anheimfallen, die alle verbittern wird, die versuchen, zusammenzuhalten, was an Positivem eingeleitet wurde, und jene, die sich nicht darum scheren, der Apathie und Entfremdung ausliefern.

Aber mit Jesus kann es eine echte Wandlung geben. Nicht nur eine geistliche Veränderung. Nicht nur ein allmählicher Wandel. Nein, eine echte Umwandlung, jetzt, hier und mit sichtbarer Auswirkung. Jesus ist die Quelle jeder Wandlung. Er ist der Gott der Wunder im Alltag.

Wie David und Jonathan

George Camibocbayra traf mich außerhalb des Hauses und nahm mich beiseite. „Du solltest gleich hineingehen und mit Bobby reden“, sagte er. „Seine Tochter ist schwerkrank, und sie haben sie ins Krankenhaus nach Tibu gebracht.“

Ich schlüpfte ins Haus und suchte Bobby auf. Er saß auf einer Matte und starrte traurig auf seine Füße. Ich legte ihm eine Hand auf die Schulter. Er schaute zu mir auf und senkte gleich wieder den Kopf.

„Man sagt mir, daß deine Tochter krank ist“, sagte ich.

Er nickte. „Wir haben sie vor drei Tagen nach Tibu gebracht.“

„Warum bist du hierher zurückgekehrt?“

„Ich muß mich um meine Frau kümmern. Weißt du, sie ist schwanger. Und ich habe hier Verpflichtungen. Ich muß Vorräte herbeischaffen und Sachen zum Verkauf bringen. Und was könnte ich in Tibu nützen?“

„Und doch“, sagte ich mit einem schwachen Lächeln, „sieht es auch nicht so aus, als ob du hier viel nützen könntest.“

Er schaute wieder zu mir auf. Sein Gesicht erschien müde und gealtert. „Ja, das stimmt“, sagte er „Ich kann nicht aufhören an sie zu denken.“

Er erhob sich. Ich schaute hinüber zu Atacadara, seiner Frau. Sie stand da und beobachtete Bobby mit großer Besorgnis. Sie war hochschwanger, aber ihr schmales Gesicht und die dunklen Augen waren immer noch voller Schönheit. Sie liebte Bobby. Selbst jetzt, wo sie ihr krankes Kind hatte weit fortgeben müssen, war sie am meisten um Bobby besorgt.

Ich sah Bobby wieder an. „Laß uns zusammen für deine Tochter beten“, sagte ich. „Dann werde ich nach Tibu reisen, um zu sehen, ob ich irgendwie behilflich sein kann. Du solltest hier bleiben und dich um Atacadara kümmern.“

Vier Tage später stand ich am Bett des kleinen Mädchens. Ihr Körper schien zusammengefallen. Die Haut hing schlaff über den Knochen, und über die Augen zog sich ein dünner, trüber Schleier.

Der Arzt stand neben mir. „Woran ist sie erkrankt?“ fragte

ich. Er war noch ziemlich jung, eben erst mit seiner Ausbildung fertig. „Wir wissen es nicht", sagte er. „Es können verschiedene Dinge zusammenwirken. Ich weiß nicht, ob wir viel für sie tun können."

Mich überlief ein Frösteln. „Wollen Sie damit sagen, daß sie sterben wird?"

„Wer weiß das?" sagte er. „Wenn es uns nicht gelingt, herauszufinden was ihr fehlt, wird sie wohl nicht durchkommen."

Als ich das Krankenhaus verließ, dachte ich daran, wie Bobby sie mir immer in die Hängematte hinaufgereicht hatte. Ich hatte sie dann auf meinen Bauch gesetzt und ihr vorgesungen, während sie lächelte und krähte.

Mir fiel ein, wie Bobby Atacadara geheiratet hatte. Es war bald nach seiner Übergabe an Jesus Christus gewesen. Atacadara war das hübscheste und intelligenteste Mädchen im ganzen Gemeinschaftshaus gewesen. Bobby hatte ihr durch einen Freund mitteilen lassen, daß er sie mochte. Sie waren jedesmal, wenn sie zusammentrafen, rot geworden. Atacadara war von Bobby geradezu betört gewesen. Er war ein gutaussehender, starker junger Krieger, sozusagen der Preisgekrönte des Stammes. Eines Tages war sie mit ihrer Hängematte auf den Platz neben Bobby umgezogen, und damit waren sie verheiratet. Ihr Vater war ärgerlich gewesen. Er hatte keinerlei Interesse an einem Schwiegersohn gehabt. Er hatte sie in der Familie behalten wollen. Aber sie hatte sich geweigert.

Ich mußte lachen, wenn ich daran dachte, wie mir damals zumute gewesen war. Ich hatte gefürchtet, Bobbys Heirat könnte unsere Freundschaft beeinträchtigen, so daß wir nie wieder so eng vertraut sein würden. Aber gerade das Gegenteil war eingetroffen. Atacadara und ich waren wie Bruder und Schwester geworden, und als ihre erste Tochter geboren wurde, war ich gemäß der motilonischen Sitte ihr zweiter Vater. Wir waren eine Familie geworden.

Bobby war ein zärtlicher Ehemann und Vater. Für die motilonischen Männer war es nicht üblich, zwischen sich und ihren Frauen große Vertraulichkeit aufkommen zu lassen. Aber Bobby und Atacadara lebten vom ersten Tag ihrer Ehe an in enger Gemeinschaft. Sogar noch vor dem Fest der Pfeile hatte Bobbys Erzählen Atacadara zum Glauben an Jesus gebracht.

Sie waren nicht nur Mann und Frau, sie waren Freunde. Oft lagen sie zusammen in einer Hängematte und redeten stundenlang miteinander. Bis tief in die Nacht hinein konnte man dann das leise Murmeln ihrer Stimmen vernehmen.

Jetzt kämpfte ihre kleine Tochter mit dem Tod. Aber Gott mußte sie doch wieder gesund machen! Sie bedeutete so viel für Bobby und Atacadara.

Als mir am folgenden Tag der Arzt sagte, sie sei in der Nacht gestorben, war es für mich wie ein Schlag ins Gesicht.

Ich mußte Bobby die Nachricht überbringen. Als er es hörte, wurde er ganz blaß. Ohne ein Wort zu sagen, lief er hinaus in den Dschungel und blieb bis zum Abend weg. Selbst dann sagte er noch nichts und zeigte auch kein Zeichen der Zuneigung zu Atacadara oder zu mir. Zwei Tage später brachte Atacadara wiederum ein Mädchen zur Welt, aber Bobby brachte lediglich ein schwaches Zeichen der Kenntnisnahme auf. Jeden Tag wanderte er lange im Dschungel umher. Wenn er zurückkam, sagte er nicht, wo er gewesen war. Wenn ich etwas zu ihm sagte, reagierte er gewöhnlich nicht darauf.

Es war seine erste wirkliche Prüfung als Christ, und sie war sehr schwer. Er zeigte auch weiterhin kein Zeichen der Liebe für seine Frau oder seine neugeborene Tochter. Wir beteten für ihn, aber zwei Wochen lang hielt ihn seine tiefe Trauer fest umklammert.

Endlich begann er von seiner neuen Tochter Notiz zu nehmen. Ich trug sie zu ihm hin und legte sie ihm in die Arme. Er wiegte sie sanft hin und her. Nach einer weiteren Woche trug er sein Töchterchen überall hin, und er und Atacadara waren enger miteinander verbunden als je zuvor. Allen fiel ihre einzigartige Harmonie auf. Bobbys Schwiegervater, der so lange Zeit wegen der Heirat verbittert gewesen war, begann mit ihnen zusammen zu essen. Er sah deutlich, daß er im Unrecht gewesen war. Später wurde er Christ, wozu er hauptsächlich durch das Eheglück seiner Tochter veranlaßt wurde.

Bobbys Familie vergrößerte sich. Ein Jahr später konnte er schon seinen ersten Sohn in den Armen halten, und das machte ihn sehr glücklich. Aber er wurde nicht egoistisch dadurch. Ich hatte insgeheim befürchtet, daß er seiner Familie seine ganze Zeit widmen und darüber seine Aufgaben an den anderen Motilonen vernachlässigen würde. Das Gegenteil trat ein. Die Liebe zu seiner Familie schien alle anderen miteinzuschließen, so daß er mehr Interesse als je zuvor daran hatte, anderen zu helfen.

Auf einer unserer Reisen zu den höhergelegenen Stammesgebieten der Motilonen trafen wir auf einen ungefähr achtjährigen Jungen namens Odo. Seine ganze Familie war bei einer Epidemie gestorben, so daß er völlig auf sich allein gestellt war und in Gefahr stand, sich zu einem jugendlichen Verbrecher zu entwickeln. Er zog von einem Gemeinschaftshaus zum anderen, fand dabei immer etwas zu essen, wurde aber nie wirklich voll aufgenommen.

Er war kein angenehmer Junge. Er nahm es als selbstverständlich hin, daß man ihn durchfütterte und sich um ihn kümmerte, und er zeigte sich nie dankbar dafür. Er richtete auch eine Menge Schaden an und verursachte laufend Schereien.

Er war sowohl mir als auch Bobby aufgefallen, aber da wir lediglich auf der Durchreise waren, machte ich mir weiter keine Gedanken über ihn. Anders Bobby. Eines Tages sagte er zu mir, er wolle Odo mitnehmen, wenn wir weiterreisten.

„Wozu denn, Bobby? Er wird uns nur im Wege sein."

„Er braucht jemanden", sagte Bobby. „Wenn er mitkommt, kann er uns vielleicht helfen, und wir werden dann auch ihm helfen können."

Als wir Odo vorschlugen mitzukommen, wurde er mißtrauisch. „Warum wollt ihr mich mitnehmen?"

Bobby tat, als hätte er sein Mißtrauen nicht bemerkt. „Wir brauchen noch jemand, der uns helfen kann. Wir haben eine Menge Arbeit vor uns, und es ist zuviel für uns beide. Du bist ein kluger Bursche, das sieht man sofort, und wir glauben, daß du alles schnell begreifen wirst."

Odo schaute von einem zum andern und versuchte herauszufinden, was wir von ihm wollten. Schließlich nickte er. „Na gut", sagte er.

Anfangs war es nicht leicht ihn zu ertragen. Bobbys Geduld verblüffte mich immer wieder. Er wurde nie ärgerlich und schien nicht aus dem Gleichgewicht zu bringen. Innerhalb weniger Wochen konnte ich eine Veränderung in Odos Verhalten feststellen. Er blieb ständig in Bobbys Nähe. Anstatt uns im Wege zu sein, wurde er uns eine wirkliche Hilfe. Als wir zu unserem Gemeinschaftshaus zurückkehrten, kam Odo mit und gehörte fortan zu Bobbys Familie. Während er früher ständig verdreckt gewesen war, fing er jetzt an, sich zu waschen, obwohl Bobby nie ein Wort darüber zu ihm gesagt hatte. Nach ein paar Monaten schon wurden die Leute auf ihn aufmerksam, und zwar nicht mehr wegen seines schlechten Benehmens, sondern weil er jetzt ein erstaunlich früh gereifter junger Mann geworden war. Das Vorbild Bobbys leitete ihn auch dazu an, sich um andere Menschen zu kümmern.

Dies war eine der schönsten und friedlichsten Zeiten in meinem Leben. Bobby und ich waren ständig zusammen. Wir hatten keine Geheimnisse voreinander. Ich erkannte, daß er im Begriff war, der alle anderen überragende junge Anführer der Motilonen zu werden. Ich brauchte ihm nie zu sagen, was er tun mußte. Wenn er kam, um sich bei mir Rat zu holen, konnte ich ihm sagen, er solle selber entscheiden. Andere junge Männer, die ebenfalls Christus kennengelernt hatten und nun sich um andere sorgten, fingen an, mit uns zusammen zu arbeiten. Es bildete sich ein ausgezeichnetes Führungssystem. Es war großartig zu sehen, wie die Arbeit voranging. Getreide wurde angebaut, Kranke wurden behandelt und immer mehr Motilonen fanden den Weg zu Christus. Das Schönste von allem war die Zeit, die ich mit Bobby zusammen verbrachte. Die Bibel sagt über David, daß „seine Liebe für Jonathan größer war, als seine Liebe zu irgendeiner Frau.“ Ich hatte das nie verstanden. Aber es gibt eine vollkommene brüderliche Liebe, und als diese Liebe wuchs, hörte ich auf mich zu sorgen, wohin das führen würde. Ich wollte ganz einfach nur die Zeit mit ihm und seiner Familie verbringen und mich an allem freuen, was Gott uns geschenkt hatte.

Nach dem Abendessen war es am schönsten, wenn wir ums Feuer saßen oder in unseren Hängematten lagen, Bobby und Atacadara eng beieinander, daneben Odo und ich, und Bobbys Kinder krabbelten, vergnügt jauchzend und kichernd, von einem zum anderen. Wir sangen dann die Lieder der Motilonen und redeten über das Tagesgeschehen. Wenn wir ein gutes Essen gehabt hatten, rieben wir uns die Bäuche. Es wurden lustige Anekdoten erzählt, und die alten Legenden der Motilonen lebten wieder auf. Immer aber wurden auch Geschichten von Jesus und seinen Taten erzählt, als er noch als Mensch auf den Pfaden der Motilonen gewandert war. Manchmal nahm ich meine Bibel zur Hand und erzählte ihnen einen Abschnitt daraus. Allmählich erloschen dann die Feuer, es wurde stiller im Raum, und draußen begann der Nachtregen zu fallen. Einer nach dem andern versank dann in Schlaf.

Eines Tages fragte mich Bobby, ob es möglich wäre, die Bibel so zu bearbeiten, daß die Motilonen sie selbst verstehen konnten. Sie wollten mehr über Jesus erfahren. Bis dahin hatte ich einen nicht unerheblichen Teil meiner Zeit damit verbracht, ihnen von Jesus zu erzählen und ihre Fragen zu beantworten. Ich wußte, ich konnte die Bibel nicht allein in ihre Sprache übersetzen, da ich sie und dazu das motilonische Sagengut immer noch nicht vollkommen beherrschte und verstand. Aber mit Bobbys Hilfe war es möglich, da es zwischen uns keine Verständigungsschwierigkeiten gab.

Also begannen wir mit der Übersetzung des Markusevangeliums. Es ist schon schwierig genug, eine neue Sprache zu lernen, aber ein ganzes Evangelium in diese Sprache zu übersetzen, stellt noch weit größere Anforderungen. Bei meinen Reisen in die Städte besorgte ich mir sprachwissenschaftliche Bücher und Übersetzungshilfen. Ich lernte einen jungen Mann aus Corscas kennen, der mir mit einem Computer bei der Übersetzung zur Seite stand. Da ich mich seit jeher für Sprachwissenschaft interessiert hatte, fesselte mich die ganze Sache ungemein.

Der interessanteste Teil der Arbeit war jedoch die eigentliche Übersetzung, die ich mit Bobby zusammen erarbeitete. Nach der schriftlichen Fixierung des Motilonischen war da noch immer die schwierige Aufgabe, die Ausdrucksweise der Bibel verständlich zu machen. Bei dieser Arbeit half mir Bobby.

Wie kann man Urwaldmenschen etwas über die Gnade sagen, wenn es in ihrem Wortschatz keinen Ausdruck dafür gibt? Manchmal versuchte ich eine biblische Vorstellung in die motilonische Tradition zu übertragen. Ich hatte damit bereits bei dem Wort Glaube Erfolg gehabt, das ich ja damit verdeutlicht hatte, daß man seine Hängematte in Christus hineinbindet und sich schweben läßt, oder mit dem Wort Fleischwerdung, das ich mit der motilonischen Legende von dem Mann, der zur Ameise wurde, erklärt hatte. Wenn ich wieder etwas Brauchbares gefunden hatte, bestätigte Bobby mir dies. Bei anderen Gelegenheiten konnte er aber auch sagen: „Nein, das ist nicht richtig, Brutchko. Jesus ist nicht so!“ und dann mußte ich mir etwas anderes überlegen.

Daneben erklärte mir Bobby weitere Aspekte der Kultur seines Volkes, die ich noch nicht völlig verstanden hatte. Die Motilonen gebrauchen zum Beispiel nur Namen, die auch etwas bedeuten. Es gibt bei ihnen keine Namen wie Kent oder Kim, die einfach nur Namen und sonst nichts sind. Deshalb mußte man den biblischen Gestalten Namen geben, die sinngebend waren. Abraham hieß nun „Der Mann, der Gott kennt“, Johannes der Täufer wurde zum „Ankündiger“ und „Dschungelbewohner“, und Jesus „der einzige Sohn Gottes, der bei uns ist“. Jedesmal wenn ein Name gesucht werden mußte, saßen wir stundenlang am Feuer zusammen, diskutierten über das Wesen der jeweiligen Person und welcher Name zu ihr paßte. Oft gesellten sich andere Motilonen zu uns und halfen bei der Entscheidung.

Einige Gleichnisse schienen ebenfalls nicht mit der motilonischen Kultur vereinbar zu sein. Man denke etwa an das Gleichnis von dem Mann, der sein Haus auf den Felsen baute, damit es fest und sicher stand. Als Bobby das zum erstenmal hörte, schlug er vor, es zu streichen.

„Das stimmt nicht, Brutchko! Ein Haus, das fest steht, muß auf Sand gebaut werden. Sonst kann man die Stützpfeiler nicht tief genug in die Erde treiben, und das Haus fällt auseinander.“

Deshalb stellten wir das Gleichnis entsprechend um. Schließlich hatte Jesus das Gleichnis gewählt, um eine Grundeinsicht zu veranschaulichen. Hätte er da nicht gewollt, daß die Motilonen sie ebenfalls verstanden?

Wir waren beide stolz, als die Übersetzung fertig war. Jedoch war damit erst der Anfang gemacht. Ich war der einzige, der sie lesen konnte. Bobby begann einige der Kinder zu unterrichten. Jeden Nachmittag gingen wir ein Stückchen in den Dschungel hinein an einen kühlen Platz und hielten Schule. Aber wir merkten, daß die älteren Männer anfingen zu murren.

Ungefähr einen Monat nach Beginn des Unterrichts sagte mir Bobby wir müßten aufhören.

Ich war wie vor den Kopf geschlagen. „Warum denn? Wir haben doch eben erst angefangen", sagte ich.

„Es ist wegen der älteren Männer, der Anführer. Sie sagen, es ist nicht richtig, den Kindern Dinge beizubringen, die die Älteren nicht wissen."

Einen Augenblick war ich ärgerlich.

„Wir sollen aufhören das Evangelium zu lehren, bloß wegen einem Haufen neidischer alter Männer?" stieß ich hervor.

Bobby antwortete nicht. Er sah mich nur traurig an. Ich hätte mich selbst dafür umbringen können, daß ich das gesagt hatte. Es war doch nicht mein Evangelium. Es war das Evangelium der Motilonen. Die frohe Botschaft sollte ihre soziale Ordnung nicht zerreißen.

Wir hörten auf, die Kinder zu unterweisen und fragten dafür die älteren Männer, ob sie unterrichtet werden wollten. Es gab einen regelrechten Wettstreit unter ihnen. Zwar lernten sie nicht so schnell wie die Kinder, aber sie waren mit großem Eifer bei der Sache.

Nach einem Monat fühlten sie sich fortgeschritten genug, um die Kinder ebenfalls unterrichten zu lassen. Statt in völlig verschiedenen Welten zu leben, wie es anderswo so oft zwischen alt und jung der Fall ist, teilten die älteren Männer und Frauen ihr Wissen mit den Kindern. Es trug zur Einigkeit des Stammes bei, statt sie zu zerstören.

Nach kurzer Zeit konnte ein Teil der Motilonen sowohl lesen als auch schreiben. Sie rasselten das Markusevangelium herunter wie eine Maschinengewehrsalve, wobei sie die Stakkatosilben des Motilonischen so rasch wie nur möglich hervorstießen. Aber sie hatten noch nicht begriffen, wovon sie redeten.

Deshalb schlug einer der älteren Häuptlinge eine Regelung vor. Sie wurde eingeführt und wird nun überall angewandt, wo Unterricht abgehalten wird. Jedesmal, wenn jemand einen Vers liest, stellt ein anderer eine Frage zu seinem Inhalt.

Zum Beispiel liest ein Motilone vor: „Also hat Gott die Welt geliebt, daß er seinen eingeborenen Sohn gab, auf daß alle, die an ihn glauben, nicht verloren werden . . . . "

Ein anderer Motilone wird ihn dann beispielsweise fragen: „Wer liebte die Welt?" Wenn der erste das nicht beantworten kann, liest er den Vers noch einmal und versucht seinen Sinn herauszufinden. Wenn er ihn dann versteht, fängt er an sich selbst zu fragen: „Was ergibt sich daraus für mein Leben?"

So ging die Arbeit gut voran. Aber ich fing wieder an unruhig zu werden. Wie lange würde Gott mich hierbehalten?

Gloria

Während meiner ersten fünf oder sechs Jahre bei den Motilonen hatte ich fast keinen Kontakt zur übrigen Welt. Jedoch als ich mit Bobby zusammen an der Übersetzung des Markusevangeliums arbeitete, kaufte ich ein Transistorradio und nahm es mit zurück ins Gemeinschaftshaus. Mehrere Nächte lang lag ich wach und hörte den Radiosprecher über Angelegenheiten reden, die mir fast unwirklich vorkamen. Ich konnte mich zwar schon noch daran erinnern, wie jene andere Welt beschaffen war, aber sie schien sehr weit weg zu sein.

Eines Nachts lag ich in der Hängematte und in meiner Nähe lagen Pfeile und Bogen, mit denen am nächsten Tag Fleisch zur Nahrung erlegt werden sollte. In dieser Umgebung hörte ich die Sendung über die Landung von Menschen auf dem Mond. Einerseits hätte ich gern alles zusammengepackt und wäre dorthin gegangen, wo statt Panthern und Wildschweinen Straßenkreuzer und Flugzeuge die Szene bestimmten. Gleichzeitig aber fühlte ich mich auf eine seltsame Art wohl in meiner Haut. Es war, als wisse ich nun ein Geheimnis, das die Welt nicht kannte; einen geheimen Ort, den zu betreten niemandem sonst erlaubt worden war.

Nur wenige Leute glaubten mir, daß ich Kontakt zu den Motilonen gehabt hatte, als ich zum erstenmal wieder in die Welt außerhalb des Dschungels gekommen war. Dennoch hatten einige Zeitungen von meinem Tun gehört, und als ich das nächstemal wieder in die Zivilisation kam, suchten mich einige Zeitungsreporter auf und fragten mich aus über meine Arbeit bei den Motilonen.

Ihre Berichte weckten beträchtliches Interesse in der Öffentlichkeit. Bald schon galten die Motilonen als die Helden Kolumbiens. Mehrere Motilonen begleiteten mich auf einer Reise aus dem Dschungel, bei der wir uns Vorräte besorgten, und einer von ihnen, Axducatsyara, wurde in Kolumbien zum „Mann des Jahres“ gewählt. Bis dahin hatten alle Zeitungsberichte immer nur die Tatsache betont, daß die Motilonen Angestellte der Ölgesellschaften umbrächten. Allmählich setzte sich jedoch bei den Zeitungen die Erkenntnis durch, daß die Motilonen im wesentlichen lediglich ihr Gebiet gegen Leute verteidigt hatten, die ihnen ihr Land rauben und ihre Lebensweise zerstören wollten. Die öffentliche Meinung schlug um ins andere Extrem, wie es so oft passiert. Jetzt wurden alle Siedler angegriffen, die in jenem Gebiet lebten, statt zu unterscheiden zwischen denen, die wirklich Interesse an der Landwirtschaft und Viehzucht hatten und solchen, die tatsächlich in das Territorium der Motilonen einfielen und es unrechtmäßig an sich brachten.

Die Siedler rächten sich dadurch, daß sie mich als Schwindler bezeichneten. Als ich das nächste Mal aus dem Dschungel kam, um Arzneimittel zu beschaffen, behaupteten die Schlagzeilen der Zeitungen, ich beutete die Indianer aus und ließe sie für mich nach Gold und Diamanten schürfen. Ich lachte, wenn ich mir vorstellte, wie ich mich in weißem Anzug und Panamahut lässig in einem Schaukelstuhl räkelte, an einem kühlen Drink nippte und mich von motilonischen Dienern umschwärmen ließ.

Ich sprach mit Dr. Landinez über die Angelegenheit. „Was soll ich dagegen unternehmen?“ fragte ich.

„Hör zu“, sagte er, „tu überhaupt nichts dagegen. Es ist ganz natürlich, daß eine Menge Unsinn im Umlauf ist. Die Motilonen sind ein faszinierender Stamm und niemand kann beweisen, was von allem Gehörten richtig oder falsch ist. Du gehst deiner Arbeit nach, verhältst dich den Indianern gegenüber aufrichtig und läßt jeden denken, was ihm beliebt. Wenn du deine Zeit damit verschwendest, dich über Geschwätz zu beunruhigen, wirst du nie etwas fertigbringen.“

Also ging ich zurück in den Dschungel. Das Interesse der Allgemeinheit hielt an, da es aber keine Informationen gab, wurde es um die ganze Sache stiller.

Endlich, im Jahre 1970, wurde eine Regierungskommission per Hubschrauber in unser Gebiet eingeflogen, um Grenzprobleme zwischen Kolumbien und Venezuela zu lösen. Sie waren überrascht, in einem Gemeinschaftshaus eine Krankenstation und eine Schule vorzufinden, deren Personal aus Motilonen bestand. Die Zeitungsberichte hatten nichts derartiges erwähnt. Es gelang ihnen, die Motilonen zu fragen, wer dies alles veranlaßt hatte – was ein schwieriges Unterfangen war, weil sie ja die Sprache nicht kannten.

Naturgemäß antworteten die Motilonen: „Brutchko.“ Das bewies, daß ich ein Hochstapler war. Der wahre Held bei der Entwicklung der Motilonen, so schrieben die Zeitungen, war jemand, der „Brutchko“ hieß.

Einige Monate später wurde eine weitere Kommission von einem Hubschrauber in das Gebiet eingeflogen. Glücklicherweise stießen sie auf einen Motilonen, der etwas Spanisch gelernt hatte.

„Wir wollen zu Olson“, sagte der Regierungsbeauftragte.

„Wir nicht kennen Olson“, antwortete der Motilone in gebrochenem Spanisch.

Der Regierungsbeauftragte war überrascht. „Lebt denn Olson nicht hier?“

„Nein“, sagte der Motilone und schüttelte den Kopf. „Motilonen leben hier.“

„Olson, ein großer, blonder Kerl?“

„O, Brutchko!“

Von da an genossen wir das Wohlwollen der Öffentlichkeit. Davon werden jedoch keine Kranken gesund. Anerkennung macht keine Hungernden satt. Sie liefert keine Garantie gegen das Vertriebenwerden aus der angestammten Heimat. Alles, was sie uns einbrachte, war die Feindschaft vieler Siedler.

Etwa um diese Zeit gab es in Kolumbien einen spektakulären Ausbruch zahlreicher Häftlinge aus einem Gefängnis. Viele der Flüchtigen kamen in die bisher nicht kolonisierten Landstriche, die an das Gebiet der Motilonen grenzten, da man sie hier in Ruhe ließ. Sie begannen Landwirtschaft zu betreiben, und sie betrachteten natürlich die Motilonen als Bedrohung ihres alleinigen Machtanspruchs, aber auch ihrer persönlichen Freiheit durch den Staat, da die Motilonen sehr gerne mit der kolumbianischen Regierung zusammenarbeiten wollten.

Die Feindseligkeit wuchs, obgleich viele der Banditen die medizinische Hilfe der Motilonen in Anspruch nahmen. Die regulär zugelassenen Siedler nahmen einmal für die eine, einmal für die andere Seite Partei. Sie mochten die Banditen nicht. Andererseits waren sie empört darüber, daß sie von den Zeitungen als auf Landraub ausgehende Schurken bezeichnet worden waren. Außerdem stimmte es, daß sie auf das Land der Motilonen spekulierten. Oft gehörten ihre Sympathien den Banditen. Es entwickelte sich unverhohlene Feindschaft.

Der Kontakt mit der zivilisierten Welt, der die Kultur vieler Naturvölker völlig zerstörte, war sicherlich auch für die Motilonen eine Bedrohung. Dieser Gefahr mußten sie sich eben stellen. Ich konnte nur darum beten, daß sie, wenn die Zeit der Bewährung kam, durch die Kraft Jesu jedem widerstehen konnten, der ihre Lebensweise ändern wollte.

Ich selbst erhielt durch den Kontakt mit der zivilisierten Welt zumindest ein kostbares Geschenk: Gloria. Ihr Bruder, ein Leutnant der kolumbianischen Armee, hatte den Außenposten in Tibu unter sich. Er war ein kräftiger, hochgewachsener Bursche und hatte besonderes Interesse am Dschungel, obwohl er nie länger dort gewesen war. Als er Urlaub erhielt plante er, soweit als nur möglich in den Dschungel vorzudringen. Ich hatte ihn in Tibu schon mehrere Male getroffen und versuchte, ihn von seinem Vorhaben abzubringen. Er schien zu glauben, daß der Dschungel eine Art erholsamer Parkanlage sei, wo man Picknicks abhalten konnte. Es war nicht einfach, ihn vom Gegenteil zu überzeugen.

1965, nach einem besonders strapazenreichen Marsch nach Tibu lernte ich Gloria kennen. Weil ich es so eilig hatte, Medikamente zu beschaffen, nahm ich mir unterwegs keine Zeit zur Jagd. Und auf der ganzen Reise stieß ich nie auf sonst etwas Eßbares. Ich marschierte einfach immer weiter. Auch fand ich nicht viel Wasser.

Es war ein Fehler. Allmählich verließen mich die Kräfte. Am dritten Abend war ich so erschöpft, daß ich schon früh den Marsch abbrechen mußte. Ich wußte, daß ich etwas essen mußte, aber ich war nicht einmal fähig aufzustehen und mich umzuschauen. Ich fiel in einen unruhigen Schlaf und träumte vom Dschungel. Er war wunderschön und grün und voller Schmetterlinge. Einer flog mir in den Mund und konnte nicht mehr heraus, weil seine Flügel naß wurden. Ich konnte spüren, wie er mit den Flügeln flatterte und versuchte herauszukommen. Ich kam halbwegs zu Bewußtsein. Ich war vollkommen erschöpft. *In meinem Mund ist ein Schmetterling. Wie seltsam,* dachte ich. *Ich sollte ihn herausnehmen.*

Ich steckte die Hand in den Mund – und ich bekam tatsächlich etwas zu fassen. Ich begann es herauszuziehen. Je mehr ich zog, desto mehr kam heraus.

Dann erwachte ich wirklich. Ich konnte fühlen, wie sich dieses Ding aus meiner Kehle hochwand. Als ich es vollends heraushatte und ansah, drehte sich mir vor Ekel der Magen um. Es war ein Eingeweidewurm, der fast einen halben Meter lang war. Vor Hunger war er in meinen Hals heraufgekrochen.

Aus diesem Vorfall lernte ich, daß ich immer etwas essen mußte, wenn ich unterwegs war, und sei es auch nur, um die Parasiten in meinem Körper bei Laune zu halten.

Am nächsten Tag nahm ich mir die Zeit dazu, etwas zu jagen und ein paar Tage später kam ich ziemlich erschöpft in Tibu an. Dort lernte ich Gloria kennen. Sie studierte Jura in Bogota und war für ein paar Tage zu ihrem Bruder auf Besuch gekommen. Sie war schön und schlank, trug Jeans und eine Lederjacke. Ihr schwarzes Haar war zu einem Pferdeschwanz zusammengebunden. Ich schenkte ihr nicht viel Aufmerksamkeit, da ich möglichst schnell mit der Arznei zurückwollte.

Aber ihr Bruder hatte seinen Wunsch, den Dschungel kennenzulernen, noch immer nicht aufgegeben. Er hatte noch fünf Tage Urlaub und wollte, daß ich ihn und Gloria mitnahm. Wir waren gerade beim Essen, als er mich darauf ansprach. Ich schaute hinüber zu Gloria. Sie sah auf ihren Teller.

„Ich glaube nicht, daß Sie es begriffen haben", sagte ich. „Der Dschungel ist kein Ort für ein Picknick!"

Glorias Kopf schoß hoch. „Ich habe es schon begriffen", sagte sie. „Wie kommen Sie bloß auf die Idee, daß Sie der einzige sind, der im Dschungel überleben kann?"

„Der Dschungel ist nichts für Frauen. Sie könnten keine zwei Tage durchhalten!" stotterte ich verblüfft.

„Versuchen Sie es doch mit mir", sagte sie.

Ich ärgerte mich etwas. „Also gut!" sagte ich. „Sie können mitkommen, solange Sie mithalten können. Aber ich habe keine Zeit, Kindermädchen zu spielen. Wenn Sie nicht weiterkönnen, müssen Sie zurückgehen. Und zwar alleine!"

Am nächsten Morgen, als wir uns zum Abmarsch bereit machten, erkannte ich, daß es nicht gutgehen konnte, wenn ich versuchte, sie zu dem Gemeinschaftshaus mitzunehmen, aus dem ich gekommen war. Deshalb nahm ich sie stattdessen zu dem Gemeinschaftshaus mit, das am nächsten bei Tibu gelegen war. Es war eine zweitägige Bootsreise. Als ich sah, wie tapfer die beiden sich hielten, schämte ich mich, daß ich ihnen nicht gezeigt hatte, welche Strapazen der Dschungel wirklich bereithalten konnte.

Wir erreichten das Gemeinschaftshaus an einem Tag, der für den Fischfang bestimmt war. Die Dämme waren bereits errichtet worden, und die Männer begannen mit ihren Speeren nach den Fischen zu zielen, jagten den Fluß auf- und abwärts und plantschten schreiend und jauchzend im Wasser umher. Gloria wollte sich beteiligen. Ich mußte darüber lachen und besorgte ihr einen Speer. Sie watete bis zu den Hüften ins Wasser hinein flußabwärts, wobei sie angestrengt ins Wasser starrte wie ein gelernter Fischer. Eine halbe Stunde später kam sie triefend naß heraus und lächelte uns zu. An ihrem Speer zappelte ein großer Fisch. Sie eroberte sich dadurch die Herzen der Motilonen im Sturm. Keine andere Frau hatte je zuvor Fische gejagt, erst recht keinen solch großen Fisch gespeert.

Am Abend saßen wir im Gemeinschaftshaus und erzählten Geschichten über die Motilonen. Eine der Frauen ging zu Gloria hin, nahm prüfend ihr langes Haar zwischen die Finger und bewunderte es. Dann lächelte sie und sagte: „Bist du Brutchkos Frau?“

Ich errötete, und Gloria wollte wissen, was sie gesagt hatte. Ich sagte, sie hätte gefragt, ob sie eine junge Frau sei. Es war alles, was mir im Moment einfiel.

„Daß ich eine junge Frau bin, kann man wohl sehen“, antwortete Gloria lachend. „Was hat sie nun wirklich gesagt?“

Ich wurde wieder rot und weigerte mich es zu sagen, aber die beiden neckten mich solange, bis ich es doch sagte: „Sie wollte wissen, ob Sie meine Frau sind.“ Sie sah zu ihrem Bruder hinüber und beide lächelten. Gloria sagte: „Ja.“

Es war ein wunderschöne Woche. Gloria half den Frauen beim Weben und bei all den anderen Arbeiten. Die Lebensweise der Motilonen begeisterte sie, und die Motilonen hatten sie sehr gerne.

Als die Woche vorbei war, stellte sich Gloria mitten auf die

Lichtung und beschrieb mit ihren Armen einen großen Bogen, der alles einschloß.

„Was kann ich tun?“ fragte sie.

„Was meinst du damit?“

„Ich sage, was kann ich tun? Wie kann ich helfen?“

Ich nahm sie nicht ernst. Jeder will wohl gerne helfen.

„Du kannst Medizin studieren und Ärztin werden“, sagte ich leichthin, „und dann wieder herkommen und bei der Gesundheitsfürsorge helfen.“

Fünf Jahre lang sah ich sie danach nicht mehr, und ich muß zugeben, daß ich sie so gut wie vergessen hatte. Wir hatten einander ein paarmal geschrieben, aber dann hatte auch das, hauptsächlich durch meine Schuld, aufgehört.

Im Jahr 1970 ging ich einmal in Bogota durch eine sehr belebte Straße. Plötzlich pufte mich jemand mit einem Buch in den Rücken. Ich drehte mich um. Gloria stand vor mir. Sie war sich ganz gleich geblieben, nur sah sie ein wenig älter und reifer aus.

„Wo hast du gesteckt?“ fragte sie mit einem verschmitzten Lächeln.

„Im Dschungel natürlich“, antwortete ich.

„Warum hast du mir nicht geschrieben?“

„Wer hat schon Zeit zum Schreiben? Ich hatte viel zu tun.“

„Niemand braucht so viel zu tun.“

Wir gingen miteinander weiter. Ich fragte sie nach ihrem Jurastudium. Sie blieb stehen und hätte fast geweint. „Was ist los?“ fragte ich und dachte, sie sei vielleicht von der Hochschule gefeuert worden und schäme sich nun.

„Ich studiere jetzt Medizin“, sagte sie. „Du hast zu mir gesagt, ich solle, wenn ich den Motilonen helfen wolle, Medizin studieren. Ich habe das Jurastudium an den Nagel gehängt.“

Ich konnte mich kaum daran erinnern, ihr so etwas gesagt zu haben. Es war solch ein oberflächlich dahergeredeter Rat gewesen. Aber plötzlich merkte ich, daß es ihr ernst war mit ihrem Vorsatz, den Motilonen zu helfen.

Von da an besuchte ich sie und ihre Mutter jedesmal, wenn ich in Bogota war. (Ihr Vater war schon vor Jahren gestorben.)

Gloria und ich gingen dann oft in ein ungarisches Restaurant, das wir beide mochten, tranken einen Kaffee und redeten stundenlang miteinander. Wenn ich nicht nach Bogota gehen konnte, unterhielt ich mich über Funk mit ihr – meistens über die Motilonen. Wir sprachen auch über Jesus.

Gloria hatte es tief beeindruckt, daß das Evangelium den Motilonen neue Hoffnung geschenkt hatte, aber sie sah noch nicht so recht, was es für ihr eigenes Leben bedeuten konnte.

„Ich habe eine andere Anschauung als die Motilonen", sagte sie eines Tages, als wir in dem kleinen Cafe saßen. „Ich kann Jesus nicht verstehen. Ich glaube nicht, daß ich ihn wirklich kennenlernen kann."

„Aber siehst du denn nicht, wie wunderbar er ist?", fragte ich. „Siehst du nicht, wie sehr er dich liebt?"

Sie schüttelte heftig den Kopf. „Ich kann mit seinem Leiden mitfühlen. Ich habe selbst gelitten. Ich habe erlebt, wie mein Vater und mein Bruder starben, und ich glaube, daß ich die Bedrohung durch den Tod kenne. Aber Jesus – er ist wieder auferstanden. Stimmt das nicht? Er ist wieder auferstanden. Ich dagegen kann nicht von meinen Leiden auferstehen."

Sie legte den Kopf über den Tisch. Ich streckte die Hand aus und legte sie auf ihren Nacken.

„Du kannst es", sagte ich. „Ich weiß nicht genau wie. Es ist bei jedem anders. Aber du kannst auferstehen. Jeder, der es will, kann es, weil Gott es für ihn und mit ihm tun wird."

Sie blieb so sitzen, mit dem Kopf auf dem Tisch, und sagte kein Wort.

Später gingen wir dann in eine der Kathedralen in Bogota. Mitten in der Messe warf Gloria, die bis dahin gebetet hatte, ihre Arme um mich und gab mir einen herzhaften Kuß. Sie weinte. „Wie wunderbar! Wie wunderbar er ist!" sagte sie.

Eine Dame neben uns wurde etwas besorgt. „Was ist passiert?" fragte sie. Ich lachte. „Es ist alles in Ordnung", sagte ich. „Wir beten Gott an, das ist alles."

Nicht lange danach lernte Glorias Mutter ebenfalls Jesus kennen, und es gab einen richtigen Familienauftritt, weil sie alle beide vor Glück weinten und einander umarmten, während ich dabeistand und etwas verlegen war.

Glorias Abschlußprüfung an der Hochschule für Medizin stand bevor. In Kolumbien müssen junge Ärzte ein Jahr lang einen freiwilligen Dienst in ländlichen Gebieten ableisten. Ich kannte den Gesundheitsminister der kolumbianischen Regierung und ich fragte ihn, ob es sich einrichten ließe, daß Gloria in einem kleinen Krankenhaus in Tibu arbeitete. Dieses war für Motilonen eingerichtet worden, die in den Krankenstationen der Gemeinschaftshäuser nicht gründlich genug behandelt werden konnten.

„Es tut mir leid, Bruce", sagte er, „es gibt keine Möglichkeit, eine alleinstehende Frau dorthin zu schicken. Dies Gebiet ist einfach zu rauh dazu."

Einen Augenblick blieb ich ganz still stehen. Es war, als ständen auch die Luft um mich herum, die Wagen draußen auf der Straße, ja sogar die ganze Welt still. Dann wußte ich es, und es war ganz leicht auszusprechen:

„Das ist kein Problem. Wir werden demnächst heiraten."

Ich glaube, ich war mehr überrascht mich selbst diese Worte sagen zu hören, als sie, als ich sie später fragte, ob sie meine Frau werden wolle.

Knapp am Tod vorbei

Ich hielt mich in Tibu auf und arbeitete am Bau des Hauses, in dem ich mit Gloria wohnen wollte. Es war schön sich vorzustellen, wie unser Zusammenleben hier sein würde, und es machte mir Spaß, als Zimmermann und Dachdecker zu hantieren. Dann wurde mir aber die Nachricht überbracht, daß in einem der motilonischen Gemeinschaftshäuser eine Seuche ausgebrochen war, die von den Medizinmännern nicht behandelt werden konnte. Ich besorgte mir soviel Arznei, als ich nur irgendwie erbetteln oder borgen konnte, und machte mich am nächsten Tag auf den Weg.

Ich kam erst mehrere Tage später an dem Gemeinschaftshaus an. Niemand trat auf die sonnige Lichtung heraus, um mich zu begrüßen. Aus dem Inneren des Hauses drang Wimmern und Schreien an mein Ohr. Ich bückte mich und schlüpfte hinein.

Überall lagen Menschen. Ihr einziges Lebenszeichen war ein ununterbrochenes Wimmern und Stöhnen wie von Wahnsinnigen. Der ganze Raum war von solch unerträglichem Gestank erfüllt, daß es mir fast den Magen umdrehte. Ich rannte von einem zum anderen, erkannte Freunde darunter, konnte mich aber nirgendwo einer Person widmen, da immer, wenn ich stehenblieb, ein heftiges Stöhnen mich schon wieder zu jemand anderem weitertrieb. Die Leute lagen in ihrem eigenen Erbrochenen, konnten sich aber nicht selbst reinigen. Ihr Kot lag über den ganzen Boden verstreut unter ihren Hängematten. Einige waren aus ihren Hängematten herausgefallen und lagen auf der Erde im Kot.

Ich begann jene zu säubern, bei denen es am dringlichsten war, und verabreichte Arznei. Kaum hatte ich jemanden einigermaßen gereinigt, hatte er wieder Durchfall oder mußte sich erbrechen, und alle meine Bemühungen waren umsonst. Wenn ich versuchte, ihnen Tabletten zu geben, wurden sie mir in einem Würganfall wieder ins Gesicht gespuckt. Im Nu waren meine Kleider und meine Haut steif von eingetrocknetem Erbrochenem.

Die meisten Kranken hatten seit fünf Tagen nichts zu essen oder zu trinken gehabt, so war die unmittelbarste Gefahr die der Austrocknung. Ihre Haut war völlig schlaff. Da sie nicht trinken konnten, ohne zu erbrechen, mußten die schlimmsten Fälle intravenös ernährt werden.

In der ersten Nacht schlief ich keine einzige Minute. Meine Müdigkeit war ungeheuer, aber ich konnte nicht schlafen, wenn daneben Menschen mit dem Tod kämpften. Ich hielt mich dauernd in Bewegung, obwohl meine Beine schmerzten und unter mir zusammenzuknicken drohten.

Am nächsten Tag stieß Bobby mit mehreren Männern zu uns. Unter ihnen befand sich auch mein alter Freund Adjibacbayra, der Häuptling, der Bobby beim Fest der Pfeile zu dem Gesang aufgefordert hatte, durch den dann die Motilonen zum ersten Mal von Jesus gehört hatten. Ich legte ihnen voller Freude die Hände auf die Schultern. Bis dahin war es so gewesen, als sei ich die einzige lebendige Person in einer Welt von Gespenstern.

An jenem Tag gab es Zeichen für eine leichte Besserung. Die Arznei und die künstliche Ernährung wirkten. Und es machte mir Mut, daß ich nun nicht mehr allein war. Als es im Haus dunkel wurde, fing ich an, mich auf den Schlaf zu freuen. Als wir dann Feuer entfachten und im flackernden Licht der Flammen weiterarbeiteten, wurde die Vorstellung zur fixen Idee. Das einzige, was mich noch aufrecht hielt, war das Bewußtsein, bald fertig zu sein.

Aber die Stunden schleppten sich dahin, und jede Minute wurde zur Qual. Immer wieder setzte ich mir eine neue Grenze. „Um zehn Uhr höre ich auf." Aber dann wurde es zehn Uhr, und es gab noch mehr, was getan werden mußte.

Den allerletzten Termin erreichte ich um zwei Uhr morgens. Um diese Zeit herum gab es eine kleine Verschnaufpause. Ich richtete mich auf und hielt nach Bobby Ausschau. Er kam zu mir herüber.

„Laß uns schlafen gehen", sagte er, und mein Herz rief: *„O, ja!"*. „Und um fünf Uhr sollten wir dann nach Iquiacarora aufbrechen."

Ich begriff nicht was er sagte.

„Iquiacarora?"

„Ja", sagte er. „Es ist dort genauso schlimm wie hier."

„Bobby, willst du damit sagen, daß dies hier nicht das einzige Haus ist?"

„O nein", sagte er. „Alle Gemeinschaftshäuser in den Tieflandgebieten haben die Krankheit. Es ist nicht bei allen so schlimm wie hier, aber es ist ziemlich schlimm."

Ich schloß die Augen und alles drehte sich um mich. Noch mehr Krankheit. Noch mehr Erbrochenes. Vielleicht waren schon einige gestorben. *O Herr, erlöse mich!*

Erst als man mich wachrüttelte, merkte ich, daß ich in einer Hängematte lag und Bobby sich über mich beugte. Ich machte die Augen wieder zu.

„Du mußt aufstehen, Brutchko!" sagte Bobby. „Wir müssen nach Iquiacarora."

Ich rappelte mich aus der Hängematte hoch. Wir hielten uns nicht mit Waschen auf. Bobby hatte bereits einigen Männern und Frauen, die soweit erholt waren, um umhergehen zu können, erklärt, was sie tun mußten, um den anderen zu helfen. Dann gingen wir.

Die schlimmste Phase der Seuche zog sich über drei Wochen hin. In dieser Zeit kam ich nie zu mehr als zwei oder drei Stunden Schlaf. Siebenhundert Menschen mußten wegen Masern und deren Auswirkungen behandelt werden.

Es war wie ein Wunder, daß nur eine einzige Person starb – ein kleines Mädchen. Als ich sie zum erstenmal sah, war Adjibacbayra bei mir. Durch den Mangel an Körperflüssigkeit war sie auf die Größe eines Säuglings zusammengeschrumpft. Adji streckte seine Hand aus und berührte ihre Haut. Sie hing lose wie Gummi. Er drückte ein Stück mit den Fingern zusammen und die Falte blieb erhalten, als er losließ. Zwei Tage später starb sie trotz all unserer Bemühungen.

An jenem Abend konnte ich nicht zu Bett gehen. Ich war voller Zorn. Ich mußte umherlaufen, mich bewegen. Allein machte ich mich auf den Weg zu einem anderen Gemeinschaftshaus. Ich muß halb im Fieberwahn gewesen sein, da ich mich nicht müde fühlte. Der Zorn loderte in mir und trieb mich vorwärts.

Als ich einen Hügel hinaufging, sah ich zwei gelbglühende Augen direkt auf mich gerichtet. Ich dachte, es sei ein Frosch, da eine bestimmte Art solche Augen hat. Dann bemerkte ich, daß die Augen zu weit auseinander lagen. Also waren da vielleicht zwei Frösche. Dann hörte ich ein Fauchen. Die Augen bewegten sich. Ich sah die Umrisse eines langgestreckten, geschmeidigen Körpers, der sich leicht bewegte. Es war ein Panther, der erste, den ich zu Gesicht bekam.

Ich blieb stehen. Mein ganzer Zorn richtete sich plötzlich gegen die kalten, unbewegten Augen dieses Tieres. Ich haßte ihn. Hastig tastete ich den Boden neben meinen Füßen ab und bekam einen Stock zu fassen. Ich nahm ihn und rannte damit schreiend auf den Panther zu. Er knurrte und duckte sich zusammen. Als ich noch etwa drei Meter von ihm entfernt war, drehte er sich um und verschwand mit einem blitzschnellen und lautlosen Sprung.

Ich stand da und brüllte hinter ihm her. Dann erkannte ich erst, was ich getan hatte. Plötzlich schlug mein Herz heftig und ich hatte Angst, er könne zurückkommen. „Ich danke dir, Herr!" sagte ich leise in die Dunkelheit hinein.

Am nächsten Tag verließ ich den Dschungel, da wir wieder Medikamente brauchten. Die Seuche war so weit abgeklungen, daß man ohne mich auskommen konnte. Unter Bobbys Anleitung arbeiteten genug Motilonen, um das Nötigste erledigen zu können.

Während der nächsten eineinhalb Wochen schlug ich mich mit Papierkram und Kreditraten statt mit Panthern herum, wobei ich mir nicht sicher war, was vorzuziehen war. Ich versuchte finanzielle Mitttel von der kolumbianischen Regierung zu bekommen, und darüber hinaus versuchte ich von jedem, den ich erreichen konnte, Geld zu borgen. Als ich den Eindruck hatte, alles was möglich war beschafft zu haben, ging ich zurück in den Dschungel.

Bei meiner Ankunft fand ich Adjibacbayra todkrank. Da wir drei Wochen lang Schulter an Schulter gearbeitet hatten, hatte ich angenommen, daß er genügend natürliche Abwehrkräfte gegen die Krankheit gesammelt hatte. Aber er war nicht nur von der Seuche angesteckt worden, sondern es war noch eine Lungenentzündung dazugekommen. Er konnte nicht mehr essen. Zwei Tage nach meiner Ankunft fiel er in ein Koma. Sein Körper färbte sich gelb, und auf seiner Brust krabbelten Fliegen um die Stelle, wo das Erbrochene festgetrocknet war. Sein Gesicht war mit vielen kleinen, blauen Punkten von dem Hautausschlag übersät. Es war eine schreckliche Lage für den Mann, der damals, als die Motilonen vom Geist Gottes erfaßt worden waren, kräftig genug gewesen war, um vierzehn Stunden lang Bobbys Gesang zu begleiten.

Während ich ihn mir ansah, blinzelte er und wachte auf. Ich beugte mich über ihn. Sein Gesicht war wie eine übermalte Maske, in die der Schmerz tiefe Furchen gegraben hatte.

„Brutchko", sagte er, „ich habe Schmerzen. Es tut mir überall weh."

„Psst", sagte ich. „Du mußt still sein. Wir wollen, daß du wieder gesund und stark wirst."

Er schüttelte schwach den Kopf. „Nein, Brutchko. Es geht mir nicht gut. Ich bin nicht stark. Ich habe meine Augen geschlossen."

Seine Augen schlossen sich wirklich und er verlor das Bewußtsein. Ich blieb neben ihm. Später öffnete er seine Augen wieder.

„Brutchko, ich habe eine Stimme gehört, wie die der Geister, wenn sie uns umbringen wollen."

Ich nickte.

„Aber diese Stimme hat mich bei meinem geheimen Namen genannt, bei meinem wirklichen Namen. Kein lebender Mensch kennt meinen wirklichen Namen, aber dieser Geist hat mich bei meinem richtigen Namen genannt. Deshalb antwortete ich ihm und sagte: ‚Wer bist du?' und er antwortete: ‚Ich bin Jesus, der mit dir auf deinem Pfad gegangen ist.' "

Mehrere andere Männer scharten sich nun um ihn, unter ihnen auch Atrara, der Vater des Mädchens, das gestorben war.

„Also erzählte ich Jesus, daß ich überall, vom Kopf bis zu den Zehen, Schmerzen habe. Und Jesus sagte, er will, daß ich heimkehre."

Er atmete mühsam.

„Hilf mir, Bruder!" flüsterte er, indem er mich ansah. „Hilf mir!" Dann wandte er seinen Blick ab. „Aber du kannst es nicht", sagte er. „Der Tod hat mich in seine Arme genommen. Ich muß gehen, Brutchko. Ich muß gehen. Ich kann nichts mehr sehen. Es gibt nur noch Schmerzen. Gott ist da, und er will mich auf den Pfad bringen, den wir auf unseren Jagdzügen nie finden konnten, den Pfad, der uns über den Horizont hinaus zu seinem Haus führt."

Dann lächelte er, und sein Gesicht sah für einen Augenblick wieder so aus, wie ich es kannte. „Nicht allein", sagte er. „Nicht allein. Ich werde den Pfad nicht selbst gehen müssen. Ich habe einen Freund, der mich mitnehmen will. Und er kennt meinen Namen, meinen *richtigen* Namen!"

Dann fiel sein Körper in sich zusammen. Er umklammerte meine Hand, und ganz langsam lockerte sich sein Griff. Ich legte seinen Arm neben seinen Körper und verließ das Haus.

Auf der Lichtung blieb ich stehen. Die Sonne schien. Es war unglaublich. Ich ging in den Dschungel hinein, wo es kühl und dunkel war und stieß auf einen Pfad, dem ich folgte, ohne nachzudenken, wo er hinführen mochte. Dann begann ich zu singen. Ich sang Adjis eigenes Lied, das er immer sang, wenn er im Dschungel unterwegs war. Anfangs sang ich leise, aber bald schon brüllte ich die Melodie so laut ich konnte und weinte dabei.

„Gott", sang ich, „ich habe meinen Bruder geliebt. Ich sehne mich danach, sein Lied wieder mit ihm zu singen."

Eine Hand berührte meine Schulter. Ich drehte mich erschrocken um. Es war Atrara.

„Weine nicht", sagte er. „Sei nicht traurig. Seine Sprache ist über den Horizont gegangen. Sie ist nicht im Dschungel verloren. Du brauchst sie nicht hier zu singen. Sie ist an einen anderen Ort gegangen."

Der Strudel

Ich wachte auf und hörte die sanfte Melodie des Regens. Die frische Luft des frühen Morgens erfüllte den Raum, und alle anderen schliefen noch. Es mußte die ganze Nacht hindurch geregnet haben, da noch niemand aufgestanden und zur Jagd gegangen war. Ich drehte mich in meiner Hängematte um und schlief wieder ein.

Ein paar Stunden später wachte ich wieder auf. Es regnete immer noch. *Das ist seltsam,* dachte ich. Tagsüber regnet es im Dschungel fast nie.

Die Masernepidemie lag nun mehrere Monate zurück. In der Zwischenzeit hatte ich mich erholt, viel Zeit mit Bobby verbracht und mich auf meine Ehe mit Gloria gefreut. Daneben hatte ich das linguistische Material bearbeitet, das ich in den zehn Jahren, die ich jetzt bei den Motilonen war, gesammelt hatte. Einige Linguisten waren daran interessiert, und ich hatte vor, einige Aufsätze über die Sprache der Motilonen zu veröffentlichen. Ich beschloß, an dieser Arbeit weiterzumachen. Es hatte keinen Sinn, etwas anderes anzufangen, solange es noch regnete. Ich ging hinüber zur Krankenstation, die ungefähr fünfhundert Meter weit weg war. Es war nur ein Nieselregen, aber überall standen Pfützen. Ich ging am Bananenfeld vorbei und sah, daß die jungen Stauden sich gut entwickelten. Keine von ihnen war vom Wind umgeknickt worden. Ich rutschte im Schlamm aus und fiel zu meiner eigenen Belustigung hin. Ich konnte mich nicht daran erinnern, hier je soviel Wasser gesehen zu haben.

In der Krankenstation setzte ich mich an das Pult, das wir aus dem Holz eines Mahagonibaumes gezimmert hatten. Dies und ein wasser- und insektensicherer Ordner für meine Aufsätze und Papiere waren meine kostbarsten Besitztümer.

Das Trommeln des Regens auf dem Wellblechdach klang angenehm, und ich machte mich an die Arbeit. Ungefähr eine Stunde später wurde ich durch laute Stimmen gestört. Ich ging zur Tür und sah hinaus. Zwei Motilonen riefen über den Fluß herüber nach einem Kanu, das sie holen sollte. Unser

Kanu war mit Wasser gefüllt und mußte zuerst ausgeschöpft werden. Da der Fluß vom Regen Hochwasser führte, dauerte es einige Zeit, bis das Kanu drüben anlangte und mit den beiden Männern zurückkam.

Ich ging zum Gemeinschaftshaus, um zu hören, was sie zu erzählen hatten. Ich wußte, daß sie aus einem Gebiet nicht weit von Tibu kamen, und ich dachte, sie könnten eine Nachricht für mich haben.

Als ich ankam, sahen ihnen gerade alle beim Essen zu. Sie waren mehrere Tage lang unterwegs gewesen und waren müde und hungrig. Sie lachten über einiges, das sie auf ihrer Reise erlebt hatten. Anscheinend war es ein mühsamer Marsch gewesen. Eine Menge Bäume waren vom Sturm entwurzelt worden, und einige Flüsse waren kaum zu überqueren. Ich hockte mich hin, um zuzuhören. Einige Minuten später kam Bobby herein. Ich winkte ihm zu und lächelte. Die beiden Männer erzählten von der Jagd und einer von ihnen gab eine lustige Geschichte zum Besten, wie er sich den Zeh verstaucht hatte. Gelangweilt stand ich auf, um zu gehen. Es war nichts Wichtiges. Ich ging zurück zur Krankenstation und begann wieder zu schreiben.

Es mochte wohl eine Stunde vergangen sein, als ich aufblickte und die beiden Männer in der Tür stehen sah. Sie überreichten mir ein kleines Päckchen, das fünf Briefumschläge enthielt.

„Woher sind sie?“, fragte ich.

Sie zuckten die Achseln. „George Camiyocbayra gab sie uns, damit wir sie dir bringen.“ George arbeitete als unser Mittelsmann in Tibu.

„Danke“, sagte ich.

Es waren Telegramme. Ich öffnete das erste. „Sie ist beerdigt“, stand darin.

Wer war beerdigt? Es mußte Glorias Mutter sein. Aber nein, ihre Mutter hatte es abgesandt und unterschrieben. Ich riß die anderen auf. Gloria war verunglückt. Ihr Wagen war über den Rand eines Steilufers hinabgestürzt. „Komm sofort“, stand in einem der Telegramme. „Wir warten auf dich. Du mußt sofort kommen.“ Aber das Datum war schon zwei Wochen alt. In einem anderen Telegramm stand, daß Gloria gestorben war, und daß ihre Beerdigung in drei Tagen sein würde.

Ich ließ die Telegramme fallen und rannte zum Gemeinschaftshaus. Bobby schnitzte gerade an Pfeilen. Er schaute mit dem gleichen netten Lächeln auf, das er schon als Junge gehabt hatte.

„Bobby", keuchte ich, „sie kommt nicht. Sie wird nicht hierher kommen."

„Was", sagte er.

„Sie kommt nicht, Bobby. Gloria kommt nicht. Sie ist gestorben. Sie ist tot."

Ein anderer Motilone kam herein und legte mir die Hand auf die Schulter, ohne zu wissen, daß ich außer mir war. Ich schüttelte ihn ab.

„Woher weißt du, daß sie tot ist?" fragte Bobby.

„Es stand in dem Schreiben. In den Briefen, die heute von Tibu gekommen sind. Bobby, ich muß nach Bogota gehen. Wir müssen gleich jetzt los."

„Gut", sagte er, „wenn das Wasser fällt, können wir gehen."

Das war ein langer Tag. Manchmal überwältigte die Traurigkeit mich völlig. Dann wieder schien alles so unwirklich. Ich konnte nicht glauben, daß es tatsächlich geschehen war. Ich las die Telegramme immer wieder. Bobby redete mir zu und sang mir Lieder von Gloria, in denen er wieder aufleben ließ, wie sie als erste fremde Frau in das Gebiet der Motilonen gekommen war, und wie sie damals mit dem Speer einen Fisch erbeutet hatte. Meine Gedanken kreisten unaufhörlich um Glorias Tod, wie eine Maschine, die nicht mehr abzustellen ist. Ich konnte nicht weinen, und ich konnte nicht beten, obwohl ich es versuchte. Aber wofür sollte ich beten? Sie war tot. Sie war schon seit Wochen tot.

Am Abend zündete ich eine Kerze an, legte mich in meine Hängematte und lauschte dem Regen. Er hatte den ganzen Tag über nicht aufgehört, und nun schüttete es wie aus Kübeln. Plötzlich wußte ich, daß ich von hier weg mußte. Ich mußte nach Bogota. Ich mußte wenigstens Glorias Grab sehen und mit ihrer Mutter reden. Wenn ich das nicht tat, würde ich nie wirklich wissen, ob dies alles nicht nur ein böser Traum war.

Die ganze Nacht hindurch warf ich mich von einer Seite auf die andere und wartete darauf, daß es hell wurde. Um drei Uhr in der Frühe stand ich auf und rüttelte Bobby aus dem

Schlaf. „Bobby, ich will jetzt gehen. Ich muß nach Bogota. Ich glaube, es wird hell, und wir können aufbrechen.“

Er sagte, ich solle mich wieder hinlegen. Es war noch immer dunkel, und es regnete. Dann begann es richtig zu gießen. Ich betete, daß es aufhören möge. Ich hörte den Fluß über Felsbrocken und Geröll hinrauschen. Dann wurde er stiller und ich erkannte, daß er über die Ufer getreten sein mußte. Als es hell wurde, war der Wasserspiegel gut vier Meter über der Flutmarke und nur etwa zwei Meter vom Haus entfernt.

Aber ich *mußte* flußabwärts reisen. Es war ein innerer Zwang.

„Bobby“, sagte ich, „laß uns gehen!“

„Brutchko, das geht nicht! Wir werden ertrinken.“

„Aber du kannst das Boot gut lenken, Bobby. Ich weiß, daß du es schaffen könntest.“

Er schüttelte den Kopf. „Es ist ganz unmöglich. Der Fluß führt zu hohes Wasser.“

Ich bat ihn nicht darum; ich befahl es ihm. Schließlich stimmte er traurig zu. Ich packte meine linguistischen Unterlagen in die wasserdichte Hülle und sperrte die zwei kleinen Bärenjungen, die ich einem Freund in den USA schicken wollte, in Kistchen. Gegen zehn Uhr morgens ging es schließlich los. Obwohl das Wasser etwa einen Meter gefallen war, führte der Fluß noch immer Hochwasser, und an den Felsen bildeten sich gelblich schäumende Strudel. Bobby machte sich Sorgen.

„Bist du sicher, daß du dies tun mußt, Brutchko?“ fragte er. „Der Fluß ist einfach zu hoch, als daß wir es schaffen könnten.“

Ich gab keine Antwort. Ich packte ganz einfach das Kanu weiter voll. Schließlich konnten wir, Bobby, zwei andere Männer und ich, ablegen. Noch immer kamen Motilonen herunter zum Fluß und sagten Aufwiedersehen.

„Wenn du Glorias Mutter siehst, sage ihr, daß mein Magen für sie weh tut“, sagte Atacadara, Bobbys Frau. „Erzähle ihr, daß wir nichts mehr essen konnten, als wir hörten, daß Gloria tot ist. Wir wissen, wie es ihr zumute ist.“

Ich warf einen letzten Blick auf das Gemeinschaftshaus und

kletterte ins Kanu. Wir gaben dem Boot einen Stoß, die Strömung ergriff uns und trieb uns flußabwärts.

Es war nicht möglich, gegen die Strömung anzukommen, nicht einmal mit dem Außenbordmotor. Alles, was wir tun konnten, war, so gut als möglich an den gefährlichen Stellen vorzbeizusteuern. Bobbys Gesicht war angespannt. Er kannte den Fluß besser als jeder andere, aber selbst er konnte nicht die mitgerissenen Holzklötze vorausahnen, zumal das schlammige Wasser die doppelte Geschwindigkeit hatte wie sonst.

Plötzlich tauchte ein riesiger Baumstumpf zur Linken des Bootes auf. Wir behielten ihn scharf im Auge, um sicher zu gehen, daß er nicht herumgewälzt wurde und uns traf. Als wir an eine Biegung des Flusses kamen, bemerkte ich, daß rechts von uns ein großer Strudel war. Der Holzklotz konnte uns hineinstoßen, wenn wir nicht vorsichtig waren. „Bobby, paß auf, vor uns!" brüllte ich. Aber er hatte sich über den Motor gebeugt. Die Nylonschnur, mit der die Drehzahl des Motors reguliert werden konnte, war gerissen, und er versuchte, sie wieder zusammenzuknüpfen.

Da schnellte ein anderer Holzklotz aus der Tiefe des Wassers empor. Er traf den großen Baumstumpf, so daß dieser gegen unser Boot stieß mit einer Wucht, die uns geradewegs auf den Strudel zujagte. Bobby versuchte den Motor zu stoppen und von dem Baumstumpf wegzukommen. Es ging rasend schnell. Wir konnten den Strudel ganz dicht vor uns sehen. Bobby versuchte noch, das Boot beizudrehen und gegen die Strömung zu fahren, aber sie war zu stark. Das Kanu wurde seitwärts vom Sog des Strudels erfaßt, herumgewirbelt und umgeworfen. Wir wurden alle hinausgeschleudert. Ich sah die Benzinkanister auf dem Wasser treiben. Ich hatte meine Papiere in den Händen und die beiden Bärenjungen unter einen Arm geklemmt. Dann wollte ich nach dem Boot greifen, um mich über Wasser zu halten, deshalb ließ ich die Bären los. Sie begannen sogleich zu schwimmen, so klammerte ich mich mit einer Hand am Boot fest und hielt mit der anderen Hand die Papiere über Wasser.

Dann sah ich Bobby in der Mitte des Strudels schwimmen. Ohne einen Spritzer wurde er hinabgezogen und verschwand. Ich konnte nur noch den wirbelnden Sog des schmutzigen

Wassers sehen. Dann geriet das Boot wieder mehr in die Nähe des Strudels und begann sich schneller zu bewegen. Die ganze Zeit wurden wir ständig im Kreis herumgerissen. Plötzlich entglitt mir das Boot mit einem Ruck, und ich mußte mich strampelnd über Wasser halten. Noch immer hielt ich meine Papiere in der Hand. Das Wasser riß mich einmal im Kreis herum, dann wieder, und ich geriet immer mehr in die Mitte des Strudels. Es gab kein Entkommen.

Als ich das drittemal herumgewirbelt wurde, sah ich den Ast eines Baumes, der über das Wasser hing. Ich wunderte mich, daß ich ihn nicht schon vorher bemerkt hatte, langte mit dem freien Arm danach und bekam ihn zu fassen. Er war nicht dürr. Dann schaute ich auf und sah, daß er von einem der Motilonen gehalten wurde. Er zog mich aus dem Wasser, und ich kroch auf das Ufer hinauf, wo ich um Luft ringend im Schlamm liegen blieb.

Oh, Gott sei gelobt!

Aber wo war Bobby? Dann wurde mir bewußt, was ich durch das das Erzwingen dieser verrückten Fahrt angerichtet hatte. Bobby war tot!

„Habt ihr Bobby gesehen?" fragte ich außer mir.

„Nein, er ist in dem Strudel verschwunden."

Ich sagte zu den Männern, ich würde in den Fluß springen und mich treiben lassen, bis ich Bobby gefunden hätte. Aber sie sagten, das könne ich nicht, der Sog werde mich einschlukken und ich würde ertrinken.

An dieser Stelle wurde das Ufer des Flusses von einem steilen Felsen gebildet, und wir konnten nicht weiter flußabwärts, ohne ihn zu erklimmen. Also begannen wir die Kletterei. Ich war wie von Sinnen. Ich fiel hin und riß mir den Finger auf. *Ich muß Bobby finden,* sagte ich mir.

Ich ließ die Papiere zurück und kletterte weiter. Wieder fiel ich und zog mir einen langen Riß am Bein zu. Als ich oben ankam, bohrte sich auch noch ein Dorn in meinen nackten Fuß. Er drang tief ins Fleisch, und der Schmerz zwang mich stehenzubleiben. *Man hat die ganze Hölle gegen mich losgelassen,* dachte ich. Aber ich schleppte mich weiter, sobald ich es einigermaßen aushalten konnte und suchte mit den Augen den Fluß und das Ufer ab. Ich sah das Boot wie eine dicke

Nadel dicht beim Ufer. Dann erblickte ich Bobby, der sich daran festklammerte. O Gott! Ich rannte über Steine stolpernd den Hügel hinunter, kam bei Bobby an, half ihm, das Boot aufs Ufer zu ziehen und half ihm selbst dann auch aus dem Wasser. Ich legte ihm meine Hand auf die Schulter.

„Ich dachte, du wärst tot", sagte er.

„Ich dachte, du wärst tot", sagte ich.

Er war splitternackt: Der Strudel hatte ihm alle Kleider vom Leibe gerissen. „Du", sagte er, „ich habe alle Kleider verloren, die ich in der Zivilisation tragen wollte, und mein Geld war darin."

„Was macht das aus!" sagte ich. „Du lebst! Jesus sei gelobt!"

Dann kamen die beiden anderen Männer herbei. Ich war so erleichtert, daß ich nicht viel sagen konnte. Ich lächelte und berührte sie mit der Hand. Dann schöpften wir das Boot aus und setzten unsere Reise flußabwärts fort.

Der Rest der Reise verlief ohne Zwischenfall. Als wir noch ein paar Meilen von Rio de Oro entfernt waren, legten wir am Ufer an. Bobby machte sich aus einem großen Blatt einen Lendenschurz und wir gingen zu Fuß in die Stadt hinein.

Als ich eben in das Flugzeug nach Tibu einsteigen wollte, legte mir Bobby die Hand auf die Schulter: „Sag Glorias Mutter, wir sind hungrig nach ihr und alle traurig, daß Gloria gestorben ist", sagte er. „Mach's gut und komm bald wieder!"

„Ja, ganz sicher!" versprach ich.

Jenseits des Horizonts

Ich ging zuerst nach Bogota und blieb dort drei Tage bei Glorias Mutter. Was auf unserer Reise vorgefallen war, ließ mich mein Leid nun mit etwas anderen Augen sehen. Ich hatte Gloria verloren. Aber ich hatte noch Bobby.

Anstatt nach Tibu zurückzukehren, flog ich in die Vereinigten Staaten, um über dieses Buch zu verhandeln. Ich war drei Wochen dort. Als ich nach Südamerika zurückkehrte, holte mich Bobby in Tibu ab. Ich hatte die Zivilisation satt und war froh, wieder in den Dschungel zurückzukommen.

Aber die Zivilisation wollte mich nicht in Ruhe lassen. Die illegalen Siedler hatten sich verschworen, die Motilonen noch weiter aus ihrem Territorium hinauszudrängen. Auf unserer Reise den Fluß hinauf wurden wir dann von Humberto Abril bedroht. Ich versuchte es zu ignorieren, aber seine Worte kamen mir immer und immer wieder in den Sinn.

„Ich schwör's bei diesem Kreuz, ich bringe euch um!" hatte er gesagt. Es waren solch seltsame Worte, kalt und furchterregend.

Weitere Drohungen gingen uns durch Briefe zu. Sie galten nicht nur mir, sondern auch Bobby. Ein Brief ließ ihn wissen, daß alle Motilonen in eine andere Gegend auswandern müßten, da sie, die Gesetzlosen, das Land übernehmen würden. Sie drohten Gewalt an.

Am nächsten Tag kamen Humberto Abrils Verbündeter Graciano und fünf andere Leute mit einem Boot in Iquiacarora an. Ich traf ihn am Ufer.

„Wer sind diese Leute?" fragte ich.

„Sie sind krank und brauchen ärztliche Hilfe", sagte er. „Einen von ihnen hat es ziemlich schlimm erwischt. Die anderen haben dieses oder jenes und sind deshalb auch mitgekommen.

„Ach ja", setzte er hinzu, „ich habe auch einen Brief für euch dabei." Er überreichte ihn mir und ging dann mit den anderen hinauf zur Krankenstation.

Ich nahm mein Messer zur Hand und schlitzte den Brief

auf. Er stammte von Abril.

„Haut ab von hier!" stand darin. „Dieses Land soll kolonisiert werden und wir werden euch umbringen. Jeder Indianer, der sich widersetzt, wird erledigt!"

Voller Wut rannte ich den Hügel hinauf zur Krankenstation. Ich hielt den Brief Graciano unter die Nase.

„Lies ihn!" befahl ich.

Er schüttelte den Kopf. „Ich lese nicht!"

„Also gut, dann lese ich ihn dir vor." Ich las laut.

„Für wie dumm hältst du uns eigentlich?" fragte ich. „Ihr droht uns umzubringen, und erwartet dennoch von uns, daß wir eure Leute freudig gesundpflegen. Los, sieh zu, daß du deine Behandlung bekommst und verschwinde dann schleunigst mit deinen Leuten. Und laßt euch ja nicht mehr blikken."

Ich warf den Brief zu Boden und stampfte ihn mit dem Fuß in den Schlamm hinein.

Abends kamen die Anführer der Motilonen zu mir, um die gefährliche Lage zu besprechen.

„Wir haben beschlossen zu kämpfen, falls sie Gewalt anwenden", berichteten sie mir. „Wir bereiten uns jetzt darauf vor. Wir beabsichtigen, uns einige Gewehre zu besorgen und mit ihnen und unseren Pfeilen das Gemeinschaftshaus zu verteidigen."

Sie fragten mich nach meiner Meinung.

„Ich habe gar keine Meinung", sagte ich. „Ich stelle mich wie immer hinter alles, was ihr beschließt."

Es vergingen zwei Monate voll nervöser Spannung. Es gab weitere Drohungen, besonders gegen jene kleinen Gemeinschaftshäuser, die entlang des Flusses gebaut waren.

Bobby und ich arbeiteten an der Übersetzung des Philipperbriefes. Eine solch herrliche und intensive Übersetzungszeit hatten wir kaum einmal miteinander verbracht. Unsere Gedanken, so schien es, beschäftigten infolge der unumgänglichen Auseinandersetzung sich besonders mit dem Tod. Und der Philipperbrief sprach zu uns über diesen Tod!

Im ersten Kapitel kamen wir zu Vers zwanzig, wo Paulus sagt: „ . . . wie ich sehnlich warte und hoffe, daß ich in keinem Stück zuschanden werde, sondern frei und offen, wie immer so auch jetzt, Christus verherrlicht werde an meinem Leibe, es sei durch Leben oder durch Tod."

Ich brauchte ein Wort für Erwartung. Ein Motilone erwartet abends zu Bett zu gehen, aber dieses Wort ist zu schwach.

Der Mittelpunkt aller Empfindung liegt für die Motilonen im Magen. Einen vollen Magen zu haben bedeutet, frohen Herzens zu sein. Wann bekam man am sichersten einen vollen Magen? Wahrscheinlich doch, wenn man gejagt und einen großen Tapir erlegt hatte. Man ißt Tapir, bis nichts mehr hinuntergeht. Also nahm ich das Wort, das bedeutet, einen Tapir erbeutet zu haben, und erfand eine neue grammatische Zeitform, nämlich die vollendete Zukunft. Dann bildete ich die höchste Steigerungsstufe daraus. Ich sagte Bobby das Wort. Es verschlug ihm den Atem. „Nein", sagte er, „das ist ein zu großes Wort. Es ist zu gewaltig. Wie kann man etwas so Großes erwarten?"

Wir ließen den Vorschlag fallen, aber er mußte Bobby beunruhigt haben. Zwei oder drei Tage später sagte er: „Brutchko, laß uns doch dies Wort nehmen."

„Einverstanden", sagte ich.

Er schwieg eine Weile, in Gedanken versunken, und sagte dann:

„Brutchko, ist Jesus Christus diese Hoffnung für dich in deinem Leben? Ist er es wirklich?"

Das traf mich. Es ist eine Sache, das richtige Wort für etwas herauszufinden, aber es ist etwas ganz anderes, dann gefragt zu werden, ob dies Wort auch für das eigene Leben zutrifft. Ich dachte zurück an meine Bekehrung und an einige der Krisen, durch die ich bei den Yukos und Motilonen hatte hindurch müssen. Schließlich, nach langem Schweigen, sagte ich: „Ja!"

Dann nickte ich heftig: „Ja, Bobby. Mit all meiner Kraft und meinem ganzen Willen will ich in dieser Weise auf Jesus Christus warten!"

Bobby schaute auf seine Füße: „Ja, es ist ein gutes Wort."

„Bist du sicher?" fragte ich.

Er nickte bejahend.

Später kamen wir auch zu der Stelle, wo Paulus sagt, daß er mit Jesus Christus, in der Gemeinschaft seiner Leiden und seines Todes eins sein möchte. Bobby nahm diesselbe kraftvolle grammatikalische Konstruktion, die wir soeben angewandt hatten – nämlich etwas bereits Vollzogenes, das jedoch noch in der Zukunft liegt, in der höchsten Steigerungsform – und wandte sie auf „Gleichgestaltetsein mit Christus" an. „*Ich* werde vollendet werden in der Gleichheit mit dem Tod Christi", sagte er.

Ich fühlte mich niedergedrückt, als hätte ich mein eigenes und Bobbys Gewicht zu tragen. Was hatte ich da angerichtet! Ich hatte den Motilonen Jesus gebracht. Das war richtig. Aber war ich darauf gefaßt, ihnen diese Art von Einssein – Eins- und Gleichsein mit dem Tod Christi – zu bringen? Hatte ich sowohl den Tod als auch das Leben gebracht? Es drängte mich zu beten. Bobby drängte noch mehr darauf. Aber Bobbys Gebet sandte mir kalte Schauer den Rücken hinunter.

„Jesus Christus, ich möchte deinem Bild gleichgestaltet werden. Du *bist* meine Hoffnung und Erwartung."

In der Atmosphäre voll unmittelbarer Gefahr schien dieses Gebet vermessen. Bobby sagte damit: *Ich frage nicht danach, ob ich lebe oder sterbe. Ich will sein wie Jesus.* Er war dabei, sein Leben wegzuschenken.

In den nächsten drei Wochen blieb alles ruhig. Wir warteten darauf, wieder von den Gesetzlosen zu hören, aber es rührte sich nichts. Vielleicht war es nur ein Spiel gewesen, eine nutzlose Drohung, hinter der nichts steckte.

Bobby mußte den Fluß hinunterfahren, um Bananen zu verkaufen. Er nahm zwei Motilonen mit. Man erwartete ihn am folgenden Nachmittag um vier Uhr zurück. Der Fluß war normal hoch, das Kanu war in gutem Zustand, und es gab keinen Grund, warum sich seine Rückkehr verzögern sollte. Aber es wurde vier Uhr, dann fünf Uhr, und noch immer war nichts von Bobby zu sehen. Ich begann mir Sorgen zu machen. Ich hatte ihn nur höchst ungern fahren lassen. Nun ging mir alles im Kopf herum, was ihm zugestoßen sein konnte. Es wurde sechs Uhr. Die Sonne ging unter. Nur der Fluß schimmerte noch schwach im Dämmerlicht. Aus dem Dschungel erklangen schon die Geräusche der Nacht. Ich war bereits so an sie gewöhnt, daß ich sie sonst kaum bemerkte, aber an diesem Abend schien jeder Laut unheilverkündend.

Um halb sieben stiegen Abacuriana, Asrayda, George Camiyocbayra und ich in ein Kanu, um flußabwärts zu fahren und nach Bobby Ausschau zu halten. Die anderen verspürten wenig Lust dazu. Es ist nicht leicht, nachts auf dem Fluß zu fahren. Es schien kein Mond, und Felsbrocken konnten ganz unvermittelt vor unserem Boot auftauchen. Nachdem wir die ersten Stromschnellen hinter uns gebracht hatten, war das Boot voll Wasser. Wir schöpften es aus und setzten die Fahrt fort. Bei den nächsten Stromschnellen verfing sich unsere Bootsschraube an einem Felsen, aber es gelang uns, freizukommen und weiterzufahren.

Als wir um eine Biegung des Flusses fuhren, tauchte urplötzlich ein anderes Boot aus der Dunkelheit auf. Wir wären beinahe mit ihm zusammengestoßen. Ich richtete den Strahl meiner Taschenlampe darauf und erkannte Aniano Buitrago, einen von Humberto Abrils Männern, und einige seiner Spießgesellen. Ich rief sie nicht an, sondern hielt den Strahl der Taschenlampe fest in ihre Augen, so daß sie uns nicht erkennen konnten. Im nächsten Moment waren wir schon an ihnen vorbeigeschossen. Aber was hatten sie des Nachts auf dem Fluß zu suchen?

Etwas weiter unten passierten wir noch ein Boot, das flußaufwärts fuhr. Auch in ihm saßen Gesetzlose. Der Strahl meiner Taschenlampe tastete die Ufer nach einer Spur von Bobby oder seinem Boot ab. Aber es war nichts zu entdekken.

Zwei weitere Boote fuhren flußaufwärts an uns vorbei, voll mit Männern, die ich nicht kannte. Dann kamen wir an einem der Siedlungshäuser vorüber. Mindestens zehn Boote waren am Landesteg festgebunden. Die Nacht war voll unheimlicher Bedrohung.

Dann flüsterte George: „Seht mal! Ist das nicht Bobbys Boot?“ Er zeigte auf den Anlegesteg. Ich bemühte mich, es zu erkennen, aber ich war mir nicht sicher. Wir trieben weiter. Es konnte nicht Bobbys Boot gewesen sein. Er hätte nicht an einem dieser Häuser angelegt, zumal Saphadana, ein kleines Gemeinschaftshaus der Motilonen, nur einige hundert Meter weiter flußabwärts gelegen war. Wir dachten ans Umkehren, um noch einmal genauer hinzusehen.

„Nein“, sagte ich. „Am besten fahren wir hinunter nach Saphadana und fragen Aystoicana, ob er Bobby gesehen hat.“

Wir legten am Ufer unterhalb des Gemeinschaftshauses an. Drinnen brannte kein Feuer, und kein Laut drang an unser Ohr.

Dann hörte ich die Stimme eines Motilonen: „Brutchko?“

„Ja.“

Aystoicana kam ans Ufer herunter. Ich konnte kaum sein Gesicht sehen.

„Brutchko, sie haben Bobarishora umgebracht! Er ist tot!“

Ich konnte nicht begreifen, was er gesagt hatte. „Das ist unmöglich!“ antwortete ich. „Er wird in Iquiacarora zurückerwartet. Ist er hier vorbeigekommen?“

Aystoicana faßte mich am Arm. „Brutchko, hör mir zu. Bobby ist tot. Er ist ermordet worden!“

Wie vor den Kopf geschlagen fiel ich am Ufer auf die Knie. „Wo sind die beiden Männer, die bei ihm waren?“

„Ich weiß es nicht“, sagte er. „Sie waren schlimm verletzt. Sie sind fortgegangen.“

Ich streckte die Hand aus und umklammerte Aystoicanas Knie, um mich daran festzuhalten. Die Nacht schien erfüllt mit roten und blauen Flecken wie Wunden. „Was ist passiert?“ flüsterte ich.

„Bobby war mit Satayra und Akasara unterwegs. Sie kamen den Fluß herauf und fuhren an Israels Farm vorbei. Israel stand am Ufer, winkte und rief ihnen zu, herüber zu kommen. Bobby war schon etwas spät dran. Er wollte nicht anhalten, aber da er Israel schon seit langem kannte, glaubte er, daß vielleicht einer seiner Angehörigen in Not sei oder so.“

„Israel war in den letzten Monaten zwei- oder dreimal bei uns, um sich behandeln zu lassen“, sagte ich heiser. „Er hatte den Arm gebrochen, den ich ihm dann einrichtete und nähte. Und er bekam alle Medizin, die er brauchte, von uns.“

„Ja“, sagte Aystoicana. „Deshalb hat Bobby geglaubt, er sei ein Freund. Er lenkte das Boot zum Ufer hinüber. Während er sich über den Motor beugte, um ihn abzustellen, entdeckte Satayra einen Mann, der mit einer Schrotflinte hinter einem Baum stand. Satayra schrie Bobby und Akasara zu, in den Fluß zu springen.Bobby hörte nichts, da er zu dicht beim Motor stand. Satayra sprang ans Ufer und griff nach dem Gewehr. Als er mit dem Mann um das Gewehr kämpfte, langte dieser nach seiner Machete. Satayra ließ einen Augenblick das Gewehr los, um sich zu schützen, der Mann riß die Machete hoch und schlitzte Satayras Arm vom Handgelenk bis zum Ellbogen auf. Satayra taumelte in den Fluß, und Akasara sprang aus dem Boot, um sich in Sicherheit zu bringen.

„Bobby versuchte ebenfalls aus dem Boot zu springen, aber eine Ladung Schrot traf ihn in den Unterleib. Er fiel in den Fluß. Einige der Schrotkugeln trafen Akasara ins Bein, aber er und Satayra schwammen zur anderen Seite des Flusses. Sie hielten nach Bobby Ausschau, aber alles, was sie sehen konnten, war von Blut gerötetes Wasser. Dann sahen sie seine Leiche auf der Wasseroberfläche treiben. Gleichzeitig entdeckten sie ganze Schwärme von Kolonisten am anderen Ufer. Alle trugen Gewehre. Sie hatten Bobby aufgelauert. Akasara und Satayra bekamen Angst und rannten weg. Sie kamen hierher und haben es uns erzählt."

„O nein, nein; o nein!" flüsterte ich.

Ein Motilone stieß in der Ferne einen Pfiff aus. Da ihre Sprache tonal ist, verwenden die Motilonen nicht immer Worte. Dieses Pfeifen besagte, daß zwei Boote den Fluß herunterkamen. Es war kein Motorengeräusch zu hören. Daraus schloß ich, daß wer auch immer darin saß bestrebt war, leise zu sein. Es mußten Feinde sein.

„Ich will den Fluß hinunter und Militär herbeiholen", sagte ich, von plötzlicher Wut gepackt. „George, du gehst mit mir!" Ich stieg in das Boot. Als ich an der Leine zog, um den Motor in Gang zu setzen, hörte ich sirrende Geräusche auf dem Wasser. Es waren Schrotkugeln – aus zu großer Entfernung abgefeuert, als daß sie Schaden anrichten konnten. Der Motor sprang beim dritten Versuch an, und wir ließen rasch die Gewehrschüsse hinter uns.

Wir brauchten mehrere Stunden, um zur Militärstation in Rio de Oro zu gelangen. Ich weckte den Truppenkommandeur aus dem Schlaf. Er kam im Schlafanzug herunter. Ich teilte ihm mit, daß es eine Verschwörung gegeben habe, mit dem Ziel, Bobarishora zu ermorden, und daß sein Tod gemeldet worden war. Er hörte sich an, was ich ihm erzählte, starrte dabei aber mit schlaftrunkenen Augen ins Leere. „Okay, ich werde der Sache nachgehen“, sagte er und öffnete mir die Tür, damit ich gehen konnte.

„Ich will nicht, daß Sie der Sache nachgehen. Ich will jetzt Unterstützung von Ihnen. Ich brauche Leute zum Schutz der Motilonen.“

„Es tut mir leid“, sagte er, „ich kann heute Nacht nichts mehr unternehmen.“

Ich ging zur Polizei. Diese war ebensowenig gewillt, etwas zu unternehmen. Ich glaube nicht, daß ihnen das Ganze gleichgültig war. Aber sie hatten Angst, selbst angegriffen zu werden.

Ich war wütend und enttäuscht. Um vier Uhr morgens machte ich mich mit George auf den Rückweg den Fluß hinauf. Es wurde gerade hell. Ein perlgraues Licht lag über dem Wasser und wurde nach und nach heller. Das Blattwerk des Dschungels leuchtete auf in saftigem Grün. Es sah alles so unschuldig aus. Dies waren die Bäume und der Fluß, die ich liebte. Dies war meine Heimat.

Bobby konnte nicht tot sein. Ich weigerte mich, es zu glauben. Ich mußte immer wieder daran denken, wie vor einigen Monaten unser Boot vom Strudel erfaßt worden war. Damals hatte ich geglaubt, Bobby sei tot. Aber er hatte es überlebt. Durch ein Wunder mochte er sogar jetzt im Dschungel sich vor dem Blick der Gesetzlosen verbergen und auf Hilfe warten.

Als wir bei Saphadana ankamen, schien die Sonne. Es schien unmöglich, daß man hier auf uns geschossen hatte. Aber Aystoicana erzählte uns, die ganze Nacht hindurch seien Gesetzlose vorbeigekommen, hätten auf Gemeinschaftshäuser der Motilonen in Ufernähe geschossen und geschrien, die Motilonen müßten fortziehen, da das Land ihnen nicht mehr gehöre.

„Habt ihr nach Bobby gesucht?“ fragte ich.

„Wir haben gesucht, aber wir haben keine Spur von ihm gefunden.“

„Wir müssen weitersuchen“, sagte ich. „Es kann sein, daß er unsere Hilfe braucht. Er könnte verletzt im Dschungel liegen.“

Aystoicana schaute etwas verlegen zu Boden. Wir suchten den ganzen Tag hindurch im Dschungel nach Bobby. Die anderen wollten aufgeben, aber ich hinderte sie daran. Ich hatte seit eineinhalb Tagen kein Auge mehr zugetan und war am Ende meiner Kraft. Manchmal ließ mich meine Stimme im Stich, und dann war nichts mehr zu hören, als allein das gedämpfte Zwitschern der Vögel in den Bäumen. Nie kam eine Antwort von Bobby.

Um fünf Uhr gaben wir es auf. Wenn unser Boot nach Saphadana zurückkehrte, würde es schon dunkel sein. Wir redeten nicht miteinander; wir waren zu müde, zu elend dazu. Als wir an die Stelle kamen, wo der Cano Tomas Fluß in den Rio de Oro mündet, sah ich etwas auf dem Wasser treiben. Es sah aus wie ein Holzblock. Wir fuhren näher hin, um genauer sehen zu können. Es war Bobby, der mit dem Gesicht nach unten auf dem Wasser trieb.

Alle Hoffnung war dahin. Ich fühlte mich ausgehöhlt und leer. Ich hatte mich in der Überzeugung gewiegt, es müsse so wie damals sein, als wir beinahe ertrunken waren. Bobby würde noch am Leben, wir würden wieder vereint sein. Der Fluß war nicht tief. Ich stieg aus dem Kanu und drehte Bobby um. Sein schneeweißes Gesicht war von dem Aufenthalt im Wasser runzlig geworden. Ich drückte ihm behutsam die Augen zu. Er war sofort tot gewesen. Die Ladung aus dem Schrotgewehr hatte die untere Hälfte seines Körpers zerfetzt.

„Gott", weinte ich, „o Gott, warum?"

Er war der Führer seines Volkes gewesen, der erste, der Christus kennengelernt hatte, der erste, der lesen konnte und angefangen hatte, Schulen zu errichten, der erste, der sich den Dieben aus der Zivilisation widersetzt hatte.

George reichte mir eine Decke. Ich wickelte sie um Bobbys Körper und half dann, ihn in unser Boot hineinzuheben. Am nächsten Tag brachten wir seine Leiche nach Iquiacarora. Meine Gedanken ließen mir weder Rast noch Ruhe. In der Nacht hatte ich geweint, bis keine Tränen mehr kamen. Noch immer kreisten meine Gedanken um dieselben Fragen. *Wofür all dieses Sterben, Herr?* fragte ich unaufhörlich. Der Tod war im Fluß. Der Tod war im Dschungel. Der Tod durchzog die Täler. Immer griff er nach jemandem, den ich liebte . . . Gloria . . . Bobby. Und dazwischen meldeten sich in meinem Geist immer wieder die schaurigen Worte Humbertos: „Bei diesem Kreuz – ich bringe euch um!"

Der Fluß führte Niedrigwasser, und es kostete uns beträchtliche Zeit, die Untiefen hinter uns zu bringen. An einer solchen Stelle hörte ich das Zischen von Schrotkugeln, die auf das Wasser auftrafen. Sie wurden aus zwei Booten am anderen Ufer abgefeuert. Plötzlich fraß sich eine Schrotladung in die Seite unseres Kanus. Wir arbeiteten wie wild, um außer Reichweite zu gelangen, aber die Gesetzlosen holten immer mehr auf.

Ich fühlte einen brennenden Stich im Bein. Eine Kugel hatte mich getroffen. Schließlich brachten wir das Boot in Fahrt. Gerade als wir wieder tieferes Wasser erreichten, streifte noch eine Kugel meine Brust. Es tat gut. Ich wollte verletzt werden. Ich wünschte mir Schmerzen herbei. Ich wollte den Tod.

Aber die Wunden waren nur oberflächlich. Ein Notverband stillte die Blutung. Die Kugeln würden später entfernt werden müssen.

Nach vielen Stunden langsamer Fahrt flußaufwärts, bogen wir schließlich um die letzte Biegung des Flusses, der an Iquiacarora vorbeiführte. Mehrere hundert Motilonen standen am Ufer und hatten Waffen bei sich. Als sie uns erkannten, warteten sie schweigend, bis wir angelegt hatten. Die Nachricht von Bobbys Tod hatte sich schnell verbreitet, und es waren Leute aus weiter Entfernung herbeigekommen. Sie umringten das Boot. Ich sah Atacadara, Bobbys Frau, die über uns auf einem kleinen Erdhügel stand. Sie schaute mich abwartend an. Ich erwiderte ihren Blick und neigte den Kopf, um zu bestätigen, daß Bobby tot war. Sie drehte sich um und ging weg, wobei eines ihrer Töchterchen sich an ihrem Bein festklammerte. Sie trug Bobbys jüngsten Sohn auf dem Arm.

Wir holten meine Hängematte aus dem Haus und banden sie an einen hohen Pfahl. Dann hoben wir Bobby aus dem Boot und legten ihn in die Hängematte. Seine Leiche wurde mit meiner Decke verhüllt, da ich sein Bündnisbruder war. Dann überquerten wir mit der Hängematte den Fluß, trugen sie flußabwärts und hängten sie hoch hinauf ins oberste Geäst, damit die Geier Bobbys Leiche holen konnten. Als ich zurückkam, sah ich Atacadara ganz allein am Rande des Dschungels stehen. Ihre Augen waren dunkel und leer, so wie sie gewesen waren, als ihre Tochter gestorben war. Sie schaute zu mir auf, und ich brach in Tränen aus.

Sie faßte mich an der Schulter. „Nein, nein!" sagte sie. Ich hielt sie eine Weile im Arm und ging dann weg.

Den ganzen Tag über saß ich vor dem Gemeinschaftshaus und beobachtete die Geier, die aus dem Himmel herabstießen. Zuerst waren es noch fliegende dunkle Flecken. Dann zogen sie mit unbewegten Flügeln ihre Kreise immer tiefer, bis sie schließlich mit kurzem, hektischem Flattern in den Bäumen landeten.

Ich erinnerte mich an die Zeit, als mir die Zeremonie noch kalt und grausam erschienen war. Damals hatte ich gedacht, jemanden in eine Kiste zu stecken und in einem Loch verschwinden zu lassen sei besser, als ihn hoch hinauf in die Bäume zu binden, so daß er hinaus in die Weite des Himmels getragen wurde. Ich wußte nun, was es bedeutete. Es bedeutete, daß Bobby jetzt frei war, um jenseits des Horizontes zu gehen.

Ich wünschte mir nur, mit ihm gehen zu können.

Ein paar Motilonen versuchten mit mir zu reden, mich aufzumuntern, als ich so draußen vor dem Haus kauerte. Aber ich saß da wie versteinert.

In der Nacht hielt ich es nicht länger aus. Ich ging hinaus in den Dschungel zu den Bäumen, wo Bobbys Hängematte hing. Dort wollte ich mich hinlegen und unter der Hängematte schlafen, die Bobbys Leiche barg. Es sollte ein letztes Lebewohl sein. Aber als ich ging, folgten mir alle Leute aus dem Gemeinschaftshaus. Es waren ungefähr zweihundert Menschen. Wir durchquerten zusammen den Fluß. Es war dunkel unter der Hängematte. Der Mond stand nicht am Himmel.

„Laßt uns alle einander an den Händen fassen und einen Kreis bilden, der weder Anfang noch Ende hat, und laßt uns mit Gott reden", sagte ich.

Es entsprach nicht der motilonischen Tradition, aber es schien das Richtige zu sein.

Odo, den Bobby als Sohn angenommen hatte, begann

zu beten. Er war erst vierzehn, aber Gott schenkte ihm das wunderbarste und prophetischste Gebet, das ich je gehört habe.

„O Gott“, sagte er laut und sah hinauf zu dem Umriß von Bobbys Hängematte. „Gott, es ist alles schwarz, es ist alles dunkel; ich kann nichts sehen. Wir sind verloren!“

Einen Augenblick war er still. Dann fuhr er mit veränderter, ruhigerer Stimme fort: „Gott, hier ist ein Baum, ein großer Baum, und seine Wurzeln reichen tief in die Erde. Wir sind es, Herr, das Volk der Motilonen.

Wir haben unser ganzes Leben lang in diesem Land gelebt, eine Generation nach der anderen. Unsere Wurzeln reichen sehr tief, und wir stehen hoch und aufrecht.

Wir hatten versucht Gott zu folgen, aber wir verloren ihn. Wir versuchten unseren eigenen Pfaden zu folgen, und sie führten uns nie ans erwartete Ziel. Immer gab es an ihrem Ende nur ein anderes Haus oder einen anderen Fluß. Sie führten uns nie über den Horizont hinaus, wo wir dich finden konnten.

Dann hat Bobarishora deinen Pfad in Jesus Christus gefunden, und er ging darauf und zeigte uns, wie man es machen mußte. Wir waren so froh.

Aber Gott! Wohin hat er ihn geführt? Warum hat dieser Pfad hierher geführt? Gott, es kann nicht sein.“

Er schwieg. Es war vollkommen still.

„Der Baum ist herrlich“, sagte er. „Er ist herrlich. Er ist über und über mit großen, wunderschönen Blüten bedeckt, die sich geöffnet haben und in der Sonne leuchten. Jeder von uns ist eine Blume. Aber es gibt eine Blume, die größer und schöner als alle anderen ist. Sie hat die beste Frucht hervorgebracht. Es ist Bobarishora. Er hat uns die Landwirtschaft gegeben und unsere Mägen wurden gefüllt. Wir starben an Krankheiten, und er brachte uns Heilung von Jesus Christus durch Arznei. Er zeigte uns den Pfad, den wir mit Jesus Christus gehen können, so daß unser Leben einen Sinn hat. Wir waren alle voller Freude über dieses neue Leben.

Aber, o Herr, es ist so schwarz! Ein Wind ist gekommen, und die Frucht, die vollkommene Frucht ist ausgetrocknet und zusammengeschrumpft und zur Erde gefallen. Ihre Samenkörner haben sich in die dunkle Erde eingebohrt. Sie selbst ist gestorben . . . Bobarishora ist gestorben und hat uns verlassen.

Gott, laß die Samen nicht zunichte werden. Mach unser Leben zu fruchtbarem Boden, so daß seine Saat in uns wachsen kann. Laß seinen Tod zu einem großen Baum in unserer Erde werden, so daß wir leben können wie er es tat, daß wir einander helfen und lernen zu lieben. Laß dies in uns heranwachsen, weil er gestorben ist. Wir bitten darum, weil wir alle eins sind in dieser Nacht, in einem Kreis, und uns an den Händen halten. Wir sind hineingeboren in Jesus Christus, deinen einzigen Sohn."

Unser Kreis brach langsam auseinander. Ich sah etwas, was ich bei den Motilonen nie zuvor gesehen hatte: Leute verbargen ihre Augen und schluchzten.

Ocdabidayna kam zu mir und versuchte zu lächeln. „Schau uns alle an. Alle haben die Grippe!" sagte er.

„Nein", sagte ich, „es ist nicht die Grippe, was ich habe. Es ist keine Grippe." Dann faßte sich Ocdabidayna, einer der maßgebenden Häuptlinge, mit beiden Händen am Kopf und warf sich zu Boden. „O Brutchko", sagte er und schaute zu mir hoch, „ich bin kein Mann. Ich bin ein Baby, ein winziges Baby. Nur Babies weinen."

Sein bitterer Schmerz erschütterte die Motilonen so, wie ich es bei ihnen noch nie gesehen hatte. Sie rannten in den Dschungel hinein, um ihre Tränen voreinander zu verbergen.

„Brutchko", sagte Ocdabidayna. „Jesus Christus ist für alle Völker der Erde gestorben. Bobby ist fast wie er. Er starb für die Motilonen."

Die nächsten drei Wochen brauchte ich zur Heilung meiner Wunden. Ich wollte hinaus aus dem Dschungel, fort vom Geruch des Todes. Außerdem wollte ich auch die zuständigen Stellen über das Treiben der Gesetzlosen informieren. Aber ich konnte nicht fort. Der Fluß wurde aus dem Hinterhalt überwacht. Jeder, der versucht hätte, ihn zu befahren, wäre getötet worden. Die Jäger stellten fest, daß an den Pfaden aus dem Dschungel Gewehrfallen lauerten. Einer der Männer machte sich mit mehreren Briefen auf den Weg nach Tibu. Er brauchte eine ganze Woche, konnte nur nachts marschieren und mußte stets die gewohnten Pfade vermeiden.

Der einzige sichere Weg war der über das Gebirge – eine Reise, die einhundertundvierzig Stunden Fußmarsch erforderte. Mein Bein war gut verheilt, also machte ich mich auf den Weg. Als ich die Hälfte der Strecke zurückgelegt hatte, hörte ich einen Hubschrauber. Der Präsident Kolumbiens hatte ihn nach mir ausgesandt. Bald war ich aus dem Dschungel heraus.

Ich verbrachte eine ruhelose Woche in Bogota. Was hatte alles zu bedeuten? Für die Motilonen mochte Bobby zu einem früchtetragenden Baum heranwachsen. Aber welche Bedeutung hatte die Ermordung meines Bündnisbruders für mich?

Als ich eines Abends mit einem der führenden Minister der kolumbianischen Regierung sprach, erhielt ich die Antwort darauf. Er hatte Bobarishora selbst gekannt, und sein persönliches Interesse galt den Motilonen. Ich hatte ihm soeben Bobbys Tod geschildert, und er hatte Tränen in den Augen.

„Aber Bruce, Sie reden die ganze Zeit so, als ob Sie wollten, daß Jesus einschreitet und dem ganzen Leid ein Ende bereitet. Können Sie denn nicht sehen, daß es gerade umgekehrt ist? Wenn es Jesus nicht gäbe, würden die Motilonen noch weiter in den Dschungel hineingetrieben und langsam, aber sicher ausgerottet! Wenn es Jesus nicht gäbe, wäre da kein Kampf! Bobby hätte nie den Tod sterben müssen, den er gestorben ist.

Nein, Bruce. Bobby starb nicht trotz Jesus. Er starb wegen Jesus, um seinetwillen." Er legte mir die Hand auf die Schulter. „Wo würden die Motilonen sein, wenn Bobby nicht der Mensch gewesen wäre, den die Banditen glaubten umbringen zu müssen. Wo würden Sie sein, wenn Bobby nicht dieser Mensch gewesen wäre?"

„Nirgendwo", sagte ich. „Ich wäre nirgendwo."

Also muß das Leben so sein, dachte ich. *Es muß Kampf und Tränen, ja sogar den Tod bringen.*

Plötzlich sah ich meine Eltern vor mir und all das Leid, das wir durchlebt hatten . . .

Ich sah die Yukos und die Gesichter der Siedler . . .

Ich sah die Gesichter der Motilonen, für die noch der Rest des Neuen Testaments übersetzt werden mußte.

Es gab soviel zu tun . . . so viele Dinge, die zu tun mich

Christus gerufen hatte. Es würde noch mehr Schmerz, noch mehr Einsamkeit folgen. Vielleicht auch der Tod.

Warum war es so schwer? Warum?

Dann sah ich Jesus. Er schleppte sich mit einer großen Last einen Hügel hinauf. Sein Gesicht war von Kummer und Elend gezeichnet; sein Rücken war gebeugt.

Ich stützte mich auf eine Stuhllehne und schaute den Minister an.

„Ich glaube, ich weiß es jetzt", sagte ich. „Es ist das Kreuz."

Ich hielt meine Hand hoch und legte meinen Daumen über den Zeigefinger. „Es geschieht um dieses Kreuzes willen."

Nachwort des Verfassers

Seit Jahren gibt es ein heftig diskutiertes Problem zwischen Missionaren und Anthropologen. Es handelt sich um die Entwicklung eines Gemeinschaftsgefühls unter den Indianerstämmen, die bisher keinerlei Berührung gehabt haben mit der westlichen Zivilisation unseres Jahrhunderts. In einem Punkt stimmen beide Gruppen überein: daß ein gutes Programm der Gesundheitspflege, vor allem der Vorsorge, notwendig ist. Denn die Stammesbevölkerung entlang den Grenzen verringert sich ständig wegen der jetzt bei ihnen eindringenden epidemisch auftretenden Krankheiten, die früher unbekannt waren und nun von eindringenden Siedlern und Entdeckern eingeschleppt werden. Dazu kommen die Seuchen, die schon vorher in den Stämmen wüteten, vor allem Malaria, Tuberkulose, Schlafkrankheit, sowie die hohe Kindersterblichkeit, um nur einige zu nennen. Dr. Edmundo Moro, der Leiter der Abteilung Seuchenbekämpfung im Staat Norte de Santander (Kolumbien), zu dem das Gebiet der Motilonen/Bari gehört, glaubt, daß ohne Einrichtung der vorbeugenden Gesundheitspflege und die Einführung westlicher Arzneimittel der Stamm inzwischen völlig ausgerottet wäre.

Diese Maßnahmen könnten jedoch ohne den Kontakt zur „Außenwelt“ nicht durchgeführt werden; wäre es anders, hätte ich dies von Herzen unterstützt.

Nach dem Eindringen westlicher Behandlungsmethoden und Arzneimittel erhebt sich allerdings oft ein Wettkampf zwischen dem neuen Sozialarbeiter und dem Zauberdoktor eines Stammes. Zudem erwacht bei der indianischen Bevölkerung starke Neugier, all dem Ungewohnten, Neuen auf den Grund zu kommen. Beispielsweise die knallbunten Farben auf den Medizinschachteln: „Aus welcher Blume, Frucht oder Pflanze gewinnt man solche Farbe?“ Der Hintergedanke dabei ist, diese Farben wären großartig als schöne und auffallende Körperbemalung zu verwenden! Oder: Wenn ein Besucher von „draußen“ in die Stammesgemeinschaft kommt, bringt er Bündel und schwere Kästen mit, die aussehen „wie getrocknete Blätter, aber ganz steif" (Pappkartons). „Wie sehen die Bäume aus, zu denen diese Blätter gehören?" wird gefragt. Auch die äußere Erscheinung eines solchen Besuchers erregt großes Aufsehen bei Menschen, die nur von Naturprodukten leben, die sie mit ihrer Hände Arbeit aus dem Dschungel gewinnen können.

Die Motilonen, deren Gebiet an das der Nationalkolumbianer grenzt, haben die Lebensweise dieser Einheimischen genau beobachtet. Jedoch sehen die Motilonen ihre stammeseigene Lebensart nun nicht als minderwertig an. Sie möchten viele dieser neuen Ideen in ihr eigenes Dasein übernehmen. Ihre Stammesgenossen aber, die weiter weg von der Grenze tiefer im Dschungel leben, haben noch kein so großes Interesse daran. Alle Motilonen lieben rote Hemden, Halsketten, Macheten, Messer und Aluminiumkochtöpfe. Sie haben entdeckt, wie man auf friedliche Weise in den Besitz dieser Dinge kommen kann, indem man sie nämlich kauft, statt sie wie früher durch Raubüberfälle auf Siedler an sich zu bringen. Aus diesem Kaufbedürfnis bei der industriellen westlichen Gesellschaft ergab sich die erste einfache Schule, die Stammesangehörige als künftige Führungskräfte unter den Motilonen ausbildete. Hier lernten sie die Begriffe von Kaufen und Verkaufen, den Umgang mit Geld, den Verkehr mit Behörden und Außenstehenden, den Begriff der Landesgrenzen und, selbstverständlich, Lesen und Schreiben. Die erste Schule in Iquiacarora hatte einen solchen Zulauf, daß weitere Schulen gegründet werden mußten. In dem Maß wie sich Ackerbau und Viehzucht durchsetzten, entstand auch die Nachfrage nach einschlägigem Schrifttum. Die kolumbianische Regierung beteiligte sich an unserem Erziehungsprogramm und stellte großzügig die Mittel zur Verfügung, um in den zweisprachigen Schulen besonders das Viehzuchtprojekt zu unterstützen. Heute ist die Landwirtschaft bei den Motilonen gut durchstrukturiert. Aus dem Erlös ihrer Ernte- und Viehverkäufe können sie ihr Kaufbedürfnis befriedigen.

Auf dem Gebiet der Gesundheitsfürsorge sind hin und her Zentren eingerichtet worden, in denen motilonische Hilfskräfte eingesetzt sind, um Arzneien auszugeben und krankenpflegerische Betreuung auszuüben. So primitiv diese Kliniken auch sein mögen, haben sie doch die Stammesgewohnheiten dahin beeinflußt, daß die Leute zunächst ihre nomadisierende Lebensweise um ein solches Zentrum herum einrichten und schließlich das Umherwandern ganz aufgeben und seßhaft werden, um die Vorzüge medizinischer und pflegerischer Betreuung immer in der Nähe zu haben. Dies wirft freilich neue Probleme auf, da nun die natürlichen Jagdgebiete um eine solche Motilonensiedlung herum nicht mehr genügend Fleisch liefern. Aber dies wird ausgeglichen durch Ackerbau und Viehzucht.

Was also als einfaches medizinisches Vorsorgeprogramm begann, entwickelt sich zu einer völlig neuen Orientierung der indianischen Stammesgemeinde. Es ist meine Erfahrung unter den Motilonen, Bari und Yukos, daß diese Stämme die Entwicklung begrüßen und wünschen

Bei diesem Übergang von der Tradition der Motilonen zum Lebensstil des Nationalkolumbianers habe ich mich bewußt im Hintergrund gehalten. Ich lebe nicht unter den Motilonen, um diese Wandlung zu fördern oder zu verbieten, sondern ich möchte bei der Hand sein, wenn sie bei der Eingliederung in die kolumbianische Lebensweise Rat brauchen.

Anthropologen, die ich in Kolumbien traf, sind fast immer der Ansicht, für den Indianer sei es weit besser, wenn er in seinen Dschungeln isoliert bleibe. Aber allein schon die Einführung westlicher Arzneimittel hat eine Flamme entfacht, die nicht einfach wieder erstickt werden kann.

Vor mehreren Monaten besuchte eine Anzahl deutscher und französischer Wissenschaftler, einer davon ein Anthropologe, Kolumbien. Sie suchten als Touristen ein Abenteuer in irgendeinem der Indianerstämme. Freunde in Bogota wiesen sie auf die berühmten kriegerischen Motilonen hin. So flogen die Leute von Bogota nach Cucuta, der Hauptstadt unseres Staates Norte de Santander.

Dort lernten sie den Befehlshaber des Militärs in Cucuta kennen, freundeten sich mit ihm an und waren nun erst recht begierig, die Motilonen zu besuchen und ihre Stammesart und Lebensgewohnheiten zu fotografieren. Der Oberst gab ihnen umfassende Auskunft über die Geschichte dieses kriegerischen Stammes, der schon vor mehr als 400 Jahren von Alonso de

Ojeda entdeckt wurde, es aber fertiggebracht hat, sich jeder Berührung mit der Außenwelt zu widersetzen – bis zu „Olsons Eindringen“ in ihr Gebiet im Jahr 1961. Da der Oberst ein persönlicher Freund von uns war, schlug er den Besuchern vor, mich in Tibu (dem letzten Punkt der Zivilisation vor dem Rio de Oro-Dschungel) aufzusuchen und ihre Expedition mit mir abzustimmen. Er sorgte dafür, daß sie mit Armeefahrzeugen weiterreisen konnten. Aber ich war damals nicht in Tibu. So beschlossen sie, nach Rio de Oro weiterzureisen bis zu der unbefestigten Straße, die am Ufer des Rio de Oro (Goldfluß) entlangführt. Dort hatten sie das Glück, einen Kolumbianer zu finden, der ein Einbaumkanu besaß und flußaufwärts fuhr. Er erklärte sich bereit, die Leute gegen Bezahlung bis zu seiner Farm mitzunehmen, die an das Motilonengebiet angrenzt.

Durch einen Einwohner des Gebietes um Shubacbarina, der mit mir zusammen schon Holz fürs Gesundheitszentrum gesägt hatte, erfuhren die Touristen von einer Indianersiedlung in der Nähe. Er willigte ein, sie über die schlecht erhaltenen Wege nach Shubacbarina zu führen.

Am dritten Tag nachdem die Gruppe Cucuta verlassen hatte, erhielten die Motilonen die Nachricht, Europäer kämen zu Besuch. Die Touristen trugen für die Wanderung Spezialkleidung in bunten Farben und ihre Rucksäcke waren rot umwikkelt. Asirndora, der Häuptling des motilonischen Gemeinschaftshauses, und seine Mannen rannten schleunigst ins Langhaus, um sich für die Gäste feinzumachen. Sie zogen hastig Hemden und Sporthosen über ihre Lendenschurze und schlüpften in Schuhe oder gar Stiefel!

Die europäischen Besucher sahen von ferne das imposante Gemeinschaftshaus, und man kann sich vorstellen, mit welcher Begeisterung sie ihrer ersten Begegnung mit den „Primitiven“ entgegensahen. Trotz ihrer Müdigkeit bereiteten sie die Kameras vor, um gleich mit ihrer kolumbianischen Bilddokumentation beginnen zu können. Aber ihre Gesichter wurden lang und länger, als Asirndora aus der kleinen Tür des riesigen Gemeinschaftshauses trat, genauso bunt und westlich gekleidet wie die Besucher! Er bewies damit seine Bereitwilligkeit zur freundschaftlichen Übereinstimmung mit diesen Besuchern.

Das ist nicht nur seine Ansicht, sondern auch die aller Motilonen.

Der junge Jorge Caymiyocbara war auch dort. Er spricht fließend Spanisch und auch gut Englisch. Nach dem Besuch unserer Dschungelschule in Ocbabuda ging er zur weiteren Ausbildung nach Cucuta, wo er später auch noch die Krankenpflegeschule besuchte. Heute ist er der Vertreter der Indianerbewegung bei der kolumbianischen Regierung. Jorge erkannte die Enttäuschung der Touristen, die ja so gern die Indianer in traditioneller Aufmachung und Lebensweise „besichtigen" und fotografieren wollten. Sein Einfühlungsvermögen ist auffallend. Die Besucher wandten sich an ihn. Er beantwortete ihre Fragen in holprigem Spanisch. Er machte ihnen also etwas vor!

Die Touristen hatten Spiegel und Halsketten für „die Indianer" mitgebracht. „Großartig!" meinte Caymiyocbara. „Aber", erklärten die Europäer, „wir werden sie euch nur geben, wenn ihr uns auch einen Gefallen tut." Sie wünschten, daß die Motilonen die westliche Kleidung ablegten und sich den Fotografen in Lendenschurz und sonstiger Stammesaufmachung stellten. „Können wir dann die Spiegel und Ketten bekommen?" erkundigte sich Caymiyocbara harmlos. Als sie bejahten, machte er ihnen seinerseits einen Vorschlag. Sie seien doch jetzt zu den Motilonen gekommen, um ein paar Tage lang deren Lebensweise kennenzulernen. „Deshalb", so sagte er, „wäre es gut, wenn nicht nur wir unsere Lendenschurze tragen, sondern Sie auch. Lassen Sie uns doch mal alle motilonische Kleidung tragen!" Die vornehmen Gäste, voller Verlangen, ihre Bilddokumentation endlich beginnen zu können, willigten ein, allerdings nur zögernd, mit Ausnahme des Anthropologen, der in seinem Eifer, sich mit dem Stamm zu identifizieren, gar nicht genug tun konnte. Einige Meter vom Gemeinschaftshaus entfernt zogen sich die Herren im dichten Dschungel aus, vor den Augen der Motilonen verborgen. Sie zwängten ihre großen weißen Körper in die aus Dschungelmaterial für die Körpergröße eines Polynesiers berechneten Lendenschurze der Motilonen. In schamvoller Verlegenheit betraten sie so das Gemeinschaftshaus, wo sich alle Motilonen mit Caymiyocbara erwartungsvoll versammelt hatten. Als die Gäste sich nach dem gebückten Eintritt durch die niedrige Tür aufrichteten, trat Jorge Caymiyocbara mit einer Kodak Instamatic Blitzlicht-Kamera vor und machte – klick – Blitz! – ein Foto von ihnen!

Rot und sprachlos vor peinlicher Verlegenheit verließen die Touristen das Haus, gingen in den Dschungel und zogen sich um. Dann erschienen sie in ihrer westlich bunten Kleidung – und die Motilonen auch! Zwar waren die Herren zornig auf Caymiyocbara – aber sie hatten begriffen!

Am folgenden Tag entdeckten die Besucher, daß die Motilonen Vieh besaßen, und so hatten sie das Vergnügen, motilonischen Käse zu essen. Sie besichtigten das einfache Gesundheitszentrum und die Schule (es waren gerade Ferien), sowie die Ackerbaugebiete des Landes. All dies entspricht natürlich in keiner Weise motilonischer Stammesüberlieferung. Aber alles, was sie sahen, unterstand der Aufsicht des Häuptlings Asirndora.

Nach ihrer Rückkehr nach Cucuta nahmen die Herren sofort die Verbindung mit dem Oberst wieder auf, dankten ihm für seine Gastfreundschaft und Fürsorge auf der Reise und berichteten ihm über ihre Eindrücke. „Olson hat die Motilonen völlig verdorben!“ wetterten sie und erzählten von ihren enttäuschenden Beobachtungen: „Die Indianer tragen Kleidung und haben es aufgegeben, ihre Nahrung aus dem Dschungel zu beziehen.“ Sie hatten nicht erkannt, daß die Beendigung des Nomadenlebens und Aufnahme ständiger Wohnsitze die Dschungelvorräte ringsum versiegen läßt. Daß die Motilonen jetzt Ackerbau und Viehzucht betreiben, empfanden sie als für deren Eigenkultur verderbliche Neuerung. Sie fanden auch, Schulen stellten die schwerste Bedrohung der motilonischen Eigenständigkeit dar!

Der Oberst erzählte mir später von dieser Unterredung. Zuerst hatte er ihnen höflich zugehört. Aber als er merkte, daß sie ihre Kritik tatsächlich ernst meinten, sprang er auf, warf seine Arme hoch (wie nur ein Lateinamerikaner das kann!) und erklärte ihnen energisch: „Ich bin Kolumbianer. Vor zwölf Jahren studierte ich an der Militärakademie und machte bei den Motilonen einen Besuch per Hubschrauber. Zwei Tage war ich mit ihnen und Olson zusammen. Wir jagten mit Pfeil und Bogen, wir fischten mit Speeren. Ich habe jeden Augenblick dieses Besuches genossen! Ich aß Affenfleisch und Käferlarven. Dann sah ich die Kinder mit den dick aufgetriebenen Bäuchen voller Darmparasiten. Ich sah kranke Indianer mit Malaria und tropischen Geschwüren. Ich sah die kommenden Übergriffe der Kolonisierung auf die Dschungel der Motilonen und die dadurch eintretende Beeinträchtigung der Pflanzenwelt. Ich habe jene Zeit mit den Indianern, die nackt waren bis auf ihre Lendenschurze, genossen. Aber das war vor zwölf Jahren. Heute bin ich froh, daß Sie die Motilonen mit Viehbestand gefunden haben, so daß sie nicht mehr abhängig sind von der Jagd auf zurückgehende Wildbestände und dem Einsammeln von Dschungelfrüchten. Wenn sie jetzt Kleider tragen und eine Schule haben, so bedeutet das, daß sie sich an unsere Sozialordnung angleichen wollen. Sie sind meine Landsleute; wir sind alle Kolumbianer. Und wenn mein kolumbianischer Motilone eine bessere Lebensweise entdeckt hat, so heißt das, Kolumbien als Ganzes ist besser geworden; denn Kolumbien – das sind wir, seine Bürger!“

Wie gut der Oberst die Gefühle der Bürger und der Regierung Kolumbiens ausdrückte!

Aus meiner Sicht ist allerdings das wichtigste Ereignis unter diesem Stammesvolk nicht das Heraustreten der Motilonen aus ihrer Isolierung und die Aufnahme freundnachbarlicher Beziehungen zur „Außenwelt“. Sondern es ist die Annahme des Evangeliums von Jesus Christus in ihr persönliches und in ihr Stammesbewußtsein. Jesus Christus hat ihr Leben tief durchdrungen. Er hat ihnen den Frieden mit Gott dem Vater gebracht, den die Motilonen jahrhundertelang gesucht haben. Jetzt endlich haben sie diesen Frieden gefunden in ihrem Erlöser Jesus Christus, der fortan in ihnen Wohnung genommen hat. Weil er mit seiner Auferstehung die Macht der Sünde (auf motilonisch: den Betrug, die Irreführung) überwunden hat, darum können auch sie nun durch den Glauben an sein vollkommenes Erlösungswerk auferstehen in ein neues Leben hinein. Ihr Ausdruck für „glauben“ heißt: „in der in Gott festgeknüpften Hängematte ausgestreckt schweben“, so wie der Motilone in seiner hoch in die Dachverstrebungen geknüpften Hängematte liegt. „Neues Leben“ heißt für den Motilonen, eine „neue Sprache“ zu haben. Sprache ist gleich Leben, und neues Leben ist ein neues Zeugnis vom Menschsein!

Um den Motilonen geistliche Unterweisung zu vermitteln, habe ich das Neue Testament in ihre Sprache übersetzt. Wir haben jetzt acht Schulen, für die wir laufend motilonisches Lehrmaterial benötigen. Außerdem möchten immer mehr Leute ihr eigenes Exemplar des Neuen Testaments besitzen. So wäre es das beste, eine eigene kleine Offsetdruckerei hier in Iquiacarora einzurichten, weil damit die Druckkosten erheblich gesenkt würden. Iquiacarora entwickelt sich zum Hauptstützpunkt unserer Motilonenarbeit.

Es ist unsere Aufgabe, die Frohe Botschaft von Jesus Christus dem Menschen in dreifacher Hinsicht anzubieten, nämlich für seinen Leib, für seinen Geist und für seine Seele. Jesus Christus schafft neues. heiliges, kostbares Leben in den Menschen, die seinen Namen bekennen. Er ist der Herr!

„Wie lieblich sind auf den Bergen die Füße der Freudenboten, die da Frieden verkündigen, Gutes predigen, Heil verkündigen, die da sagen zu Zion: Dein Gott ist König! (Jesaja 52,7).

Iquiacarora, im Juni 1976 — Bruce Olson

WARTEN AUF GOTT

"Hat das Leben des Volkes Gottes die äußerste Grenze dessen erreicht, was Gott zu tun bereit ist? Sicherlich nicht. Wir wollen auf Ihn warten -

- unsere Erfahrungen beiseite legen, wie gesegnet sie auch waren,
- unsere Vorstellungen von Wahrheit, und wenn sie unserem Denken noch so vernünftig und schriftgemäß erscheinen,
- unsere Pläne, wie nötig und passend sie auch aussehen,

und Gott Zeit und Raum geben, uns zu zeigen, was Er tun könnte, was Er tun will."
Andrew Murray

Andrew Murray gehört zu den herausragenden Gottesmännern der Neuzeit. Er wurde 1828 als Nachkomme schottischer Einwanderer in Südafrika geboren, als Zwanzigjähriger ordiniert und diente mehr als fünf Jahrzehnte der Niederländisch - Reformierten Kirche als Pastor. Daneben wirkte er u.a. als Evangelist, Konferenzredner, Förderer der Mission, Kirchenpolitiker und Gründer verschiedener Bildungsinstitutionen. Andrew Murray arbeitete für die innere Erneuerung der bestehenden Kirche und konnte Erweckung erleben.

Als er 1917 starb, hinterließ er ein gewaltiges geistliches Erbe - nicht zuletzt in den von ihm verfaßten rund 240 Büchern und Traktaten: Seine außergewöhnliche und tiefe Einsicht in biblische Prinzipien wurde zahllosen Menschen in aller Welt zum Segen und machte ihn zu einem der meistgelesenen Autoren über das tiefere christliche Leben.

„Denn ich will Wasser ausgießen auf das dürstende Land..."

Was bedeutet Erweckung?
Wann ist Erweckung nötig?
Heiliger Geist und Erweckung
Bedingungen für Erweckung
Gebet und Erweckung
Was hindert Erweckung?
Wen kann Gott für Erweckung gebrauchen?

„Denn ich will Wasser ausgießen auf das dürstende Land..." geht unter anderem auf diese Aspekte ein. Die Botschaften - vier stammen von angloamerikanischen Erweckungspredigern der Vergangenheit, die übrigen von herausragenden Vertretern der deutschen Erweckungsbewegung des vorigen Jahrhunderts - bieten all denen Wegweisung und Hilfe an, die mehr über Erweckung erfahren möchten; zugleich fordern sie dazu auf, mit ganzer Hingabe und Kraft für die Förderung einer umfassenden Erweckung heute zu leben.

DEREK PRINCE

LEBEN AUS GLAUBEN

Für den Christen ist der Glaube sowohl eine Verheißung wie ein Gebot. **Leben aus Glauben** untersucht das Problem des Glaubens - sein Geheimnis, seine Verheißungen, seine Kraft: **Was ist Glaube? Glaube und Hoffnung, Glaube als Gabe und als Frucht. Wie kann ich mein Leben im Glauben führen? Wie kann mein Glaube wachsen?** Leicht verständlich, praktisch und schriftorientiert, ist **Leben aus Glauben** eine Anregung und Hilfe für jeden Christen, der der Heiligen Schrift gehorchen und die Verheißungen eines Lebens im Glauben empfangen möchte.

DIE WAFFE DES BETENS UND FASTENS

In diesem Buch zeigt Derek Prince, wie Christen Weltereignisse durch die einfachen aber wirksamen Mittel des Betens und Fastens verändernd beeinflussen können: »Die Initiative im Hinblick auf das Weltgeschehen liegt bei Gott und seinem Volk.«
»Gott offenbart uns die Absichten, die er verfolgt - nicht damit wir passive Zuschauer am Rande der Geschichte sind, sondern uns persönlich mit seinen Plänen identifizieren können und auf diese Weise an ihrer Erfüllung aktiv mitarbeiten.«
»...die endzeitliche Absicht Gottes ist die Wiederherstellung und Vollendung der Gemeinde...die Quelle der Kraft, um dieses Ziel zu erreichen, ist vereintes Beten und Fasten.«

Derek Prince ist international anerkannt als einer der führenden Bibelausleger unserer Zeit. Als Sohn eines britischen Offiziers in Indien geboren, wurde er an zwei der berühmtesten englischen Institutionen in klassischen Sprachen unterwiesen - am Eton College und der Universität Cambridge, wo er außergewöhnlich früh einen Ruf als Professor für Philosophie erhielt. Nachdem er diese Lehrtätigkeit neun Jahre lang ausgeübt hatte, wurde er während seines Militärdienstes im Zweiten Weltkrieg mit der Realität Jesu Christi konfrontiert, was eine völlige Änderung seines Lebensziels bewirkte. Seitdem ist Derek Prince durch seinen ausgedehnten Dienst als Pastor, Lehrer und Seelsorger sowie durch beinahe zwanzig Bücher und zahlreiche Vortragskassetten bereits vielen Menschen auf mehreren Kontinenten zum Segen geworden.

Lydia Prince · Derek Prince

Vergäße ich dein Jerusalem

Lydia hatte alles. Geld, gesellschaftliches Ansehen, Karriere, Komfort, Parties, Tanz, Verehrer, teure Garderobe - und einen Heiratsantrag. Was für seltsame Geschehnisse brachten sie dazu, all das aufzugeben und alleine und mittellos in ein fremdes Land zu reisen, wo sie fast täglich Gefahren ausgesetzt war?

Vergäße ich dein, Jerusalem ist die unvergessliche, wahre Geschichte einer Frau des zwanzigsten Jahrhunderts, die es wagte, das Angebot der Bibel ernst zu nehmen, und dabei entdeckte, was viele suchen, ohne es zu finden - Friede, Freude, tiefste Geborgenheit, wie verzweifelt auch die äusseren Umstände gewesen sein mochten.

Lydia Prince lebte während zwanzig Jahren in Jerusalem, wo sie Scharen von verlassenen und verwaisten jüdischen und arabischen Kindern aufnahm und bemutterte und wo sie die Geburt des modernen Israel miterlebte.

Derek Prince, der die faszinierende Geschichte seiner Frau niederschrieb, studierte am berühmten Eton College und an der Cambridge University in England sowie an der Hebräischen Universität in Jerusalem. Er ist neben seiner Vortragstätigkeit als Autor von einer Reihe von Büchern bekannt geworden.

Als die rote Sturmflut kam...

Todd und DeAnn Burke

Kambodscha! Einst Inbegriff weiter Regenwälder und exotischer Tempel - jetzt eine schweigende Nation, blutig unterdrückt von einer skrupellosen Minderheit, die den traurigen Anspruch erhebt, die „konsequenteste Revolution der Geschichte" vollzogen zu haben. Fazit: 1 Million auf grausamste Weise umgebrachte Opfer, 5 übrige Millionen zum Weiterleiden bis zum physischen und seelischen Zusammenbruch verurteilt.

Bevor die rote Sturmflut vollends über das Land hereinbrach, gingen Todd und DeAnn Burke mit dem Evangelium zu diesem buddhistischen Volk. In einer packenden persönlichen Schilderung, gestützt auf seine Tagebuchaufzeichnungen, gibt er uns einen offenen Einblick in eine flügge werdende biblische Gemeinde - in ihr Wachstum, ihre Kämpfe, ihre Wunder und ihre göttliche Heimsuchung. Hier ist das erweckliche Wirken des Heiligen Geistes sichtbar, der „mit folgenden Zeichen" ja sagt zu ihrem unerschrockenen Einsatz und sie salbt zum Leiden, das vor ihr liegt.

Dieses Zeugnis von Gottes Treue dokumentiert eindrücklich, daß Gott auch in schwierigsten Situationen da ist - und auch dann noch da ist, wenn es in den Feuerofen geht!